# 中学生物学
## 课堂教学 说课

赵 胡 主编

清华大学出版社
北京

## 内 容 简 介

《中学生物学课堂教学说课》是作者多年生物学师范生说课技能教学的总结与提炼。全书按照中学教学顺序排列，分别为七年级、八年级及高中必修1、必修2；每节说课稿包含说教材、说学情、说教学法、说教学过程和说板书设计五个部分，并对教学方案的设计思想与新课标理念进行了讲解，内容全面，事例新颖，注重专业技能和语言表达能力的提高。

本书适合于从事生物学教学工作的教育者、各大生物科学师范专业本科生及研究生阅读参考。

本书封面贴有清华大学出版社防伪标签，无标签者不得销售。
版权所有，侵权必究。举报：010-62782989，beiqinquan@tup.tsinghua.edu.cn。

图书在版编目（CIP）数据

中学生物学课堂教学说课 / 赵胡主编 . -- 北京：清华大学出版社, 2024. 12. -- ISBN 978-7-302-67743-7

Ⅰ . G633.912

中国国家版本馆 CIP 数据核字第 2024PW9369 号

责任编辑：谢心睿
封面设计：常雪影
责任校对：赵琳爽
责任印制：刘　菲

出版发行：清华大学出版社
网　　址：https://www.tup.com.cn, https://www.wqxuetang.com
地　　址：北京清华大学学研大厦 A 座　　邮　编：100084
社总机：010-83470000　　邮　购：010-62786544
投稿与读者服务：010-62776969, c-service@tup.tsinghua.edu.cn
质量反馈：010-62772015, zhiliang@tup.tsinghua.edu.cn
印 装 者：涿州汇美亿浓印刷有限公司
经　　销：全国新华书店
开　　本：185mm×260mm　　印　张：19.25　　字　数：439 千字
版　　次：2024 年 12 月第 1 版　　印　次：2024 年 12 月第 1 次印刷
定　　价：79.00 元

产品编号：103280-01

# 前　言

"说课"是随着现代教学改革不断深入而兴起的一种新的教学活动形式。所谓说课，是指教师以口头讲述的方式，在规定时间（一般为15—20分钟）内，面对同行、专家、评委，系统地说出对某一节课具体的教学设计及其理论依据的一种教研活动。它不同于一般的发言稿或课堂教学，不仅要说出"教什么"和"怎么教"，更要说清"这样教的理论依据"。也就是说，不仅要将教学方案说出来，更要将隐含于教学方案后面的设计思想、新课程理念和具体依据说出来，由显说隐、由隐论显。因此，说课成为很多学校招聘新教师的主要考查手段与方式。面对日益严峻的就业压力，越来越多的师范生希望得到较为系统的说课技能训练。为进一步提升师范生的职业能力，高等师范院校应立足于基础教育课程改革的需要，制定切实可行的说课能力培养方案，切实提高师范生的说课能力，为基础教育高水平教师的培养作出应有的贡献。

身为教育者，我们都清楚地知道开展说课的教师必须刻苦钻研教材。俗话说"知其然更要知其所以然"，要在15分钟内让听者理解自己的意图，明白课程内容，体会亮点，需要教师下足功夫。并且，语言表达能力是教师重要的基本功，而说课恰恰能够帮助教师巩固语言表达基本功。说课要求教师运用语言向听者表达教学思路、教学方法等，为教师提供了在有人监督评论下用口语进行教学的机会。此外，说课在发挥骨干教师作用、促进青年教师专业成长、增强听课评课实效及提高教师专业水平等方面均有显著优势。

目前，中学生物学教育教学书库中还没有专门的书籍撰述中学生物学说课集。为满足广大生物学师范生和青年教师对提高自身说课能力的需求，本人着手组织编写这本《中学生物学课堂教学说课》。这本书是本人近几年参加生物学师范生说课技能教学的部分总结，结合了中学生物学课本一些典型章节的教学设计案例，汇编了一些全国优秀中学生物一线教师说课稿，供广大读者参考。但在实际课堂教学中，教师需要根据自己所带班级学生的现实特点及学校硬件设施等条件，对说课内容进行增添或替换，设计更贴合实际的、满足师范生发展需要的优秀说课案例。

本书中每节说课稿均包括说教材、说学情、说教学法、说教学过程和说板书设计五个部分，内容较为全面。义务教育阶段教学目标的设计延续了三维目标观，包括知识目标、能力目标及情感态度与价值观目标；高中阶段教学目标则是根据新课程标准提出的核心素养要求以四维目标设计而成，包括生命观念目标、科学思维目标、科学探究目标及社会责任目标。

本书的编写是集体智慧的结晶。给本书的编写提供大量指导意见的，既有高校长期研究中学生物学教学教法的专家教授，也有大量一线的中学高级教师，他们都是具有丰富的高中生物学教学经验的省市级骨干教师，为本书的编写质量提供了坚实的保障。

　　本书的校稿阶段，阜阳师范大学2022级学科（生物）教学研究生林梦同学和高怡文同学做了大量的校对复核等工作，为本书的内容高质量作出了贡献。

　　本书在编写过程中，参阅了许多专家和同行的文献资料，对所有被引用的作者，谨此致以诚挚的谢意！

　　感谢安徽省教育厅2023年度省级质量工程《生物课程标准与教材研究》课程思政建设项目（2023szsfkc104）、《生物化学》课程思政建设项目（2023kcszsf127）与阜阳市政府-阜阳师范大学2021年度市校合作项目（SXHZ202107）对本书出版的大力支持！

　　由于编者水平有限，本书又是第一次出版，书中难免会有不足之处，敬请广大同行批评指正，以助修订再版！

赵　胡<br>
2024年11月

# 目　　录

## 第一章　七年级上册　　1

第一节　《生物的特征》说课稿 ……………………………………………1
第二节　《调查周边环境中的生物》说课稿 …………………………………3
第三节　《生物与环境的关系》说课稿 ………………………………………5
第四节　《生物与环境组成生态系统》说课稿 ………………………………7
第五节　《生物圈是最大的生态系统》说课稿 ……………………………10
第六节　《练习使用显微镜》说课稿 ………………………………………12
第七节　《植物细胞》说课稿 ………………………………………………14
第八节　《动物细胞》说课稿 ………………………………………………17
第九节　《细胞的生活》说课稿 ……………………………………………20
第十节　《细胞通过分裂产生新细胞》说课稿 ……………………………22
第十一节　《动物体的结构层次》说课稿 …………………………………24
第十二节　《植物体的结构层次》说课稿 …………………………………27
第十三节　《单细胞生物》说课稿 …………………………………………29
第十四节　《藻类、苔藓和蕨类植物》说课稿 ……………………………31
第十五节　《种子植物》说课稿 ……………………………………………33
第十六节　《种子的萌发》说课稿 …………………………………………35
第十七节　《植株的生长》说课稿 …………………………………………37
第十八节　《开花和结果》说课稿 …………………………………………39
第十九节　《绿色植物与生物圈的水循环》说课稿 ………………………42
第二十节　《绿色植物是生物圈中有机物的制造者》说课稿 ……………44
第二十一节　《光合作用吸收二氧化碳释放氧气》说课稿 ………………46
第二十二节　《绿色植物的呼吸作用》说课稿 ……………………………48
第二十三节　《爱护植被，绿化祖国》说课稿 ……………………………51

## 第二章　七年级下册　　54

第一节　《人的起源和发展》说课稿 ………………………………………54

| 第二节 | 《人的生殖》说课稿 | 56 |
| --- | --- | --- |
| 第三节 | 《青春期》说课稿 | 59 |
| 第四节 | 《食物中的营养物质》说课稿 | 61 |
| 第五节 | 《消化和吸收》说课稿 | 64 |
| 第六节 | 《合理营养和食品安全》说课稿 | 66 |
| 第七节 | 《呼吸道对空气的处理》说课稿 | 69 |
| 第八节 | 《发生在肺内的气体交换》说课稿 | 71 |
| 第九节 | 《流动的组织——血液》说课稿 | 74 |
| 第十节 | 《血流的管道——血管》说课稿 | 77 |
| 第十一节 | 《输送血液的泵——心脏》说课稿 | 79 |
| 第十二节 | 《输血与血型》说课稿 | 82 |
| 第十三节 | 《人体内废物的排出》说课稿 | 84 |
| 第十四节 | 《人体对外界环境的感知》说课稿 | 86 |
| 第十五节 | 《神经系统的组成》说课稿 | 89 |
| 第十六节 | 《神经调节的基本方式》说课稿 | 91 |
| 第十七节 | 《激素调节》说课稿 | 94 |
| 第十八节 | 《分析人类活动对生态环境的影响》说课稿 | 96 |
| 第十九节 | 《探究环境污染对生物的影响》说课稿 | 98 |
| 第二十节 | 《拟定保护生态环境的计划》说课稿 | 100 |

## 第三章 八年级上册 103

| 第一节 | 《腔肠动物和扁形动物》说课稿 | 103 |
| --- | --- | --- |
| 第二节 | 《线形动物和环节动物》说课稿 | 105 |
| 第三节 | 《软体动物和节肢动物》说课稿 | 108 |
| 第四节 | 《鱼》说课稿 | 111 |
| 第五节 | 《两栖动物和爬行动物》说课稿 | 114 |
| 第六节 | 《鸟》说课稿 | 116 |
| 第七节 | 《哺乳动物》说课稿 | 119 |
| 第八节 | 《动物的运动》说课稿 | 122 |
| 第九节 | 《先天性行为和学习行为》说课稿 | 125 |
| 第十节 | 《社会行为》说课稿 | 128 |
| 第十一节 | 《动物在生物圈中的作用》说课稿 | 130 |
| 第十二节 | 《细菌和真菌的分布》说课稿 | 133 |
| 第十三节 | 《细菌》说课稿 | 136 |
| 第十四节 | 《真菌》说课稿 | 139 |
| 第十五节 | 《细菌和真菌在自然界中的利用》说课稿 | 141 |

| 第十六节 | 《人类对细菌和真菌的利用》说课稿 | 144 |
| 第十七节 | 《病毒》说课稿 | 146 |
| 第十八节 | 《尝试对生物进行分类》说课稿 | 149 |
| 第十九节 | 《从种到界》说课稿 | 151 |
| 第二十节 | 《认识生物的多样性》说课稿 | 153 |
| 第二十一节 | 《保护生物的多样性》说课稿 | 156 |

## 第四章　八年级下册　159

| 第一节 | 《植物的生殖》说课稿 | 159 |
| 第二节 | 《昆虫的生殖和发育》说课稿 | 161 |
| 第三节 | 《两栖动物的生殖和发育》说课稿 | 164 |
| 第四节 | 《鸟的生殖和发育》说课稿 | 166 |
| 第五节 | 《基因控制生物的性状》说课稿 | 168 |
| 第六节 | 《基因在亲子代间的传递》说课稿 | 171 |
| 第七节 | 《基因的显性和隐性》说课稿 | 173 |
| 第八节 | 《人的性别遗传》说课稿 | 175 |
| 第九节 | 《生物的变异》说课稿 | 178 |
| 第十节 | 《地球上生命的起源》说课稿 | 180 |
| 第十一节 | 《生物进化的历程》说课稿 | 183 |
| 第十二节 | 《生物进化的原因》说课稿 | 185 |
| 第十三节 | 《传染病及其预防》说课稿 | 188 |
| 第十四节 | 《免疫与计划免疫》说课稿 | 191 |
| 第十五节 | 《用药与急救》说课稿 | 194 |
| 第十六节 | 《评价自己的健康状况》说课稿 | 196 |
| 第十七节 | 《选择健康的生活方式》说课稿 | 198 |

## 第五章　高中必修1　201

| 第一节 | 《细胞是生命活动的基本单位》说课稿 | 201 |
| 第二节 | 《细胞的多样性与统一性》说课稿 | 203 |
| 第三节 | 《细胞中的元素和化合物》说课稿 | 205 |
| 第四节 | 《细胞中的无机物》说课稿 | 208 |
| 第五节 | 《细胞中的糖类和脂质》说课稿 | 210 |
| 第六节 | 《蛋白质是生命活动的主要承担者》说课稿 | 212 |
| 第七节 | 《核酸是遗传信息的携带者》说课稿 | 214 |

V

| 第八节 | 《细胞膜的结构和功能》说课稿 | 216 |
| --- | --- | --- |
| 第九节 | 《细胞器之间的分工合作》说课稿 | 219 |
| 第十节 | 《细胞核的结构和功能》说课稿 | 221 |
| 第十一节 | 《被动运输》说课稿 | 224 |
| 第十二节 | 《主动运输与胞吞、胞吐》说课稿 | 226 |
| 第十三节 | 《降低化学反应活化能的酶》说课稿 | 228 |
| 第十四节 | 《细胞的能量"货币"ATP》说课稿 | 231 |
| 第十五节 | 《细胞呼吸的原理与应用》说课稿 | 234 |
| 第十六节 | 《光合作用与能量转化》说课稿 | 236 |
| 第十七节 | 《细胞的增殖》说课稿 | 239 |
| 第十八节 | 《细胞的分化》说课稿 | 242 |
| 第十九节 | 《细胞的衰老和死亡》说课稿 | 244 |

## 第六章　高中必修 2　　　　　　　　　　　　　　　　247

| 第一节 | 《孟德尔的豌豆杂交实验（一）》说课稿 | 247 |
| --- | --- | --- |
| 第二节 | 《孟德尔的豌豆杂交实验（二）》说课稿 | 250 |
| 第三节 | 《减数分裂和受精作用》说课稿 | 252 |
| 第四节 | 《基因在染色体上》说课稿 | 255 |
| 第五节 | 《伴性遗传》说课稿 | 258 |
| 第六节 | 《DNA 是主要的遗传物质》说课稿 | 261 |
| 第七节 | 《DNA 分子的结构》说课稿 | 264 |
| 第八节 | 《DNA 的复制》说课稿 | 266 |
| 第九节 | 《基因是有遗传效应的 DNA 片段》说课稿 | 269 |
| 第十节 | 《基因指导蛋白质的合成》说课稿 | 271 |
| 第十一节 | 《基因表达与性状的关系》说课稿 | 274 |
| 第十二节 | 《基因突变与基因重组》说课稿 | 277 |
| 第十三节 | 《染色体变异》说课稿 | 279 |
| 第十四节 | 《人类遗传病》说课稿 | 282 |
| 第十五节 | 《生物有共同祖先的证据》说课稿 | 284 |
| 第十六节 | 《自然选择与适应的形成》说课稿 | 286 |
| 第十七节 | 《种群基因组成的变化与物种的形成》说课稿 | 289 |
| 第十八节 | 《协同进化与生物多样性的形成》说课稿 | 292 |

## 参考文献　　　　　　　　　　　　　　　　　　　　　　295

# 第一章

# 七年级上册

## 第一节

### 《生物的特征》说课稿

本节说课的主题依托 2019 人教版生物学七年级上册第一单元第一章第一节"生物的特征"。说课的内容划分为五个部分：说教材、说学情、说教学法、说教学过程和说板书设计。

## 一、说教材

### （一）教材分析

新教材以独特的方式重塑学科体系，将人与生物圈作为核心线索，使生物圈成为第一单元。第一章"认识生物"作为该单元的开篇，着重介绍了生物的特征，为教材中的重要篇章。只有理解生物的本质和生物所具备的特征，学生才能夯实学习生物学的基础，并被激发起对生物学的浓厚兴趣。这一节的存在意义不可低估，它将为学生打开认识生物界的大门，为他们进一步深入学习生物学奠定坚实的基础。

### （二）教学目标

（1）知识目标：了解生物和非生物，比较它们的区别，说明生物具有的共同特征。
（2）能力目标：培养学生的观察能力，分析问题、解决问题的能力和发散思维的能力。
（3）情感态度与价值观目标：增强学生热爱大自然、保护大自然的情感，引导学生热爱生命、保护生命。

### （三）教学重难点

（1）教学重点：说明生物具有的共同特征。
（2）教学难点：培养学生的观察、分析问题的能力及发散思维能力。

## 二、说学情

初中生们进入校园时充满朝气、热爱自然，他们对奇妙的食物充满好奇，并渴望探索其中的奥秘；他们对于学习生物学有着相似的起点。通过本节课的学习，学生会初步了解生物学的知识，但对于生物的本质认识还需要进一步加深。此外，教师应意识到不同学生的认知水平存在差异，因此需要尽力让每个学生在其现有基础上得到更好的发展。

## 三、说教学法

### （一）说教法

本节课主要采用以讨论为主的教学方法。在准备充分的情况下，教师利用实物、图片和相关资料，通过多媒体引导学生观察、分析、讨论、归纳和总结。通过这样的教学方式，充分调动学生学习的积极性和主动性，让他们在学习中扮演主导角色，并充分发挥自己的主体作用。

### （二）说学法

倡导自主学习、合作学习、探究学习，培养学生的科学探究能力及自主学习的精神。

## 四、说教学过程

### （一）导入新课

通过展示多媒体画面，教师带领学生乘坐宇宙飞船从太空俯瞰地球，眼前展现出一幅美丽的图景：蓝色代表广阔的海洋，绿色象征茂密的森林和广袤的原野，而白色则是飘荡在海洋和陆地上空的云彩。教师介绍：这是一个充满生机的世界，包含各种各样的生物，也包括我们人类。地球表层的生物和它们所依赖的生存环境共同组成了生物圈，它是所有生物的共同家园。由此引出第一单元的主题——生物和生物圈。

接下来，教师引导学生思考：在生物圈中，如何区分各种生物和非生物？生物都具备哪些特征？接下来，师生共同学习第一章的第一节内容——生物的特征。

### （二）讲授新课

课件展示观察与思考部分的内容，学生小组讨论如何区分生物与非生物，尝试总结出生物的共同特征。讨论结束后，学生畅所欲言，各抒己见。师生共同总结得出：生物的生活需要营养；生物能排出身体内产生的废物；生物能够对外界刺激作出反应；生物能够生长繁殖；生物都有遗传和变异的特性。教师在总结的基础上举出两到三个实例。

### （三）拓展延伸

教师进一步引导：生物除了上述特征外，还有哪些特征？各小组开始讨论，畅所欲言：生物还能运动；生物有一定的寿命；生物还能适应环境、影响环境等。

教师最后总结：并于以上大家提出的生物特征，现在专家们还没有取得一致意见，所以没有列入生物的共同特征之中。希望有兴趣的同学长大以后能继续从事这方面的研究。

### （四）课堂小结

学生在教师的引导下，说出什么是生物，生物具备哪些特征。在此基础上，教师对学生进行情感教育，引导学生热爱大自然、保护大自然，热爱生命、保护生命，爱护我们和所有生物的共同家园——生物圈。

## 五、说板书设计

本节课使用提纲式板书形式。这种方式可以清晰地概括本节课的教学内容，使得整体结构有序、层次分明。

# 第二节
# 《调查周边环境中的生物》说课稿

本节说课的主题依托2019人教版生物学七年级上册第一单元第一章第二节"调查周边环境中的生物"。说课内容划分为五个部分：说教材、说学情、说教学法、说教学过程和说板书设计。

## 一、说教材

### （一）教材分析

本节设计的内容和活动具有承上启下的作用，是第一节"生物的特征"的内容的延续，同时，为学生学习第二章第一节"生物与环境的关系"打基础。本节课旨在通过调查，让学生认识周围的生物，深入了解生物与非生物之间的共同特征。在学习方法上，采用了从学生熟悉的事物入手、由宏观到微观的方式，有助于激发学生的学习兴趣。课程标准中倡导鼓励学生进行探究式学习，而调查是科学探究中常用的方法之一。通过对身边生物的调查，学生掌握具有科学性和合理性的一般调查方法，为后续的探究活动奠定基础。

## （二）教学目标

（1）知识目标：能说出调查的一般方法；初步学会做调查记录，并将所知道的生物进行归类。

（2）能力目标：尝试描述身边的生物和它们的生活环境；培养调查实践以及与同学分工合作的能力。

（3）情感态度与价值观目标：通过学习，能关注生物的生存状况，体验植物与人类的关系，从而增强保护生物资源的意识，认识到保护环境要从保护我们身边的生物开始。

## （三）教学重难点

（1）教学重点：说出调查的一般方法，初步学会做调查记录，并将学生所知道的生物进行归类；尝试描述身边的生物和它们的生活环境。

（2）教学难点：初步培养学生的调查实践能力以及与同学分工合作的能力。

# 二、说学情

初一年级的学生天生好奇，怀有强烈的求知欲。他们对生物有一定的了解，但在辨识不同生物种类和运用科学调查方法方面缺乏经验。因此，本节课的内容旨在引导和训练学生掌握科学的调查方法，以满足他们对生物多样性的探索需求。本节课将为学生提供指导，帮助他们发展科学思维和观察能力，从而更好地理解和研究生物领域。

# 三、说教学法

合作学习，探究学习，进行实地调查，强化理论与实践的结合。

# 四、说教学过程

## （一）导入新课

上课一开始，教师先介绍调查这一研究方法，询问学生是否注意过身边的生物，能否说出它们的名称。为了更好地认识和了解它们，本节课我们一起来做一次调查。

## （二）讲授新课

课件展示此次调查的目的要求、材料用具、方法步骤和注意事项，教师逐一进行系统性的讲解，让学生明确目的及方法，为后续开展调查打基础。

接下来，课代表分发生物调查表，教师带领学生开展校园内的实地调查。在学生调查的过程中，教师应加强指导，真正参与到调查中。调查结束后，小组开展讨论，汇总调查到的生物种数、植物种数、动物种数及各生物与人类的关系，并记录在调查表中；小组选择 2~3 种生物尝试说出它们的生活环境有哪些特点。讨论结束后，由小组代表举手发言，教师——点评并加以总结。

### （三）拓展延伸

对调查的生物可采取多种归类方法，例如，按照形态结构特点将生物归为植物、动物和其他生物三大类；按照生活环境将生物划分为陆生生物和水生生物等；按照用途将生物分为作物、家禽、家畜、宠物等。由各组推选一名代表，将本组调查到的生物和采用的归类方法向全班同学汇报。集体讨论生物归类有何意义。

## 五、说板书设计

本节课主要采用提纲式板书，目的是让学生明确调查的目的、要求、步骤方法及注意事项。

# 第三节
# 《生物与环境的关系》说课稿

本节说课的主题依托 2019 人教版生物学七年级上册第一单元第二章第一节"生物与环境的关系"。说课的内容划分为五个部分：说教材、说学情、说教学法、说教学过程和说板书设计。

## 一、说教材

### （一）教材分析

本节的重要概念是"生物和环境是统一的整体"；生态系统和生物圈都是生物与环境相互作用所形成的统一整体。本节内容可以帮助学生理解生物与环境之间是相互影响、相互依存的，从而为学习第二节"生物与环境组成生态系统"、第三节"生物圈是最大的生态系统"打基础。

### （二）教学目标

（1）知识目标：举例说出光、水、温度等因素对生物生存的影响，生物与生物之间的关系，生物对环境的适应和影响。

（2）能力目标：通过实验探究"影响鼠妇分布的环境因素"，初步学会生物科学探究的一般方法，培养观察、动手操作及实验设计的能力和合作意识。

（3）情感态度与价值观目标：培养学生爱护大自然、保护生态平衡的情感。

**（三）教学重难点**

（1）教学重点：生物与环境的相互影响；探究非生物因素对某种动物的影响。

（2）教学难点：对照试验的设计要点；探究活动的组织和实施。

## 二、说学情

学生尽管已经学习了教材第一章的知识，但对生物学的了解还相对较少。因此，本节课对于学生培养对生物学的兴趣以及形成正确的生物学观点具有直接的影响。此外，本节课还能帮助学生全面认识生物与环境之间的关系；学生能够更好地理解生物学的重要性，深入思考生物与环境的互动与依存关系。学生刚开始接触生物学，脑海中对"生物圈"没有清晰科学的概念，对章标题"了解生物圈"与第一节标题"生物与环境的关系"的关联也没有清晰的了解。教师在授课开始时，应引导学生关注章标题，引导学生阅读教材，弄清生物圈的概念。学生可轻松从教材中找到黑体字加粗部分"地球上所有的生物与其环境的总和就叫生物圈"。生物圈属于生态学中重要的专业术语，学生虽然能找到其概念，但是此刻对生物圈的内涵理解却非常表面。教师提出逐级递进的问题，与学生一起解读"生物圈"概念文本，加深学生对概念的理解（庄国郑 等，2019）。

## 三、说教学法

为了实现目标，本节课教师的"教"以情境启发为主，学生的"学"以活动探究、小组讨论为主。

## 四、说教学过程

**（一）导入新课**

上课伊始，教师展示大熊猫吃竹子的图片，询问学生是否知道野外生活的大熊猫主要分布在哪些地区，这些地区的环境有哪些适合大熊猫生活的特点。由此吸引学生注意力，引发思考导入本节课。

**（二）讲授新课**

**1. 环境中的生态因素**

教师要求学生自主阅读教材对应内容，尝试找出环境的概念。课件展示生态因素的概念及分类，在此基础上，学生观察教材配图，思考影响小麦生活的非生物因素和生物因素有哪些，小麦正常生长需要怎样的环境条件。同桌两人相互讨论。讨论结束后踊跃发言，由教师加以总结。

## 2. 非生物因素对生物的影响

通过上面的分析可以看出，小麦生活受到阳光、温度和水等非生物因素的影响，其他植物也同样受非生物因素的影响，那么动物的生活和分布是否也受影响呢？

视频播放探究实验：非生物因素对某种动物的影响。学生以小组为单位，讨论该实验所探究的非生物因素是什么；还有哪些因素对该动物有影响；如何保证实验动物出现的变化只能是由于实验要探究的因素引起的；为什么要用多只鼠妇做实验；只用1只鼠妇做实验行吗；为什么要计算全班各组的平均值。

小组代表举手发言，教师给予点评总结，引出对照试验的相关内容。

## 3. 生物因素对生物的影响及生物对环境的适应和影响

小组讨论分析教材中的图片与文字资料，回答问题：骆驼和骆驼刺是怎样适应缺水环境的？海豹是怎样适应寒冷环境的？蚯蚓是怎样影响和改变土壤环境的？你还能说出哪些生物适应和影响环境的实例？

学生回答结束后，教师总结：在生物与环境相互作用的漫长过程中，环境在不断改变；生物也在不断进化，适应环境。生物与环境的相互作用共同造就了今天欣欣向荣的生物圈。

### （三）课堂小结

教师带领学生一起回顾本节课所获得知识。

## 五、说板书设计

本节课主要采用提纲式板书，旨在让学生能够清晰明了地理清生物与环境的相互关系。

# 第四节
# 《生物与环境组成生态系统》说课稿

本节说课的主题依托2019人教版生物学七年级上册第一单元第二章第二节"生物与环境组成生态系统"。说课的内容划分为五个部分：说教材、说学情、说教学法、说教学过程和说板书设计。

## 一、说教材

### （一）教材分析

通过本节课的教学，学生将了解生态系统的构成，树立人与自然和谐发展的观念。本节内容在初中生物课程中起承上启下的关键作用。承上，指的是它对之前学习的"生物的特征"和"生物与环境的关系"进行了拓展和延伸；启下，指的是它为下一节课"生物圈是最大的生态系统"的学习奠定了基础。因此，可以说这节课是本章乃至整个学期的重要环节。这节课的学习将帮助学生更深入地理解生物学的概念，拓宽他们的视野，并为后续学习打下坚实的基础。

### （二）教学目标

（1）知识目标：理解生态系统的概念；描述生态系统的组成。

（2）能力目标：通过观察分析水族箱和举例说明，归纳总结出生态系统的概念；通过阅读资料分析和角色扮演，能够描述生态系统的组成。

（3）情感态度与价值观目标：增强环保意识，认识到热爱环境、热爱生命、保护生态系统的重要性，树立人与自然和谐发展的观点。

### （三）教学重难点

（1）教学重点：生态系统的概念及组成。

（2）教学难点：食物链和食物网；生态系统的自我调节能力。

## 二、说学情

从学生的年龄特点来看，初中生天生好奇、活泼，并且喜欢展示自己。就知识而言，初中学生对生物与生物、生物与环境之间的关系有一定的了解，但还没有形成生态系统的概念。为了帮助学生更好地理解生态系统的概念，教师可以通过实物分析、类比和举例等方式来促进学生的理解。这样的教学方法将激发学生的学习兴趣，增强他们的参与度，并使他们更好地掌握课程内容。

## 三、说教学法

### （一）说教法

本节主要采用直观教学法、讲授法、小组合作法。

### （二）说学法

本节课学生主要有观察思考、表达交流、合作探究等学习方式。

## 四、说教学过程

### （一）导入新课

课件展示草原上的部分生物，教师提问学生：有人为了防止鸟吃草籽儿，用网把人工种草的试验区罩了起来。过一段时间发现,人工种草的试验区的草几乎被虫吃光了,而未加罩网的天然草原上,牧草却生长良好。这是什么原因?这个实例说明了什么道理?由此引出本节课的主题。

### (二)讲授新课

学生自主阅读教材内容,尝试用自己的话描述生态系统的概念,举出生态系统实例。

**1. 生态系统组成**

课件展示资料分析部分的内容,学生以小组为单位,讨论分析树、昆虫的幼虫和啄木鸟之间的关系是怎样的;腐烂的树桩最终是否会消失;在生态系统中,植物、动物和真菌分别扮演什么角色。学生讨论结束,由小组代表回答。

教师在此基础上讲解生产者、消费者及分解者这三个概念,用三者关系示意图阐明生产者、消费者及分解者之间是相互依存、相互制约的关系。还需要补充说明生态系统组成成分中除了生物部分,还有非生物部分,如阳光、空气和水等。

**2. 食物链和食物网**

展示谚语:"螳螂捕蝉,黄雀在后","大鱼吃小鱼,小鱼吃虾米"。教师提示学生:在生态系统中,不同生物之间由于吃与被吃的关系而形成的链状结构叫作食物链;食物链的起始环节是生产者。举出一个食物链实例,请学生参照教师提供的实例,根据教材观察与思考部分的内容,找出图中存在的食物链,绘制在草稿纸上。

绘制结束后,小组讨论食物链的数量及关系,思考假如蛇的数量大量减少,哪些生物的数量可能发生变化,发生怎样的变化。

教师进一步引导:在一个生态系统中,往往有很多条食物链,它们彼此交错连接,形成食物网。生态系统中的物质和能量就是沿着食物链和食物网流动的。课件展示资料,引导学生讨论分析:如果这些积累了很多有毒物质的鱼被人吃了,会产生什么后果?为什么在食物链中营养级别越高的生物,体内的有毒物质积累得越多?

**3. 生态系统具有一定的自我调节能力**

生态系统中各生物数量和所占的比例是相对稳定的,这说明生态系统具有一定的自动调节能力。但是这种调节能力是有一定限度的,当外界干扰超过了这一限度,生态系统就会遭到破坏(如二氧化碳过度排放对南极生态系统的危害等)。在此基础上,教师加强对学生的情感教育,倡导学生保护环境,保护生态系统。

### (三)课堂小结

本节课的小结采用随机提问的方式构建课堂知识概念图,教师与学生共同参与课堂总结的活动。这样既可以促进每一个学生积极地学习,也可以检验学生的学习情况,及时得到反馈。

### (四)布置作业

学生向家长汇报自己在生物课中学到的知识。

## 五、说板书设计

本节课采用表格式板书,将生态系统组成成分分别列表,帮助学生清晰鉴别组成成分的区别与联系,以强化记忆。

# 第五节
# 《生物圈是最大的生态系统》说课稿

本节说课的主题依托2019人教版生物学七年级上册第一单元第二章第三节"生物圈是最大的生态系统"。说课的内容划分为五个部分:说教材、说学情、说教学法、说教学过程和说板书设计。

## 一、说教材

### (一)教材分析

关于本节知识内容的教学,课程标准的要求是:列举不同的生态系统,阐明生物圈是最大的生态系统。这两条要求之间是有着内在联系的。列举不同的生态系统一方面要求学生了解生态系统的多样性,另一方面为学生理解生物圈是最大的生态系统打基础;而后者是本节乃至本章知识教学的最终目标。如何才能真正理解生物圈是最大的生态系统?第一要理解生物圈是生态系统,第二要理解"最大"。出于以上考虑,本节教材依次安排三部分内容:生物圈的范围、多种多样的生态系统、生物圈是一个统一的整体。先介绍生物圈之大,再介绍生物圈中各种各样的生态系统,最后引导学生分析生物圈中各种各样的生态系统之间的内在联系,从而理解生物圈是最大的生态系统。

### (二)教学目标

(1)知识目标:描述生态系统的类型及特点、生物圈的范围、生物圈中生物与非生物的关系,阐明生物圈是最大的生态系统,培养稳态与平衡的生命观念。

(2)能力目标:通过合作学习小组的角色扮演,提高小组合作能力,提高语言表达能力;通过阅读有关生物圈的资料,提高阅读能力,增加课外知识;从文字、视频及图片资料、互动交流等中提取有用信息,提升科学思维能力。

(3)情感态度与价值观目标:通过理解生物圈是所有生物共同的家园,树立保护生物圈的意识,进而理解、宣传环境保护的策略;培养爱护生物的情感和保护生物圈的意识。

## （三）教学重难点

（1）教学重点：描述生态系统的类型及特点，阐明生物圈是最大的生态系统，确立保护生物圈的意识。

（2）教学难点：阐明生物圈是一个统一的整体，是最大的生态系统；培养爱护生物的情感和保护生物圈的意识。

# 二、说学情

根据学生的认知水平，教材选择从宏观的角度而不是微观的角度开始学习生物学知识，这样做有利于激发学生的学习兴趣，因为他们可以从熟悉的事物入手进行学习。生物课程标准强调了人类与生物圈之间的关系，而本节课从生物圈的角度介绍人类和其他生物，旨在让学生对生物圈有一个整体的概念，以便于后续内容的学习。通过这种方式，学生可以更好地理解生物学的重要性，并在学习过程中建立起与自然界的联接。

# 三、说教学法

## （一）说教法

本节课教学中主要涉及讲授法及直观教学法。

## （二）说学法

本节课学生主要以小组合作学习为主。

# 四、说教学过程

## （一）导入新课

回顾生态系统的概念、营养结构与组成成分，教师提问学生：地球上最大的生态系统是什么？由此引出本节课主题——生物圈是最大的生态系统。

## （二）讲授新课

**1. 生物圈的范围**

展示生物圈的范围划分：包括大气圈的底部、水圈的大部和岩石圈的表面。学生自主阅读教材对应页码，找出大气圈、水圈及岩石圈各自所具备的特征。

**2. 多种多样的生态系统**

教师分发不同生态系统的图片资料卡，分小组讨论分析不同生态系统所具备的特征及作用。讨论结束后，请小组代表回答，由教师点评并总结。

**3. 生物圈是一个统一的整体**

课件展示教材中资料分析部分的内容，独立思考河流生态系统与哪些生态系统相关联。在教师指导下，学生理解每个生态系统都与周围的其他生态系统相关联，可以从非生物因素、地域关系及包含生物等角度分析这种相关性。

由此也可以看出生物圈是一个统一的整体，是地球上最大的生态系统，是所有生物共同的家园。

## （三）课堂小结

生物圈是我们每一个人的家，是所有生物共同的家园，如果生物圈遭到了破坏，就很难恢复，那么地球上的生物也就无法生存了。所以我们要记住一句话：地球不仅是我们人类的，它也是那些美丽植物和可爱动物的共同家园。

## （四）布置作业

以"爱护环境，保护我们共同的家园"为题，写一篇文章。

# 五、说板书设计

本节课采用提纲式板书设计，主要包括三大板块：生物圈与生态系统、生物圈的范围、爱护环境我们在行动（倡议书）。

# 第六节
# 《练习使用显微镜》说课稿

本节说课的主题依托 2019 人教版生物学七年级上册第二单元第一章第一节"练习使用显微镜"，说课的内容划分为五个部分：说教材、说学情、说教学法、说教学过程和说课堂小结。

# 一、说教材

## （一）教材分析

本节课是新课程标准中生物体结构层次的第二大主题内容。显微镜是生物学研究中最常用、最基本的观察工具之一。在初中阶段，初步学会独立使用显微镜是非常重要的生物学习技能之一。学习认识和使用显微镜将为学生后续从微观角度认识动植物以及学习生物学知识奠定基础，具有极其重要的意义。掌握显微镜的使用使学生能够深入观察细胞、微生物等微小结构,进一步探索生物的奥秘,为他们未来的生物学学习提供必要的基础条件。

### (二)教学目标

(1)知识目标:说明显微镜的构造和作用。
(2)能力目标:初步学会规范操作显微镜;尝试使用显微镜观察生物玻片标本。
(3)情感态度与价值观目标:认同显微镜的规范操作方法;爱护显微镜。

### (三)教学的重难点

(1)教学重点:显微镜的使用方法,独立操作能力的培养。
(2)教学难点:规范使用显微镜,并观察到清晰的物像。

## 二、说学情

七年级的学生还处于一个活泼好动的年龄,思维活跃,乐于动手,但实验操作能力还没有得到充分的锻炼,不是很强。教学过程中,要培养学生的动手实践能力,提高科学素养。在新课程标准下,实验教学中开展小组"自主—合作—探究"的学习模式是提升课堂精准教学的有效模式。由于好奇心的驱使,七年级学生进入实验室往往比较激动,上课时容易分神,精力不集中,课堂效率低,达不到精准学习的目标。教师要根据学生学习的情况和各方面的表现,对学生进行精准的"角色分工",鼓励学生相互纠错,强化学生的小组意识、合作意识、竞争意识,促使各组成员间养成相互尊重、荣辱与共的意识。这对学生个人能力提升有着非常大的帮助,不仅在学习方面,甚至能有效促进学生人生观、价值观的建立(蒋秋平,2020)。

## 三、说教学法

### (一)说教法

由于本节课内容比较抽象,让学生直接动手操作有一定的难度,因此本节课的教学方法主要是实验指导法,通过教师的演示与指导使学生明确规范操作的方法。

### (二)说学法

本节课确立的学法主要有动手实践、自主学习、合作探究等形式。

## 四、说教学过程

### (一)导入新课

展示罗伯特·胡克研制的光学显微镜及他观察到的软木薄片的图片,吸引学生学习兴趣,引出本节课的主题。

## （二）讲授新课

（1）认识显微镜

教师指出，要想规范操作显微镜我们必须熟知显微镜各部分的名称和作用，要求学生借助教材和实物学习学案中的第一部分：认识显微镜的构造及各部分的作用。教师强调：镜头是显微镜的重要部件，并介绍显微镜放大倍数的计算方法。

（2）显微镜的使用

学生自主阅读，明确使用显微镜的四个步骤，即：取镜和安放→对光→观察→整理。

教师分步演示，强调注意事项；学生跟着步骤练习，观察写有"上"字的玻片，并完成"拓展延伸"的第一题。接着，学生借助口诀回顾方法、步骤，按要求观察"木本植物茎的横切片"。每位同学都练习显微镜的使用，完成"拓展延伸"的第二题和第三题。

## （三）巩固提升

（1）观察写有"上"字的玻片，对比从目镜中观察到的物像。

由此判断从目镜中观察到的物像是_____像。

移动玻片，观察玻片的移动方向，与物像的移动方向_____。（选择"一致"或"相反"）

（2）观察"木本植物茎的横切片"，将低倍物镜换成高倍物镜，观察到视野变_____（选择"亮"或"暗"），所看到的细胞数目变_____（选择"多"或"少"）。

（3）玻片标本上污点的判断：

转动目镜时，污点也动，判断污点在_____上；

移动玻片标本时，污点也动，判断污点在_____上；

转动目镜和移动玻片时，污点不动，判断污点在_____上。

## （四）课堂小结

引导学生抢答有关显微镜使用的问题串，最终以积分制的形式给予奖励。

# 五、说课堂小结

学生举手回答自己在本节课的收获，教师在学生回答的基础上进行总结，利用概念图帮助学生构建知识框架。

# 第七节

# 《植物细胞》说课稿

本节说课的主题依托 2019 人教版生物学七年级上册第二单元第一章第二节"植物细胞"，说课的内容划分为五个部分：说教材、说学情、说教学法、说教学过程和说板书设计。

## 一、说教材

### （一）教材分析

由于细胞是构成生物体结构和功能的基本单位，因此观察细胞并了解其基本结构对学生学习生物学具有重要的基础性作用。新课程标准的目标是全面提高学生的科学素养，而学习制作临时装片、使用显微镜观察植物细胞，可以进一步提升学生的动手能力和观察能力。这种实践性的学习方法将使学生亲眼观察细胞的微观结构，加深他们对细胞的理解，并培养他们在科学探究中的实际操作能力，学生将更好地掌握生物学的基础知识，培养对科学的兴趣和热爱。

### （二）教学目标

（1）知识目标：学会制作临时装片的基本方法,使用显微镜观察自己制作的临时装片；认识并阐明植物细胞的基本结构，初步学会绘制植物细胞结构简图。

（2）能力目标：记住临时装片制作过程以及注意事项；了解植物细胞的基本结构和各部分结构的功能。

（3）情感态度与价值观目标：通过制作及观察植物细胞临时装片，提升对自然科学的兴趣。

### （三）教学重难点

（1）教学重点：制作临时装片，归纳植物细胞结构。
（2）教学难点：成功制作临时装片，绘制植物细胞结构简图。

## 二、说学情

在进行本节课的学习之前，学生已经学会了如何使用显微镜，初步了解了科学探究的基本思想和一般过程，这为进行实验教学打好了基础。此时，学生怀着观察微小细胞的渴望，而教师将继续引导他们主动进行探究学习。由于学生之前没有亲眼见过细胞，因此在观察临时装片时，教师可以借助多媒体展示制作精良的临时装片以提供更好的观察体验。通过这种方式，学生将能够积极参与观察和探究，加深对细胞结构的理解，并提升在科学实验中的自主学习能力（刘燕 等，2020）。

## 三、说教学法

### （一）说教法

本节课以合作探究为主，让学生运用观察法来观察临时装片；用实验法进行探究活动，掌握制作临时装片的基本技能。

## （二）说学法

由于本节课以实验教学为主，因此教师应着重培养学生自主探究学习的能力，变个人学习为合作学习，提高学生实践能力。

# 四、说教学过程

## （一）复习导入

（1）显微镜各部分结构及功能；
（2）显微镜的使用方法。

## （二）讲授新课

首先，教师通过展示幻灯片，向学生介绍常见的玻片标本，让学生能区分其差异，从而为下面的实验奠定基础：①切片——从生物体上切取薄片制成；②涂片——使用液体材料涂抹制成；③装片——撕下或挑取少量材料制成。

按保存时间来划分：①临时装片；②永久装片。

其次，教师利用教具演示临时装片的制作步骤。

**1. 准备**

擦：必须将载玻片、盖玻片擦拭干净，目的是避免杂质出现于视野中。

滴：滴加清水时应适量，过多，水会溢出；过少，制片容易产生气泡。

**2. 制片**

撕：撕取少量的洋葱鳞茎叶内表皮，不要将叶肉一起带下来。

展：将取下的洋葱表皮充分展开，避免重叠。

盖：盖盖玻片时，使一侧先接触水滴边缘，然后将另一侧缓缓放下。

**3. 染色**

滴：在盖玻片的一侧滴加适量稀碘液，多了，碘液会溢出来污染实验台；少了，会导致染色不充分。

吸：另一侧应有吸水纸吸引，使稀碘液均匀扩散到盖玻片下，使染色充分。

教师一边演示，一边提出问题，引导学生在观看演示的同时活跃思维，达到教学目的：擦拭载玻片和盖玻片的目的是什么？若擦拭不干净，后果如何？滴清水的量如何掌握？水量过多过少对实验有何影响？取材的部位、方法、大小，滴染色剂的位置及剂量，吸引染液的方法分别是什么？

学生通过对问题的思考，自主发现实验中的注意事项和操作规范，为学生独立实验奠定基础。

教师演示结束后，组织学生练习制作临时装片，并在制作的基础上观察自制的临时装片。

## （三）学生动手

学生动手制作，老师引导学生观察植物细胞的结构，并指导学生剖析植物细胞结构和功能。细胞核：含有遗传物质，控制发育和遗传。细胞质：能缓缓流动，促进细胞与外界进行物质交换。细胞膜：保护细胞，控制物质的进出。细胞壁：提供保护和支持。液泡：存在细胞质中，有细胞液。线粒体：为细胞的生命活动提供能量。叶绿体：含有叶绿素，是植物细胞进行光合作用制造有机物的部位。

### （四）技能训练

教师要求学生绘制植物细胞结构图，培养学生基本生物技能。在学生绘制前，教师利用课件展示绘图要领，让学生自己阅读并说出感悟。

（1）图大小适当，在纸上的位置要适中；一般位于偏左上方，以便在右侧和下方留出注字和写图名的地方。

（2）根据观察到的物像，用铅笔画出轮廓，经过修改后，画好正式图形，务必使图形贴近真实。

（3）图中暗的地方，用铅笔点上细点来表示（越暗的地方，细点越多；不能以阴影表示暗处）。

（4）字注在图的右侧，用尺引出水平的指示线，然后注字。

（5）在图的下方写上所画图形的名称。

## 五、说板书设计

本节课板书采用提纲式与图示式相结合的设计，帮助学生清晰认识玻片分类及制作装片的一般步骤，并通过图示强化学生对植物细胞结构的认识，在此基础上加强理解记忆。

# 第八节

# 《动物细胞》说课稿

本节说课的主题依托 2019 人教版生物学七年级上册第二单元第一章第三节"动物细胞"，说课的内容划分为五个部分：说教材、说学情、说教学法、说教学过程和说板书设计。

## 一、说教材

### （一）教材分析

本节课属于新课标中的第二大主题——生物体的结构层次，旨在引导学生通过细胞水平的认知来了解生物体。它是对前面学习的植物细胞内容的自然延伸；实验活动也基于本册第二单元第一章第二节中的实验知识和技能。教材原意是使学生在认识显微镜结构、掌握显微镜操作的基础上，进一步通过制作口腔上皮细胞临时装片、观察各种动物细胞，发现不同类型的动物细胞在形态、结构上的异同。学习动物细胞将让学生进一步熟悉显微镜的使用，并为后续学习生物体结构层次打下基础。

### （二）教学目标

（1）知识目标：进一步熟悉临时装片的制作和显微镜的规范使用；说明动物细胞的基本结构；阐述动物细胞和植物细胞结构的主要异同点。

（2）能力目标：通过动物细胞临时装片的制作，熟悉动物细胞的基本结构，培养合作、观察、动手能力；通过比较和描述动物细胞与植物细胞的异同点，培养观察、总结与口头表达能力。

（3）情感态度与价值观目标：通过制作人口腔上皮细胞临时装片，使用显微镜进行观察，培养实事求是的科学态度；认同细胞学说是19世纪自然科学三大发现之一。

### （三）教学的重难点

（1）教学重点：制作人口腔上皮细胞临时装片，并说明动物细胞的基本结构；区别动物细胞与植物细胞的异同点。

（2）教学难点：制作人口腔上皮细胞临时装片，并通过显微镜进行观察。

## 二、说学情

通过前两节课的学习，学生已初步掌握使用显微镜的技能，并对植物细胞的结构有一定的了解。因此，本节课采用灵活的教学方式，让学生在实践中逐步了解动物细胞的结构。

## 三、说教学法

### （一）说教法

在教学中，教师采用提出问题、小组合作、实验观察和验证的方式，培养学生的动手能力和科学探究的思维。

### （二）说学法

在教师的引导下，学生通过小组合作进行实验活动和讨论交流，锻炼动手能力，体验知识获取的过程，并领悟科学探究的方法；另一方面，学生会意识到同学间合作的重要性及其魅力。

## 四、说教学过程

### （一）导入新课

教师利用多媒体展示在显微镜下观察到的蛙的三种细胞——皮肤上皮细胞、肌肉细胞与红细胞的图片，让学生观察并比较与之前学习的植物细胞有何不同，从而引发学生的思考，激发其学习兴趣，导入新课。

### （二）演示实验

出示题目"观察人的口腔上皮细胞"，提问学生"如何进行取材和观察"，让学生带着问题观看视频中的实验演示和讲解。演示结束之后，引导学生用一个字分别概括每个步骤，加深学生对实验步骤的理解，培养他们归纳总结的能力。

### （三）合作实验

让学生分小组观察并思考讨论动物细胞与植物细胞有哪些不同，原因是什么。让他们带着问题进行实验。老师在实验过程中巡视并提供引导帮助。实验完成后，让学生依照实验中观察到的结果绘制一个口腔上皮细胞图。

### （四）思考讨论

教师展示动物细胞和植物细胞的模型供学生观察，并让学生结合教材对应页码的动物细胞的基本结构，小组合作讨论，回答动物细胞与植物细胞有什么相同点和不同点。教师为学生讲解细胞是构成生命体的基本单位。

### （五）课堂小结

教师带领学生梳理回顾这节课所学的知识内容，帮助学生理解，更好地将课堂知识转化为自身的知识记忆。

### （六）布置作业

教师要求学生以小组为单位，亲自动手制作动物细胞结构模型，并在教室设置展览区，对优秀作品进行展示。

## 五、说板书设计

本节课采用提纲式与图示式相结合的板书设计，突出重点，层次分明，加深学生对所学知识的理解与记忆。

## 第九节

# 《细胞的生活》说课稿

本节说课的主题依托 2019 人教版生物学七年级上册第二单元第一章第四节"细胞的生活",说课的内容划分为五个部分:说教材、说学情、说教学法、说教学过程和说板书设计。

## 一、说教材

### (一)教材分析

本节课是"生物体的结构层次"这一单元的一部分,目的是让学生在初步了解植物细胞和动物细胞的基本结构,认识生物体都是由细胞构成的基础上,进一步学习细胞的正常生活过程(陈小菊,2023)。本节课从物质、能量和信息变化的统一角度出发,用通俗的类比和典型的事例进行阐述,不仅是前三节内容的延伸,还为下一章的学习奠定基础,起到承上启下的作用。

### (二)教学目标

(1)知识目标:说明细胞的生活需要物质和能量,说明细胞中含有的物质的种类,说明细胞膜能控制物质进出细胞;描述细胞质中的叶绿体和线粒体在能量转换方面的作用,描述细胞核在生物的发育、遗传和细胞生命活动中的重要作用。

(2)能力目标:对实例或资料进行观察、分析、讨论,完成概念的学习过程。

(3)情感态度与价值观目标:通过本节内容的学习,认同生物体结构与功能相适应的生物学。

### (三)教学重难点

(1)教学重点:细胞膜控制物质的进出;叶绿体和线粒体在能量转换方面的作用;细胞核是细胞的控制中心。

(2)教学难点:物质是由小分子构成的;物质的分类;叶绿体和线粒体在能量转换方面的作用。

## 二、说学情

七年级学生对生物学表现出浓厚的兴趣和好奇心。然而,本节课涉及的概念较多且相对抽象，对缺乏遗传知识的七年级学生来说，理解上可能存在一定难度。为了激发学生的学习兴趣，本节课采用了演示实验和动画展示的方式进行教学。七年级学生的思维处于由具体运算阶段向形式运算阶段的过渡时期，仍需要具体的事物来支撑理解，这也是培养学生科学思维和探究能力的重要时期。因此，教师利用丰富的素材，以演示实验和活动将知识形象化和具体化，可引导学生进行类比、分析，促进其对知识的理解和掌握，提高其课堂参与度和学习积极性（严秋萍 等，2023）。

## 三、说教学法

### （一）说教法

在教学过程中，教师运用直观展示、类比和比喻等教学方法，引导学生通过小组合作的方式观察、分析和讨论实例或资料，从而完成概念的学习。

### （二）说学法

学生在教师的引导下，将自己的生活经验与课本中的概念和知识相结合，以此来理解复杂的概念和知识。通过自主学习和科学探究，学生将锻炼提取分析信息、总结归纳的能力，并培养合作意识和团队精神。

## 四、说教学过程

### （一）导入新课

以大面积烧伤病人的植皮难题为例，为学生介绍人造皮肤技术的多媒体资料，提问学生：在细胞培养的过程中，如何才能让培养的细胞存活下去？引出本节课。

### （二）讲授新课

**1. 细胞的生活需要物质和能量**

学生自主阅读教材对应页码，尝试找出细胞中物质的种类、细胞膜功能、细胞生活的能量来源、叶绿体和线粒体转化能量的方式，在教材中圈画出相关答案并踊跃发言。

**2. 细胞核是控制中心**

让学生阅读教材内容，小组合作交流讨论问题：与多莉出生有关的羊有几只？它的生身母亲是谁？多莉与哪只羊最相似，为什么？多莉的故事说明细胞核有何作用？学生畅所欲言，教师针对回答加以总结，以保证学生所学的知识系统化、科学化。

### （三）课堂小结

带领学生梳理回顾这节课的所学的知识，帮助学生理解，更好地将课堂知识转化为自身的知识记忆。

### （四）布置作业

教师要求学生完成课后小练，并上交本节课所学内容的思维导图。

## 五、说板书设计

本节课板书采用表格式与图示式相结合的设计，清晰表述出每个知识点所包含的要点，帮助学生区别与联系知识点，为构建知识点思维导图作好铺垫。

# 第十节
# 《细胞通过分裂产生新细胞》说课稿

本节说课的主题依托 2019 人教版生物学七年级上册第二单元第二章第一节"细胞通过分裂产生新细胞"，说课的内容划分为五个部分：说教材、说学情、说教学法、说教学过程和说板书设计。

## 一、说教材

### （一）教材分析

"细胞通过分裂产生新细胞"是人教版七年级上册第二单元第二章第一节的重要内容，在教材中起承上启下的作用。在此之前，学生已经学习了生物的基本特征和生物与环境的关系等内容。本节课主要介绍细胞的生长和分裂过程，这是学生后续学习"动物体的结构层次"和"植物体的结构层次"等知识的基础。另外，细胞分裂是生物体生长发育和遗传物质保持稳定的基础，只有充分理解细胞分裂的过程和原理，学生才能更好地理解生物体的结构、功能和发育等知识，因此学好这一节课对学生完整理解生物知识体系至关重要（惠明，2023）。

### （二）教学目标

（1）知识目标：简述细胞分裂的过程；说明细胞分裂过程中，染色体的变化、生物体长大的原因。

（2）能力目标：通过自主探究学习的方式，培养学生读取、提炼信息的能力和分析归纳总结的能力；通过小组合作讨论的方式，培养学生的团队意识与合作精神。

（3）情感态度与价值观目标：关注细胞生物学在防治癌症等方面的价值；重新认识生命，热爱生命。

## （三）教学重难点

（1）教学重点：细胞分裂的过程；细胞分裂过程中染色体的变化。
（2）教学难点：细胞分裂过程中染色体变化造成的结果。

## 二、说学情

七年级学生刚刚升入初中阶段，他们普遍怀有浓厚的好奇心，对生物学充满了兴趣，并具备一定的理性分析能力。然而，他们对细胞分裂的了解还相对浅薄，尚未深入了解细胞分裂的过程。因此，在教学过程中，教师应充分利用学生已有的知识基础，遵循他们的认知规律，采用适当的教学策略，帮助学生将新的知识有效地整合到他们已有的知识网络中，丰富和发展他们的知识体系。同时，教师要强调理论与实际的联系，将书本上的知识应用到现实生活中，以促进学生发展科学思维，并提高他们的生物学科学素养。

## 三、说教学法

### （一）说教法

在教学过程中主要采用讨论法，引导学生合作探究。

### （二）说学法

在本节课中，学生主要以小组合作的方式进行探究性学习。

## 四、说教学过程

### （一）导入新课

播放经典儿童故事"小壁虎借尾巴"的动画视频，提问学生：小壁虎为什么能长出新尾巴？小壁虎新长出的尾巴与原来的尾巴一样吗？学生畅所欲言，教师在此基础上引出本节课主题——细胞通过分裂产生新细胞。

### （二）讲授新课

学生自主阅读教材对应页码，找出问题的答案：生物体由小长大与哪些过程相关？细胞生长过程中有哪些变化？细胞分裂过程中有哪些显著变化？动物细胞与植物细胞分裂时有何不同？染色体是由哪种物质构成？为何新细胞与原细胞所含的遗传物质相同？
学生阅读结束，开展小组讨论，请小组代表回答，教师给予点评与总结。

### （三）拓展延伸

课件展示文本"脱缰之马"——癌细胞相关介绍，并请学生朗读。朗读结束，分小组讨论回答以下问题：癌细胞是怎么形成的？癌细胞为什么会扩散？生活中有哪些致癌因素？怎样预防癌症？每小组派代表选择2~3个问题进行阐述，表述自己的观点，教师在此基础上逐一点评与总结，对学生进行情感态度与价值观的教育。

### （四）巩固提升

让学生完成课后练习，巩固所学知识，并提问学生：从遗传角度来说，在之前故事中小壁虎新长出的尾巴与原来的尾巴一样吗？锻炼学生运用所学知识解决实际问题的能力。

### （五）课堂小结

教师引导学生自主总结本节课内容的要点，并在此基础上说明自己的启发或收获。

## 五、说板书设计

本节课采用提纲式板书设计，充分利用提纲式板书的层次分明、结构清晰的优点，帮助学生理清各知识点之间的联系。

# 第十一节
# 《动物体的结构层次》说课稿

本节说课的主题依托2019人教版生物学七年级上册第二单元第二章第二节"动物体的结构层次"，说课的内容划分为五个部分：说教材、说学情、说教学法、说教学过程和说板书设计。

## 一、说教材

### （一）教材分析

作为细胞结构和生活的延伸，本节课重点介绍人体的结构层次，为后续学习植物体的结构层次奠定基础。通过本节课的学习，学生将按照从微观到宏观的顺序了解动物体和人体的组成，为进一步学习动物的结构特点和行为方式作好铺垫。因此，本节课在整体课程编排中具有承上启下的作用。本节课承接"细胞通过分裂产生新细胞"一节，内容以人体的结构层次为主。其中，人体的结构层次与每个人都息息相关，是学生必须了解的内容。在本节课中，教师借助学生已有的知识和经验增强趣味性，引发学生思考并激发学生的求知欲和学习热情，帮助学生初步形成"生物体是一个整体"的生物学观点，培养生物学核心素养（伍文聪 等，2023）。

### （二）教学目标

（1）知识目标：说明组织的概念；识别人体的四种基本组织；概述人体结构的组成。

（2）能力目标：通过小组讨论交流学习，初步培养动手操作能力和自主合作探究能力。

（3）情感态度与价值观目标：初步形成"生物体是一个整体"的生物学观点。

### （三）教学重难点

（1）教学重点：细胞分化形成不同组织。

（2）教学难点：人体的结构层次。

## 二、说学情

在之前的学习中，七年级学生已经了解了动植物细胞的基本结构以及细胞通过分裂产生新细胞的过程。他们可能对细胞如何构成生物体的问题感兴趣，但这部分学习内容相对抽象，需要教师结合多种教学方法，以提高学生的学习效果。

## 三、说教学法

直观教学法、讲授法、启发诱导法。

## 四、说教学过程

### （一）导入新课

教师利用课件，给学生播放关于人从受精卵到个体胚胎发育过程的视频。播放结束后，教师叙述：同学们，老师告诉大家，动物和我们人体的发育都是从一个细胞开始的，而这个细胞就是受精卵。那么我们人体是怎样从受精卵开始发育成个体的呢？通过这节课的学习我们就能解决这一问题了！大家和老师一起来探究今天的知识吧！引出本节课题：动物体的结构层次。

### （二）讲授新课

**1. 细胞分化**

教师利用课件向学生展示人体不同类型的细胞图片，让学生观察其形态、结构上的不同，并向学生介绍它们各自的功能，抛出问题：这些形态结构各不相同、功能各异的细胞是如何形成的呢？让学生带着问题阅读教材，思考并寻找答案，教师再进一步详细讲解细胞分化的内容。接着，教师让学生观察并讨论所出示的细胞分化和细胞分裂的过程简图，帮助学生区分细胞分裂和细胞分化。

**2. 组织的学习**

教师在课件上展示人体基本结构的挂图，结合教材中关于人体的基本组织介绍，让学生以小组为单位讨论怎样区别动物体的四种基本组织。在学生讨论的过程中，教师在班级巡视，对学生的疑问及时给予解答，同时督促学生积极讨论，维持好课堂纪律。教师给学生提示：同学们，我们可以从四种组织的功能、组成细胞、分布等方面作答哦！每组请代表发言，最后由教师统一做点评总结。

**3. 器官的学习**

教师向学生展示胃的解剖图，带领学生认识构成胃的几种组织，明确引出：胃是以肌肉组织为主、由多种组织按照一定的次序结合在一起而形成的具有消化功能的器官。继续展示大脑、心脏等的图片，指导学生自主探究这两种器官分别由哪些组织构成，随机抽点学生上台指出这两种器官的构成组织。互动完毕，教师进行总结与归纳，在课件中呈现器官的概念。

**4. 趣味游戏**

组织学生进行"找朋友"的游戏，游戏流程如下。首先，课前准备好卡片（卡片写上器官名称，如口腔、食道、胃、小肠等），接着，由课代表将卡片分发给每组同学，最后，学生按照一定的标准将这些卡片进行归类。在此基础上，引导学生总结出系统的概念。教师向学生展示八大系统的结构图，辅以讲解让学生了解人体的八大系统。再带领学生一同观看运动员起跑的视频，引导学生思考：人在剧烈运动时，身体会出现骨骼肌活动加强，呼吸加深加快，心跳加快等症状，那么这三个特征与哪些系统有关？通过小组讨论分析，师生共同得出：人体的各系统是相互配合的，进而引导学生认同人体是一个统一的整体。

### （三）课堂小练

教师在课前整理好本节课所有知识点，并将关键词以填空的方式呈现在课件上，以"开火车"的形式组织学生进行快问快答。

### （四）总结提升

在课堂小练的基础上，教师利用概念图帮助学生回顾总结本节课所学的知识。

### （五）布置作业

教师要求学生除了完成对应练习之外，再将本节课的内容以思维导图的形式呈现出来；课后选出精美的作业并展览。

## 五、说板书设计

本节课采用提纲式板书，清晰呈现出本节课主要内容。

## 第十二节

# 《植物体的结构层次》说课稿

本节说课的主题依托 2019 人教版生物学七年级上册第二单元第二章第三节"植物体的结构层次",说课的内容划分为五个部分:说教材、说学情、说教学法、说教学过程和说板书设计。

## 一、说教材

### (一)教材分析

本节课重点讲解植物体的结构层次,以绿色开花植物的结构为例,按照从宏观到微观的顺序进行了介绍。通过前一节课的学习,学生已经了解了动物体的结构层次,本节课将进一步加深学生对植物体结构层次的理解。

### (二)教学目标

(1)知识目标:说明构成植物体的各种组织是通过细胞分裂和分化形成的;能识别植物体的几种组织;能描述绿色开花植物体的结构层次。

(2)能力目标:通过学习植物体的结构层次,进一步提高观察、探究和空间想象能力。

(3)情感态度与价值观:培养和谐为美的情感,进一步形成"生物体是一个统一整体"的生物学观点。

### (三)教学重难点

(1)教学重点:识别植物体的几种主要组织;说明植物体的结构层次。

(2)教学难点:分生组织分化形成植物体的各种组织。

## 二、说学情

在本节课之前,学生已经了解细胞是生物体结构和功能的基本单位,以及细胞通过分裂产生形态、结构和功能相似的新细胞的过程。由于学生已经具备了关于植物体结构的基础知识,因此本节课的教学难度不大。七年级学生刚刚进入初中阶段,对生物学有着浓厚的兴趣和求知欲,为本节课的教学提供了良好的基础。教师可以设置与学生原有认知相关的情境和连续的问题,引导学生学习新的知识。

## 三、说教学法

在教学过程中，教师主要以"情境—问题—活动"探究学习模式培养学生自主学习和科学探究的能力。学生在教师的引导下，通过自主探究和合作交流的方式进行学习。学生通过观察、提出问题、进行分析比较和实践探究，将课堂所学与自身的生活经验相结合，激发学习的兴趣，提高学习能力，并在情感上有所升华。

## 四、说教学过程

### （一）复习导入

教师在课件上展示动物体结构层次的思维导图，采用"开火车"的方式，请同学逐一补充思维导图中空格部分，带领学生回顾上节课所讲的动物体结构层次的内容。回顾结束后，在课件上展示常见植物的图片，教师向学生提问：在上节课中，我们学习了动物体的结构层次，那么植物体也有这样的结构层次吗？以此引出本节课主题。

### （二）讲授新课

教师在课件上展示校园内各种植物的照片，提出疑问：绿色开花植物是怎样生活的？绿色开花植物有哪些器官，分别有何功能？

学生集思广益，以在校园中经常见到的植物为例，思考并回答上述两个问题。学生回答完毕，教师做出总结，逐一讲解绿色植物的六大器官。教师继续抛出问题：经过上节课的学习，我们已经知道动物体器官是由组织构成的，那么植物体的器官也是这样的吗？是由什么组织构成的呢？通过设疑，引导学生阅读对应页码。学生尝试说出植物体的四种基本组织的特点，教师将学生的答案逐一记录在黑板上，最后对答案进行补充，讲解并归纳出组织的概念。

以角色扮演的方式，请学生扮演自己熟悉的植物，分别说出自己所具有器官的功能。利用趣味角色扮演，帮助学生内化知识点。这一环节结束后，教师总结：植物的各个器官分工协作以完成各项生理活动，从而让学生认同"植物体是一个统一的整体"。

课件展示动物体和植物体的结构层次对比表格，教师与学生一同填补表格，帮助学生构建新旧知识之间的联系，对新旧知识加以理解与区分。

### （三）课堂小练

让学生通过做练习题，检查自己对本节课所学内容的掌握情况。教师借此得到教学反馈，及时对教学进度加以调整。

### （四）总结提升

教师提问：哪位同学能告诉老师，通过本节课的学习，你有哪些收获呀？学生积极回答，教师给予肯定和表扬，最后与学生一起总结本节课的主要知识点。

### （五）布置作业

学生回家找出自己家里有的植物，比如蔬菜、水果和盆栽植物等，观察这些植物，并向家长说出它们分别有什么器官，到校后与同学分享。

## 五、说板书设计

本节课采用表格式与图示式的板书设计，不仅可以帮助学生构建新旧知识之间的联系，区别新旧知识，还可以提高学生辨认植物体结构层次的能力。

# 第十三节

# 《单细胞生物》说课稿

本节说课的主题依托 2019 人教版生物学七年级上册第二单元第二章第四节"单细胞生物"，说课的内容划分为五个部分：说教材、说学情、说教学法、说教学过程和说板书设计。

## 一、说教材

### （一）教材分析

在七年级上册第二单元第二章"细胞怎样构成生物体"介绍动物体和植物体的结构层次后，教材安排了关于"单细胞生物"的内容。教材主要通过探讨单细胞生物的结构、生活方式以及与人类的关系来展开。在观察草履虫的实验中，教师给予学生动手操作和独立思考的机会。根据课标要求，教师的教学重点是通过观察草履虫的形态结构，了解其生活方式，并认识到单细胞生物可以独立完成生命活动。然而，由于草履虫的游动速度较快，通过显微镜找到并追踪观察其形态结构和运动是教学的难点。本节课是引导学生认同生物体结构层次多样性和复杂性的重要扩充，也是对"细胞是生物体结构和功能的基本单位"的全面理解，更是在以草履虫为例启迪学生探索更多生命的奥秘（朱金静 等，2022）。

### （二）教学目标

（1）知识目标：说出草履虫的形态结构和生活环境；说明草履虫是依靠一个细胞完成生命活动的。

（2）能力目标：利用生物体的特征及细胞结构的知识推测草履虫的结构；尝试在显微

镜下观察到草履虫，熟练临时装片的制作及显微镜操作技能；在亲历提出问题、获取信息、寻找证据、检验假设、发现规律等过程中习得单细胞的生物学知识，进一步养成科学思维习惯，形成积极的科学态度，学会知识的迁移和运用。

（3）情感态度与价值观目标：通过了解草履虫的生活，初步认同单细胞生物可以独立完成生命活动。

### （三）教学重难点

（1）教学重点：草履虫的结构和生活。
（2）教学难点：在显微镜下观察到草履虫；单细胞生物与人类的关系。

## 二、说学情

学生在前几章的学习中已初步了解细胞是构成生物体的基本单位，这为本节课的理论学习奠定了基础。七年级学生对生物学有着浓厚的兴趣和探索欲望，但由于他们刚刚接触这门学科，理解和把握生物学的能力还不够；他们对实验非常感兴趣，但对于实验本质的思考可能不够深入。因此，在教学中需要教师提供指导，引导学生的思考和探索。

## 三、说教学法

本节课中，学生将在教师设置的问题的引导下进行实验观察，主动地探究获取新知识，锻炼动手实践能力，培养自主学习和科学探究的能力。

## 四、说教学过程

### （一）导入新课

教师按照由体型大到小的顺序展示鲸鱼、大象、人、老鼠、昆虫等生物的照片，提问学生：地球上最小的生物是什么？生活在哪？如何生活？以此激发学生的学习兴趣。

### （二）讲授新课

教师带领学生回顾临时装片的制作和显微镜的操作的相关知识，随后将学生分成小组，根据教材对应页码的实验步骤观察草履虫。在实验过程中，教师引导学生根据教材对应页码草履虫结构图，在观察过程中认识、掌握草履虫的各部分结构。

教师为学生讲解显微镜下不容易观察到的草履虫结构和生活，用动画演示并讲解草履虫运动、进食等生命活动，帮助学生更好地理解草履虫各个结构的功能。

以酵母菌、乳酸菌、疟原虫、赤潮等为例，用图片和视频展示单细胞生物为人类的社会生产与生活服务的一面和造成危害的另一面，让学生一分为二地看待问题，正确认识单细胞生物与人类的关系。

## （三）巩固提升

教师引导学生总结归纳这堂课的知识点，用多媒体展示课后习题让学生回答，强化巩固新学到的知识。

## （四）布置作业

除了完成本节课课后练习外，学生还需向家长叙述今天在生物课上所学到的知识，便于家长了解学生学习情况，加强家校合作。

# 五、说板书设计

本节课采用提纲式板书，目的是帮助学生梳理学习内容，加强理解与记忆。

# 第十四节
# 《藻类、苔藓和蕨类植物》说课稿

本节说课的主题依托 2019 人教版生物学七年级上册第三单元第一章第一节"藻类、苔藓和蕨类植物"，说课的内容划分为五个部分：说教材、说学情、说教学法、说教学过程和说板书设计。

# 一、说教材

## （一）教材分析

新教材注重降低知识难度，强调以学生的生活经验为出发点，培养学生的生物学科学素养，特别关注植物与生活环境的适应特征以及它们在生物圈中的作用和与人类的关系。教材的知识编排主要围绕生活环境、基本特征、在生物圈中的作用以及与人类的关系等方面进行讲解，既巩固和深化先前学习的生物与环境相互影响的知识，又为后续学习绿色植物对生物圈的重要性奠定基础。

## （二）教学目标

（1）知识目标：概述藻类、苔藓和蕨类植物的形态特征与生活环境；了解藻类、苔藓和蕨类植物在生物圈中的作用及与人类的关系。

（2）能力目标：增强生物学实验操作能力、收集资料能力、运用生物学知识分析解决生活实际问题的能力。通过观看图片和短片，培养和训练观察能力和思维能力。通过讨论、交流和展示，培养团队协作和归纳表达能力。
（3）情感态度与价值观目标：热爱自然、乐于探索生命奥秘；关注生物圈中各种绿色植物及其生存状况，增强环保意识。

### （三）教学重难点

（1）教学重点：藻类，苔藓，蕨类植物的形态特征及生活环境。
（2）教学难点：藻类，苔藓，蕨类植物在生物圈中的作用以及与人类的关系。

## 二、说学情

第一单元的学习使学生初步认识绿色植物在生态系统中的作用，第二单元的学习让学生初步了解绿色开花植物的结构层次。然而，学生对于藻类、苔藓和蕨类植物的了解相对较少，更熟悉的是种子植物。此外，七年级学生在生物学知识方面的储备相对不足，因此在理解新的知识时可能会遇到一些困难。

## 三、说教学法

### （一）说教法

在本节课中，教师需要组织和引导学生进行观察、分析、合作讨论和归纳总结，以增加学生的感性认识；重视观察的过程，培养学生的探索精神。

### （二）说学法

学生以小组为单位展开合作学习，激发他们的积极性和主动性，培养自主学习精神，促进合作能力的发展。

## 四、说教学过程

### （一）导入新课

教师展示藻类、苔藓、蕨类植物和种子植物四组图片，让学生观察，尝试进行分类。学生回答后，教师总结，根据植物形态结构和生活环境的不同，将图片分成四大类群：藻类、苔藓、蕨类植物和种子植物。以此导入新课。

### （二）讲授新课

将学生分成对应藻类植物、苔藓植物和蕨类植物的三个大组。阅读教材，探究各自大组对应的植物的形态结构、生活环境及与人类的关系。大组内再分小组合作讨论。三个大组派代表按照藻类植物、苔藓植物、蕨类植物的顺序依次汇报成果，每个代表汇报完后，教师都播放多媒体课件，进行补充讲解。

## （三）巩固提升

以表格的形式对比总结三种植物的生活环境、形态结构及与人类的关系等知识，用提问的方式引导学生完成表格，让学生巩固本节课所学的知识，并形成系统性的认知。

## （四）布置作业

除了完成对应练习外，还要求学生课后制作藻类、苔藓、蕨类植物的知识小卡片，制作完成后向家长讲解这三类植物的相关知识，到校后向班级同学展示自己的作品。

# 五、说板书设计

本节课采用表格式板书，帮助学生清晰辨别藻类、蕨类和苔藓植物各自的形态特征、生活环境、在生物圈中的作用和与人的类关系、营养和生殖方式等，利于学生内化知识。

# 第十五节
# 《种子植物》说课稿

本节说课的主题依托 2019 人教版生物学七年级上册第三单元第一章第二节"种子植物"，说课的内容划分为五个部分：说教材、说学情、说教学法、说教学过程和说板书设计。

# 一、说教材

## （一）教材分析

本节是第三单元第一章的重要内容。种子是绿色开花植物的六种器官之一，而植物的生长发育过程始于种子的发芽，随后其他器官逐渐长出。因此，教材将"观察种子的结构"安排在学习植物体的基本结构之后，既为学习种子的萌发打下基础，又对后续章节的学习具有重要作用。

## （二）教学目标

（1）知识目标：了解菜豆种子和玉米种子的结构名称，总结归纳出它们的相同点和不同点；了解种子植物各结构的功能。

（2）能力目标：培养自学能力、绘图能力、分析问题、解决问题的能力；掌握提炼概念关键词及比较的学习方法。

（3）情感态度与价值观目标：认识生物的结构与功能相适应，初步形成生物学的基本观点和科学态度；培养互助的精神及热爱大自然的情感。

## （三）教学重难点

（1）教学重点：解剖和观察单、双子叶植物的种子，说出种子的结构。
（2）教学难点：玉米种子的解剖和观察。

# 二、说学情

七年级学生具有强烈的求知欲望，虽然对种子有一定的了解，但对其结构了解并不深入。因此，本节对他们具有一定的吸引力。让学生自主观察和探究获得关于种子结构的知识，可以更好地激发学生的学习兴趣，突出学生的主体地位。在教学过程中，教师需要不断引导和启发学生，并进行探究实验。

# 三、说教学法

## （一）说教法

本节课主要采用讲授与直观教学相结合，启发诱导教学法等。

## （二）说学法

本节课主要采用自主学习法、合作探究法、讨论分析法、归纳总结法等。

# 四、说教学过程

## （一）导入新课

教师提问：藻类、苔藓和蕨类植物是靠什么来繁殖后代的？由学生的回答引出第二个问题：孢子的结构特点及对于繁殖后代的需求是什么？引出种子植物以及种子植物的种子，接着展示各种果实和种子的图片，激发学生的学习兴趣。

## （二）讲授新课

### 1. 种子的结构

在观察菜豆种子的结构时，教师指导学生按从外到内的顺序解剖和观察菜豆种子，自主阅读课本，了解菜豆种子的结构。

教师出示课件"菜豆种子的外形和结构示意图"，请学生辨认菜豆种子各个结构的名称，总结菜豆种子各部分结构的功能。

在观察完菜豆的种子后，教师提出问题：所有的种子结构都一样吗？有一样的结构吗，有不同的吗？教师指导学生观察玉米种子的结构，在指导学生观察的同时强调注意事项与方法步骤，再组织学生进行解剖观察实验。在实验过程中，教师作巡视指导，解决疑难问题。对照课本图片，学生需能够认识玉米种子的结构及各部分的功能。

学生观察完菜豆和玉米种子后，教师提出问题：菜豆种子和玉米种子的主要部分是什么，它们有哪些异同点？从子叶的数目和营养物质的储存位置引导学生获得答案，并在学生回答的基础上，加以总结归纳。

**2. 裸子植物和被子植物**

学生自行阅读教材，尝试将教师提供的植物卡片分类。学生举手发言：裸子植物种子裸露，如油松、侧柏、苏铁等；被子植物种子有果皮包被，如豌豆、荔枝、木瓜等。

根据教材对应页码内容，学生四人为一小组，讨论分析两类植物之间的差异。学生讨论结束后回答，由教师做总结。

**3. 技能训练**

课件展示双子叶植物和单子叶植物的图片，同桌二人讨论两者的区别。

## （三）课堂小练

结合本节的教学设计，通过检测练习，检查学生知识的掌握程度，巩固新知识并获得反馈信息，及时矫正遗漏问题。

## （四）总结提升

组织学生以"开火车"的形式说出本节课所学到的知识内容。

# 五、说板书设计

本节课采用提纲式板书设计，帮助学生建立知识框架。

# 第十六节

# 《种子的萌发》说课稿

本节说课的主题依托2019人教版生物学七年级上册第三单元第二章第一节"种子的萌发"，说课的内容划分为五个部分：说教材、说学情、说教学法、说教学过程和说板书设计。

# 一、说教材

## （一）教材分析

本节课是一个探究实验，旨在探究种子萌发的环境条件。这是七年级上册教材安排的第三个探究实验。在第一个探究实验中，学生主要了解探究的一般过程，学习关于变量和对照实验的知识——其中只有一个变量被控制——设计一组对照实验；在第二个探究实验中，学生主要训练提出假设和处理数据表格的能力。而在这第三个探究实验中，学生将进一步训练提出假设、控制变量和设计对照实验的能力。本实验一下子考虑了三个变量，要求学生自主学会设计对照实验和控制变量。可以说，这个实验是七年级上册探究实验的核心，学生掌握了控制变量和设计对照实验的方法，将为后续的探究实验奠定良好的基础。

### （二）教学目标

（1）知识目标：进一步复习变量和对照实验的概念。

（2）能力目标：训练作假设的能力；学会控制变量，设计对照实验的能力；强化动手操作的实践能力和合作探究的能力。

（3）情感态度与价值观目标：培养合作意识。

### （三）教学重难点

（1）教学重点：学会控制变量，设计三组对照实验。

（2）教学难点：学会利用三组对照实验控制三个变量，初步明确对照组和实验组。

## 二、说学情

七年级学生对自然科学有着浓厚的兴趣，他们好奇心强，勇于提问和表达观点。本节课通过分阶段的实验分析案例、查阅资料、讨论设计探究方案等活动，加强学生的有意识注意力，提高他们的注意品质；同时，满足学生的求知欲和好奇心，发展他们的潜力。通过设计探究方案，也可促进学生的逻辑思维能力的发展。

## 三、说教学法

在教师的指导下，学生开展小组合作学习及探究学习以完成教学目标。

## 四、说教学过程

### （一）复习导入

教师播放种子萌发过程的视频，抛出疑问：视频中的种子在什么环境里才能萌发呢？由此问题导入本节课。

### （二）讲授新课

#### 1. 探究种子萌发的环境条件

首先，根据书本资料做出假设并撰写在草稿纸上，学生小组讨论怎样设计对照实验。其次，教师播放视频展示四个实验瓶中的具体条件，让学生思考四个瓶子中的条件和假设出的条件是否相对应，并在草稿纸上进行标注。接着，教师引导学生回顾旧知识——一组对照实验中只有一个变量，让学生根据所学知识找出其中对照实验的组数与控制变量。最后，播放视频，帮助学生了解探究种子萌发的不同实验方法，进一步掌握影响种子萌发的环境条件。

教师质疑：种子的萌发需要光吗？种子萌发过程中要施肥吗？学生小组讨论分析后回答问题，师生归纳得出：种子一般都播种在土壤中，见不到光。所以，大多数种子的萌发不需要光。由于种子的子叶或胚乳中储存了萌发阶段所需要的营养物质，所以在种子萌发过程中不需要施肥；如果施肥，也是用于幼苗的生长发育。

**2. 测定种子发芽率**

教师质疑：环境条件都满足了，种子就一定能萌发？学生自主学习，总结种子萌发的条件。学生在了解种子萌发不容易的过程中升华情感。

教师通过讲解探究部分的内容，帮助学生学会测定种子的发芽率，理解播种之前测定种子发芽率的意义，进一步强化学生对所学知识的理解和认识。

### （三）拓展延伸

有些植物的种子，有完整的活的胚，但在适宜萌发的条件下，仍不萌发，好像必定要经过一段时间的"睡眠"才能萌发，这种现象叫作种子的休眠。种子休眠是植物经过长期演化而获得的对外界条件以及季节性变化的一种适应。

### （四）课堂小练

从简单到复杂设计不同类型的经典习题，帮助学生对所学知识加以巩固，提高学生知识应用和迁移能力。

### （五）布置作业

本节课作业采用了实践锻炼的类型，要求学生与父母一起亲手萌发黄豆芽。学生课后先写好行动方案，与父母一起实施方案，并将整个过程拍摄记录，日后在课下与同学老师分享。

## 五、说板书设计

本节采用提纲式板书设计，有利于学生构建新旧知识之间的网络框架，发展学生的元认知。

# 第十七节

## 《植株的生长》说课稿

本节说课的主题依托2019人教版生物学七年级上册第三单元第二章第二节"植株的生长"，说课的内容划分为五个部分：说教材、说学情、说教学法、说教学过程和说板书设计。

## 一、说教材

### （一）教材分析

本节课来自七年级上册第三单元中的第二章。本课涵盖了植株的生长过程，包括根的生长、芽的发育以及植株所需的营养物质。按照被子植物生长发育的次序，本节课安排在学生了解种子的萌发之后，既加深学生对所学知识的认识，又为下一节学习开花和结果打下基础，起到承上启下的作用。

尽管本节课的知识点清晰，内容看似简单，但其中的知识相对抽象，需要调动学生的积极性。为了让学生更好地理解抽象的知识，教师应巧妙地将知识形象化呈现给学生，并精心设计问题，引导学生逐步探究，从解决问题中获取知识。

### （二）教学目标

（1）知识目标：描述根的生长和枝条发育的过程；了解无机盐与植物生长的关系。

（2）能力目标：通过观察，学会对现象进行分析并归纳结论；通过分析，了解无机盐对植物的作用。

（3）情感态度与价值观目标：通过植株生长过程的学习，形成事物发展变化的观点；通过合理施肥的学习，养成环保意识。

### （三）教学重难点

（1）教学重点：根尖结构及生长、叶芽结构及发育；植株生长所需三大无机盐的种类。

（2）教学难点：根尖结构和叶芽的发育。

## 二、说学情

七年级学生思维较为活跃，对周围的事物充满好奇心。因此，教师应该逐步引导学生进行自主学习，并运用多媒体教学手段，充分调动学生的学习积极性，这样可以提高学生的学习兴趣，让他们主动解决问题，掌握知识。

## 三、说教学法

在教师的引导之下，学生主要通过观察、阅读、讨论、分析去发现知识，逐渐培养自主学习的习惯和能力。

## 四、说教学过程

### （一）复习导入

复习种子萌发的过程，利用"种子萌发成幼苗后又是怎样长成参天大树"的问题，引导学生带着问题学习新课。

### （二）讲授新课

**1. 幼根的生长**

通过观看幼根的图片，引出幼苗地下根部分的生长的问题。学生带着问题快速阅读教材，初步了解知识，尝试说出根尖结构的特点及其作用。教师再利用多媒体与学生互动，让学生对根冠、分生区、伸长区及成熟区了解更深，同时知道根生长的原因。

**2. 枝条是由芽发育而成的**

地下是根，地上是茎叶。由春天植物发新叶的现象引出芽的发育。通过多媒体及教材阅读，学生能够在教师的指引下了解芽的分类及发育情况，掌握枝条是由芽发育而成的。

**3. 植株的生长需要营养物质**

学生自主阅读教材，找出植株生长所需营养物质的分类及来源。教师播放演示实验的视频——比较玉米幼苗在蒸馏水和土壤浸出液中的生长状况。学生四人为一组，讨论分析实验结果，理解无机盐对植株生长的影响。在此基础上，学生能够理解合理施肥的意义，唤起学生爱护环境的意识。

### （三）课堂小结

师生共同说出：植株的生长主要是根的生长和芽的发育；植株生长需要营养物质，其中氮、磷、钾是植株需要最多的无机盐。

### （四）拓展延伸

通过无土栽培的学习，开拓学生视野。

## 五、说板书设计

本节采用提纲式板书设计，有利于学生构建新旧知识之间的网络框架，发展学生的元认知。

# 第十八节
# 《开花和结果》说课稿

本节说课的主题依托 2019 人教版生物学七年级上册第三单元第二章第三节"开花和结果"，说课的内容划分为五个部分：说教材、说学情、说教学法、说教学过程和说板书设计。

## 一、说教材

### （一）教材分析

本节课是第三单元第二章"被子植物的一生"中的第三节，它特别强调开花和结果对于被子植物繁衍后代的重要性，这是被子植物生命周期中最为重要的生理活动之一。在本节课中，识别花的结构是学生了解植物生殖的基础，也是辨识植物种类的重要依据。因此，本节课对于七年级下册中"人的生殖"以及八年级中"生物的生殖和发育"的学习具有重要的指导作用。本节课从学生已掌握的果实和种子的结构出发，确定本节课的逻辑主线：果实的主要结构是种子，种子的关键结构是胚，胚由受精卵发育而成；精子和卵细胞在雄蕊和雌蕊中，雄蕊和雌蕊是花的重要结构；胚形成的前提是受精，受精的前提是传粉；开花、结果与农业生产密切关联。依据知识间的逻辑关系，本节课围绕"花的结构""传粉和受精""果实和种子的形成"三个重点内容设置三个探秘任务，每个任务分解为多个梯度渐进的重要问题，激发学生思考；采取自主学习、合作探究、推理论证等多种方式，引领学生主动学习，发展生物学核心素养（岳静，2023）。

### （二）教学目标

（1）知识目标：识别花的基本结构，并说出花各部分的主要结构；概述传粉和受精的过程；叙述果实与种子的形成。

（2）能力目标：培养自主学习，乐于探索的习惯，在合作交流中提高能力；通过对果实结构的观察及果实的形成过程的分析，掌握并学会分析处理问题的方法。

（3）情感态度与价值观目标：培养热爱生物的感情，在观察中培养严谨求真的精神；通过花的结构的学习，养成爱花护花的习惯。

### （三）教学重难点

（1）教学重点：概述花的主要结构，描述传粉和受精的过程。

（2）教学难点：受精的过程；受精后子房的发育过程。

## 二、说学情

七年级学生充满朝气，对大自然充满热爱，对新奇事物充满好奇，并渴望探索其中的奥秘。学生对开花和结果现象比较熟悉，但在日常生活中很少有机会观察开花到结果的全过程。他们对花的基本结构以及果实和种子的形成过程了解有限，尤其对于传粉和受精的复杂抽象过程难以理解。

## 三、说教学法

本节课主要采用讲授与直观相结合的教学方法，学生在教师的指导下，通过自主学习与合作探究完成教学目标。

## 四、说教学过程

### （一）导入新课

通过课件展示生活中不同花的图片（如郁金香、梨花、百合花、水稻花等），引导学生思考：这些都称为花，那么花都有何结构呢？以此引出本节课。

### （二）讲授新课

**1. 花的结构**

由课代表分发桃花模型。学生先自主阅读课本，然后同桌两人相互合作，尝试说出一朵花的基本结构。教师提示学生按照从下到上、从外到内的顺序观察桃花模型，再请一组同学上讲台演示一朵花的完整结构由哪几部分构成，每个部分又有什么功能。

教师设疑：花的雌蕊和雄蕊是最重要的结构，这是为什么呢？教师提供实验器材和桃花让学生以小组为单位进一步解剖观察，及时指导实验注意事项。

**2. 传粉和受精**

学生自行阅读教材对应页码最后一段文字，尝试找出传粉的概念及类型。教师引导：与动物受精相似，植物也有受精的生理过程。请学生观看植物受精的过程的视频，观看结束后随机请学生尝试阐述植物受精的过程。

**3. 果实和种子的形成**

先播放有关受精后花继续变化的视频，然后教师详细讲解果实与种子的形成。对学生进行情感教育，体会被子植物产生后代的不容易。播放玉米和向日葵人工辅助授粉的视频，在教师的讲解与指导下，学生学会对玉米和向日葵进行人工授粉。

### （三）课堂小练

通过随堂练习检测学生知识掌握情况，及时巩固本节内容。

### （四）总结提升

教师与学生一起总结课上所学的知识内容，突出重点，突破难点，有助于学生课后有针对性地进行知识复习。

### （五）布置作业

绘制桃花的模式图，标注每一部分的名称。

## 五、说板书设计

本节采用提纲式与图示式相结合的板书设计。一方面，该板书设计有利于学生构建新旧知识之间的网络框架，发展学生的元认知；另一方面，该板书设计能够加深学生对知识点的认识，有助于知识内化。

# 第十九节

## 《绿色植物与生物圈的水循环》说课稿

本节说课的主题依托 2019 人教版生物学七年级上册第三单元第三章"绿色植物与生物圈的水循环"，说课的内容划分为五个部分：说教材、说学情、说教学法、说教学过程和说板书设计。

## 一、说教材

### （一）教材分析

本节课涉及绿色植物在生物圈中的重要作用之一，主要通过观察叶片的横切面实验，介绍叶片的结构和气孔的开闭机制，并以此为基础讲解蒸腾作用及其在生物圈中水循环过程中的作用；同时，深入探讨绿色植物如何通过蒸腾作用促进水循环，以及森林在促进水循环和保持水土方面的重要性。本章首先介绍了水分进入植物体的途径，然后通过实验探究叶片结构，引出了蒸腾作用这一新概念，旨在引导学生从理性的角度认识蒸腾作用的意义和森林保护的重要性，为第六章"爱护植物 绿化祖国"打下基础。

### （二）教学目标

（1）知识目标：了解水分在植物体内的运输途径，描述绿色植物叶片的基本结构。

（2）能力目标：通过熟练使用显微镜和用徒手切片的方法制作临时装片，培养动手实践能力和探究能力。

（3）情感态度与价值观目标：通过对蒸腾作用意义的学习，认同蒸腾作用对植物生命活动的重要性，初步形成爱护绿色植物和珍惜水资源的情感。

### （三）教学重难点

（1）教学重点：植物体叶片的结构；绿色植物是如何通过蒸腾作用参与生物圈的水循环。

（2）教学难点：蒸腾作用的气孔开闭的机制。

## 二、说学情

在七年级阶段，学生的逻辑思维能力和抽象思维能力进一步发展，认知水平得到显著提高。然而，他们对生活的观察和解读还主要停留在感性认知层面，存在一定的认知局限。本节课的有效探究和学习，有助于学生实现从感性认知到理性认知的飞跃，从而建立起更高级的认知能力。本节课是一堂复习课，学生对内容并不是很陌生，有一定的知识储备，但是对于蒸腾作用的意义缺乏系统认识。因此这节课需要把学生零散的知识综合起来，构建绿色植物在水循环中的作用的知识网络概念图，同时，关注学生生物学核心素养与科学探究的能力的培养。教师可设计多向度平台，让学生设计实验，从而验证所学知识（王妙，2019）。

## 三、说教学法

### （一）说教法

教师采用多媒体教学法、讲授法和问答法，使得教学直观形象、生动有趣。

### （二）说学法

本节课学生主要有实验探究法、合作学习法等学习方法。

## 四、说教学过程

### （一）复习导入

教师先在黑板上画出花的结构示意图，请学生回忆各部分的名称，教师口头引导，与学生一起复述植物的受精过程，其中重点复习根的结构，说明植物主要是通过根尖来吸收水分的，导入新课。

### （二）讲授新课

**1. 植物对水分的吸收和运输**

教师提问：根吸收的水分是怎样运输到茎、叶、花等器官的呢？教师引导学生通过课本观察与思考部分的内容回答问题，并在学生提供答案的基础上，加以总结完善本部分的知识点，帮助学生认识植物输导组织。

**2. 植物的蒸腾作用**

教师先讲解蒸腾作用的概念，再引导学生思考植物是如何通过蒸腾作用散失水分的，进而主动了解叶片的结构，自然而然地开展观察叶片结构的实验。教师讲解观察叶片结构的实验的目的、要求、材料用具及方法步骤，引导学生结合教材对应页码文字内容，小组讨论保卫细胞和它周围细胞在结构上有什么不同，保卫细胞的这种结构特点对蒸腾作用有何意义。在讨论过程中，教师时刻注意解决疑问、维持纪律、确保讨论顺利进行。讨论结束后，教师在学生回答的基础上进行总结归纳，保证学生所获知识的科学性和系统性。

**3. 绿色植物参与了生物圈的水循环**

教师组织学生观察教材对应页码图片，同桌二人为一组，尝试描述地球上水循环的过程，描述的过程中思考绿色植物在水循环中的作用。教师在学生回答的基础上进行归纳总结，并对学生进行情感教育——森林是绿色的水库，我们应该好好保护森林。

### （三）课堂小练

课件展示三道典型例题，通过检测学生的正确率情况反应教学效果。

### （四）总结提升

以框架图的形式归纳总结本节课的内容，教师与学生一起完善框架图中缺少的部分。

## 五、说板书设计

为突出重难点，便于学生识记，本节课采用提纲式的板书设计。

# 第二十节

# 《绿色植物是生物圈中有机物的制造者》说课稿

本节说课的主题依托 2019 人教版生物学七年级上册第三单元第四章"绿色植物与生物圈中有机物的制造者"，说课的内容划分为五个部分：说教材、说学情、说教学法、说教学过程和说板书设计。

## 一、说教材

### （一）教材分析

"绿叶在光下制造有机物"是七年级生物学课程中的一个重要学习内容，在教材编写和知识结构中扮演着重要的角色。它位于"绿色植物参与生物圈水循环"和"绿色植物与生物圈中的碳氧平衡"之间，起承上启下的作用；此外，它也是本节的重点内容。学习这一节将为学生以后学习绿色植物对有机物的利用奠定坚实的基础。

### （二）教学目标

（1）知识目标：理解绿色植物通过光合作用制造有机物；实验验证绿叶在光下制造淀粉；阐明光合作用的概念；尝试设计实验方案，掌握操作技能。

（2）能力目标：学生通过实验，积极参与探索知识的发生过程，认识绿叶在光下制造的有机物是淀粉；理解光合作用发生的场所和产物的判定方法及其原理，从中归纳光合作用的概念。

（3）情感态度与价值观目标：明确绿色植物光合作用的重要性，培养学生热爱大自然、热爱生物的情感。

## （三）教学重难点

（1）教学重点：探索绿叶在光下能否制造淀粉。
（2）教学难点：对实验的目的、过程和实验结果进行分析。

# 二、说学情

七年级学生对生物科学有着浓厚的兴趣，他们在实验探究方面表现得积极主动，乐于与同学合作进行探究学习，并且敢于大胆提出问题和质疑。然而，由于某些实验操作对学生来说是第一次接触，因此教师需要采用深入浅出的学习方法来引导他们学习。

# 三、说教学法

## （一）说教法

本节课主要采用直观教学法、活动探究法、小组讨论法。

## （二）说学法

本节课主要采用实验探究学习法、分析讨论学习法、归纳总结学习法。

# 四、说教学过程

## （一）导入新课

教师请同学列举出当天早餐的主要食物，分析这些食物与绿色植物的关系。通过分析发现，人们的食物都直接或间接地来自绿色植物。

教师设疑：植物体由一棵小苗长成参天大树的过程中，自身积累的营养物质从何而来？绿色植物制造的有机物是什么，如何检验呢？绿叶制造有机物需要什么条件吗，怎样证明？以此促进学生思考，引入本节课主题。

## （二）讲授新课

### 1. 绿叶在光下制造有机物

教师讲解"绿叶在光下制造有机物"这一实验，强调本实验的目的、要求、材料用具及方法步骤，提出思考题：为什么要把天竺葵提前放在黑暗中一昼夜？为什么要用黑纸片把叶片的部分遮盖起来？绿色植物制造的有机物是什么？让学生带着问题观看本实验的视频，找出问题的答案。教师在教材与学生思考的基础上，清晰讲解绿色植物在光下制造有机物的产物、条件及场所。

**2. 有机物用来构建植物体**

教师提出过渡问题：绿色植物通过光合作用制造大量有机物，这些有机物的作用是什么呢？学生自主阅读教材该部分的文字内容，尝试找出问题的答案。教师在学生回答的基础上加以总结。

**3. 绿色植物制造的有机物养育了生物圈中的其他生物**

课件展示绿色植物制造的有机物的去向框架图，引导学生理解：绿色植物作为生物圈中的生产者，它们制造的有机物，通过食物链、食物网养育了生物圈中的其他生物；同时，对学生开展情感教育，激起学生保护植物的情感。

### （三）课堂小练

布置相关练习和作业，通过练习检查教学效果，教师根据反馈及时调整教学过程。

### （四）总结提升

引导学生从实验题目中体会光合作用的三个重要因素——绿叶、光、有机物；总结光合作用的概念。

## 五、说板书设计

为突出重难点，便于学生识记，本节课采用提纲式的板书设计。

# 第二十一节
# 《光合作用吸收二氧化碳释放氧气》说课稿

本节说课的主题依托 2019 人教版生物学七年级上册第三单元第五章第一节"光合作用吸收二氧化碳释放氧气"，说课的内容划分为五个部分：说教材、说学情、说教学法、说教学过程和说板书设计。

## 一、说教材

### （一）教材分析

本节课的内容是验证光合作用吸收二氧化碳释放氧气。教材从光合作用的演示实验入手，引导学生通过观察实验现象，总结光合作用的原料和产物，旨在指导学生理论联系实际。

## （二）教学目标

（1）知识目标：知道光合作用的原料和产物。
（2）能力目标：锻炼学生对实验现象的讨论分析能力。
（3）情感态度与价值观目标：认识绿色植物的光合作用对于整个生物界乃至整个自然界的意义。

## （三）教学重难点

（1）教学重点：光合作用的实质，即光合作用的产物、原料、条件及公式。
（2）教学难点：光合作用实验装置的设计。

# 二、说学情

经过前一课时的实验学习、探究，学生已经对实验过程、实验步骤、实验注意等事项比较熟悉，愿意也渴望重复科学家们曾经走过的探索之路。他们有设计实验和自主分析的基础能力，愿望得到满足时，学习兴趣会大幅增加。

# 三、说教学法

## （一）说教法

本节课中，教师在指导学生学习方法时需注重强调自主探究法、分析归纳法、思考评价法和总结反思法，将多种学习方法结合。

## （二）说学法

本节课主要以情境教学法、直观教学法和探究教学法来激发学生对新知识学习的兴趣，引导他们积极思考问题，主动参与实验。

# 四、说教学过程

## （一）导入新课

用科学家海尔蒙特的实验激发学生的学习兴趣，开始本节课。

## （二）讲授新课

（1）光合作用的探究历程：空气的组成成分被发现后，人们才明白植物的绿叶在光下能吸收二氧化碳，释放氧气。通过光合作用的探究历程，培养学生观察、分析问题的能力，让学生树立持之以恒的精神。
（2）光合作用的演示实验：①播放光合作用的视频课件（由光合作用的探究历程引

出）；②观察实验现象、根据实验结果分析光合作用。

（3）通过阅读、观察、观看动画演示、分析、交流讨论光合作用的原料产物，培养学生养成良好的思维品质。

（4）教师引导学生在学习过程中，感悟科学家不畏艰辛、持之以恒的科学研究精神。

### （三）课堂小练

课件展示三道典型例题，用以检测学生对知识的掌握情况。

### （四）拓展延伸

从本节课内容入手，引导学生从保护地球、保护周围的环境的角度谈谈自己应有的做法。

### （五）课堂小结

教师随机抽取学生阐述自己在本节课上的收获，提问的时候需要注意到不同水平学生的知识获得情况。

## 五、说板书设计

本节课选择简明扼要、直观系统的提纲式板书设计，帮助学生构建知识网络。

# 第二十二节
# 《绿色植物的呼吸作用》说课稿

本节说课的主题依托 2019 人教版生物学七年级上册第三单元第五章第二节"绿色植物的呼吸作用"，说课的内容划分为五个部分：说教材、说学情、说教学法、说教学过程和说板书设计。

## 一、说教材

### （一）教材分析

"绿色植物的呼吸作用"是初中生物学教学中的经典内容之一，它融合了生物学的基本知识、概念和研究方法，是非常重要的一部分。该内容紧随"绿色植物的光合作用"，为学生提供对植物生理知识的补充和完善。然而，对于七年级学生而言，这部分知识属于重点和难点，教师需要格外关注学生对知识点的理解程度。此外，学习绿色植物的呼吸作用可以加深学生对之前学过的植物光合作用的理解，并建立起呼吸作用与光合作用之间的联系。

## （二）教学目标

（1）知识目标：能够描述绿色植物的呼吸作用；说出呼吸作用是生物的共同特征；认同绿色植物在维持生物圈的碳-氧平衡中的重要作用。

（2）能力目标：参与探究实验的过程，培养科学探究能力及创新意识；提高观察问题、分析问题、解决问题的能力。

（3）情感态度与价值观目标：认同绿色植物在制造有机物方面对于生物圈具有重要意义；反思人与生物圈的关系；树立生物知识来源于生活实践；又服务于生活的观念。

## （三）教学重难点

（1）教学重点：呼吸作用的概念和探究呼吸作用的三个实验。

（2）教学难点：呼吸作用过程中的有机物的分解和能量的释放。

# 二、说学情

七年级学生正处于以形象思维为主、逐步过渡到抽象思维的关键时期。一方面，由于七年级学生思维跳跃性较强，教学中可以设计演示实验，引导学生自己发现现象的本质；另一方面，由于七年级学生还未学习化学这门课程，教学中需要加入一些讲解实验，为学生提供铺垫，帮助他们更好地理解。

# 三、说教学法

根据前文教材与学情分析，本节课采用情景教学、讨论、实验探究等方法相结合，引导学生参与课堂活动，帮助学生理解掌握知识；调动其积极性，活跃课堂氛围（邹传龙 等，2021）。

# 四、说教学过程

## （一）导入新课

PPT展示两幅图片：翱翔的飞机、奔驰的汽车。教师提出问题：同学们，飞机和汽车为什么能够运行呢？是不是需要不断燃烧燃料，它们才能获得能量产生前进的动力呢？学生七嘴八舌，表示赞同。教师进一步引导：植物的生长发育同样也需要能量的供应，这些能量依靠植物的呼吸作用供应。以此导入新课。

## （二）讲授新课

化学实验铺垫：播放课前准备好的化学反应视频（二氧化碳遇澄清石灰水变浑浊），告诉学生这一反应在本节课实验中的作用。

课件展示演示实验一,学生阅读并思考问题:种子在萌发过程中,是否发生能量变化?放大萌发种子与煮熟种子暖水瓶上方的温度计刻度,引导学生观察示数,比较得出:萌发种子的暖水瓶温度更高。教师抛出疑问:温度升高的原因是什么,热量从何而来?指导学生有针对性的思考。最终师生共同总结得出:种子在萌发过程中,其中的有机物发生变化,释放能量,其中,部分能量用于自身萌发,另一部分以热能形式散失。

课件展示演示实验二,学生阅读并思考问题:种子萌发过程中放出了什么气体?播放准备好的实验现象视频,学生清楚观察到试管中原本澄清的石灰水,在阀门打开后变浑浊。在先前铺垫实验的基础上,学生了解种子萌发过程中有二氧化碳产生。教师补充:科学实验证明,二氧化碳来自种子里的有机物;有机物在彻底分解时不仅产生二氧化碳,还产生水。

课件展示演示实验三,学生阅读并思考问题:为什么蜡烛在装有萌发种子和煮熟种子的瓶中燃烧情况不同?播放实验现象的视频,学生能够明显发现,蜡烛在装有萌发种子的瓶子里燃烧时间短,很快熄灭;而在装有煮熟种子的瓶子里燃烧时间更长。教师抛出疑问:蜡烛很快熄灭的原因是什么呢?学生小组讨论,集思广益。学生代表发言:蜡烛熄灭的原因是萌发种子的瓶子里氧气很少。教师点评后总结:科学实验证明,有机物在彻底分解成二氧化碳和水时,需要氧气的参与。

教师口述:有机物的这种变化不仅发生在种子萌发过程中,而且发生在所有植物细胞的内部。课件展示黑体字部分并请学生朗读:**细胞利用氧,将有机物分解成二氧化碳和水,并且将储存在有机物中的能量释放出来,供给生命活动的需要,这一过程叫作呼吸作用。呼吸作用主要在线粒体内进行,实质是有机物分解,释放能量。**

在朗读过程中,教师板书呼吸作用的反应式,带领学生一起理解记忆呼吸作用的过程。

课件展示书本"想一想,议一议"部分的问题,引导学生思考:在卧室里摆放多盆绿色植物的做法是否科学?学生小组内开展头脑风暴。结合本节课所学,学生发现在卧室摆放多盆绿植是不科学的做法,因为植物在夜间进行呼吸作用,会消耗室内氧气。联系实际生活,让学生列举出呼吸作用的常见应用,如,农田适时松土、涝害排水等措施是为了保证植物根部得到充足的氧气,利于呼吸作用的正常进行;贮存粮食、水果蔬菜时保持干燥低温是为了降低呼吸作用的强度,防止有机物消耗。

通过"草原生态系统"的举例说明,让学生理解绿色植物制造的有机物能够通过食物链进入其他生物体内,参与构建其他生物体,为其他生物体的生命活动提供能量。在这些生物体内,有机物分解、提供能量的方式是基本相似的,都是通过细胞的呼吸作用。由此提炼出结论:呼吸作用是生物的共同特征,其实质都是有机物分解,释放能量。

教师利用生物圈中的碳-氧平衡示意图,引导学生分析:生物圈中哪些过程是需要消耗氧气和排出二氧化碳的?哪些过程又是吸收二氧化碳、排出氧气的?由此引导学生理解只有绿色植物的光合作用能不断地吸收并向大气中释放氧气,因此,绿色植物对维持生物圈中二氧化碳和氧气的相对平衡非常重要。但是目前人类很多活动对植物的生存产生不利影响,所以在学完本节课后,学生知道要善待植物,爱护和保护植物;大量植树造林,充分发挥绿色植物的巨大作用。与此同时,还要倡导低碳生活、节能减排,为维护我们美好的家园——地球，贡献自己的力量。

### （三）拓展延伸

课件展示光合作用与呼吸作用对比的表格，带领学生一一填空，构建新旧知识之间的联系，帮助学生加以区分与辨别。

### （四）课堂小结

以"开火车"的形式让两排学生说出本节课所学到的知识点，便于教师了解学生掌握知识的情况，根据反馈情况及时做出教学调整。

### （五）布置作业

其一，课件展示技能训练部分，让学生课后完成该部分的问题；其二，让学生放学后告诉家长在卧室摆放多盆绿植是不科学的，并阐释原因。

## 五、说板书设计

本节课采用提纲式板书设计，突出重点，构建框架，帮助学生梳理学习重点，找到知识点之间联系。

# 第二十三节
# 《爱护植被，绿化祖国》说课稿

本节说课的主题依托 2019 人教版生物学七年级上册第三单元第六章"爱护植被，绿化祖国"，说课的内容划分为五个部分：说教材、说学情、说教学法、说教学过程和说板书设计。

## 一、说教材

### （一）教材分析

本节课是七年级教材中第三单元的最后一节课。在学生学习了前几章关于绿色植物在生物圈中的作用和地位后，本节课旨在帮助他们在了解我国主要植被类型和面临的主要问题的基础上，认识爱护植被、绿化祖国的重要意义。通过这节课，学生将形成热爱绿色、保护植物的意识，积极参与绿化祖国的活动。

## （二）教学目标

（1）知识目标：说出我国主要的植被类型和我国植被面临的主要问题；阐明爱护植被、绿化祖国的深远意义；认清绿色植被对祖国建设的重大作用。

（2）能力目标：运用所学知识进行校园绿化设计，培养综合运用知识的能力。

（3）情感态度与价值观目标：树立起热爱祖国、家乡、大自然的情感。

## （三）教学重难点

（1）教学重点：懂得爱护植被、绿化祖国的意义，并能积极地参与美化祖国的活动。

（2）教学难点：唤起学生的危机感，激发起学生爱绿、护绿的环保意识。

# 二、说学情

经过一个学期的生物学学习，学生已经基本掌握绿色植物的四大类群、生命周期、呼吸作用和光合作用等重要知识概念。在学习绿色植物相关知识的过程中，学生也意识到绿色植物在生物圈中的重要作用，因此本章内容相对容易。此外，这个阶段的学生求知欲旺盛，他们对事物的判断和价值观的形成需要教师正确引导，学习本节课有助于学生树立正确的爱护植被、绿化祖国的价值观。

# 三、说教学法

## （一）说教法

本节课采用小组合作探究、讨论和多媒体教学等常规教学方法，让学生在参与中掌握知识，在活动中升华情感，在体验中树立正确的价值观。

## （二）说学法

根据教学方法，学生通过观察、体验、交流讨论和合作探究来体验知识的形成过程，感受科学探究的魅力，提高对生物学学习的兴趣，培养发现问题和解决问题的能力，树立正确的人生观和价值观。

# 四、说教学过程

## （一）导入新课

课件展示校园中常见的草坪标语："小草也有生命"，"小草对您微微笑，请您把路绕一绕"，"小草也会哭"，"我们和小树一起成长！"，"带走的花儿生命短暂，留下的美丽才是永远"。请一位学生朗读这些标语，并让学生说出感悟，教师做出总结，引出本节课内容：爱护花草树木是我们每个人的责任与义务。那么我们到底该怎么保护植被呢？本节课我们一起探究探究！导入新课。

### （二）讲授新课

（1）我国主要植被

教师先向学生解释植被的概念——一个地区内生长的所有植物叫作这个地区的植被；课件展示我国主要的植被类型——草原、荒漠、热带雨林、落叶阔叶林、常绿阔叶林和针叶林。教师向学生提问：大家阅读教材对应页码的内容，思考各大植被类型具有哪些特点。给学生预留五分钟的思考时间，同时，教师板书绘制各大植被类型的主要特点的表格。学生思考完毕，请学生代表发言，教师在学生回答的基础上提炼不同类型植被的特点，将表格填写完整。借此过程帮助学生区分辨别不同植被类型。

（2）我国植被面临的主要问题

教师播放课前准备好的科普小视频，让学生在观看并体会当前我国植被所面临的各种各样的问题，如，我们不仅人均森林面积少，而且长期以来对森林资源利用不够合理，伐优留劣，甚至乱砍滥伐，使得森林生态系统呈现衰退的趋势；还有土地荒漠化、过度放牧对草原生态系统造成巨大影响等。视频观看结束后，以"开火车"的形式请学生回答自己的感悟。回答完毕，教师总结并提问：保护植被是我们每个人应尽的义务。那我们亲爱的祖国可以有哪些途径来保护这些重要的植被呢？学生踊跃发言后，教师向学生出具数据与视频资料，在此过程中对学生施以爱国主义教育，增强民族自豪感。

### （三）拓展延伸

学生默读教材对应页码"科学·技术·社会"部分的文字内容，教师提出主旨：森林可以减缓气候变化；提高森林应对全球气候变化的能力需要从根本上增加森林面积，提高森林保有量。让学生理解保护森林、植树造林，人类责无旁贷。

### （四）课堂小结

以"开火车"的形式让学生汇报自己在课堂上所学的知识，最后由教师利用课件展示本节课的知识框架，强化学生的记忆。

### （五）布置作业

在教师指导下，学生自行分组，每组6~8人，选出一人为组长，小组设计"绿化校园"的方案，并将此项活动作为竞赛，以更好地调动学生的参与积极性，并在下节课进行交流。

## 五、说板书设计

本节课采用提纲式和表格式相结合的板书设计，帮助学生厘清本节课知识点之间的区别和联系。表格形式便于学生对各大植被类型的区分和辨别。

# 第二章

# 七年级下册

## 第一节

### 《人的起源和发展》说课稿

本节说课的主题依托2019人教版生物学七年级下册第四单元第一章第一节"人的起源和发展",说课的内容划分为五个部分:说教材、说学情、说教学法、说教学过程和说板书设计。

## 一、说教材

### (一)教材分析

绿色植物和人类是生物圈中发挥最重要作用的两类生物。本单元是七年级上册最后一单元"生物圈中的绿色植物"的延伸,贯彻以人与生物圈为主线构建框架体系的思路,它向学生介绍生物圈中另一类生物——人类,旨在突出人类与生物圈的关系,更好地体现课程标准对人与自然和谐发展的要求。

### (二)教学目标

(1)知识目标:说出人类起源于森林古猿,人类是在与环境的相互作用中进化而来的。

(2)能力目标:尝试采用对比的方法,比较四种现代类人猿与人类的异同、人类起源发展过程中不同阶段人类的形态特征,描述人类在起源和发展过程中,在形态、使用工具等方面的变化。

(3)情感态度与价值观目标:认同人类起源于森林古猿的观点。

### (三)教学重难点

(1)教学重点:人类起源于森林古猿;人类起源和发展的过程。

(2)教学难点:采取对比的方法观察四种现代类人猿、人类的起源与发展的示意图,总结人类在起源和发展过程中，在形态、使用工具等方面的变化。

## 二、说学情

　　七年级升至八年级学生的学习范围涉及植物和人体，但学生在学习人体相关知识的方法转变方面存在一定的缺陷。因此，在七年级第二学期第一节课中讲解关于人类的起源和发展可以起过渡的作用。

## 三、说教学法

　　本节课以学生为主体，采用小组合作学习法，贯穿讲授法和启发诱导法帮助学生学习本节内容。

## 四、说教学过程

### （一）导入新课

　　播放课前准备好的人类进化的视频，吸引学生的学习兴趣。播放结束后，询问学生有哪些感受。学生畅所欲言，教师由学生的回答引出本节课主题。

### （二）讲授新课

　　教师利用课件向学生介绍：19世纪时，进化论的提出者达尔文在仔细比较了人和现代类人猿的相似之处后，提出人类和类人猿的共同祖先是一类古猿。从那时起，曾经流行于世的"人由神创造"的观点，受到了猛烈冲击。

　　课件展示四种类人猿的图片，让学生观察思考后，小组讨论，回答教材对应页码"观察与思考"部分的三个问题。学生讨论结束后，教师请小组代表回答问题，在此基础上进行归纳总结，师生共同得出：现代类人猿生活在热带或亚热带丛林中，适于树栖生活。它们虽能下地，但不能真正直立行走，手也远不如人类的灵巧，大脑和智力还远逊于人类。教师提出疑惑：既然现代类人猿和人类的共同祖先是森林古猿，为什么人类和类人猿会走上不同的发展道路呢？学生以小组为单位，在对教师提供资料进行分析的基础上，分角色扮演不同的类人猿，通过此过程，学生概括出"人猿相揖别"的原因，并从中认识到地质变化、化石等能够证明人类是在与自然环境斗争中逐渐进化而来的。

　　教师运用随机点名小程序，抽取一名学生朗读教材上对应段落，并要求其他同学边听边完成课件上出示的任务：将人类起源和发展中的森林古猿、"露西"时代古人类和"东非人"时代古人类按时间先后顺序进行排列，并选择与其相对应的文字说明。

　　学生自行阅读教材上对应段落，在教师提示下，概括人类起源和发展过程中，在自身形态和使用工具上发生的变化。

　　以上文两组活动为基础，教师引导学生理解人类数量不断增加而类人猿数量日益减少的原因。最后,教师播放舒缓音乐,提问学生:人类现在已经强大到能够改变生物圈的面貌,是否应当更加理智地发展和运用改造自然的能力呢?学生集思广益,畅所欲言,抒发自己对人类与自然和谐发展的愿望,升华情感。

### (三)技能训练

学生在教师的指导下,自行阅读"区分事实与观点"部分的内容,学会如何区分事实与观点。

### (四)总结提升

以"开火车"的形式,随机抽取两排学生阐述本节课的收获,教师加以点评和鼓励,锻炼学生语言表达能力,增强学生的自信心。

### (五)布置作业

其一,学生绘制自己的学习成果图,呈现本节课的主要知识与理解感悟,课后与同学互换交流;其二,完成课后练习,阅读书本上科学家的故事,说说自己有哪些感悟。

## 五、说板书设计

本节课采用图示式和提纲式相结合的板书设计,力图帮助学生理清知识脉络与历史时间顺序,强化记忆。

# 第二节
# 《人的生殖》说课稿

本节说课的主题依托2019人教版生物学七年级下册第四单元第一章第二节"人的生殖",说课的内容划分为五个部分:说教材、说学情、说教学法、说教学过程和说板书设计。

## 一、说教材

### (一)教材分析

本节课主要内容是人的个体发育和生殖过程。在这之前,学生已经学习了第一节关于人类起源和发展的知识,了解人类是由森林古猿进化而来的。这一节课从不同的角度探讨人的个体发育过程,为接下来学习有关青春期发育的知识作准备,起到承上启下的作用。

### （二）教学目标

（1）知识目标：概述男性和女性生殖系统的结构，说出它们的功能；描述受精和胚胎发育的过程。

（2）能力目标：运用观察的方法，识别男女生殖系统正面图和侧面图，收集和分析有关资料。

（3）情感态度与价值观目标：要求学生与父母交流自己对生育和养育的认识，增进学生敬爱父母的情感。

### （三）教学重难点

（1）教学重点：男女生殖系统的结构和功能；描述受精和胚胎发育过程。

（2）教学难点：根据正面图填写侧面图；收集和分析资料。

## 二、说学情

经过一个学期的学习，学生对生物学已经有了初步的了解，并且生物课与学生的日常生活密切相关，激发了大多数学生的兴趣。因此，课堂气氛比较活跃，学生们积极参与讨论和提问。学生对本节课的内容十分好奇，有强烈的求知欲，在生活中也已经接触过一些有关本节课内容的概念，这些概念有些是不正确的，称为前科学概念。教师在教学过程中需要纠正学生的这些前科学概念，帮助学生形成科学的生物学概念。初中生大部分处于12岁至15岁这个年龄阶段，而七年级学生正值12岁至14岁这个年龄阶段，在心理学上被称为危险期或心理断乳期。在这一时期，学生的心理偏差主要表现为以下两个方面：①由于生理上发生急剧的变化，比如男生会遗精，女孩会出现月经初潮，由此会带来一系列的心理变化。此外，由于青春期皮肤表面的油脂腺分泌比较活跃，所以也会出现一些以前不容易或者没有出现的状况：比如，头发容易油腻，脸上开始冒青春痘。学生们对此往往既无思想准备，又缺乏必要的生理卫生知识，由于不懂是怎么回事，不知该怎么办，就会出现紧张、害怕的情绪。②学生的独立意识增强。青春期是由儿童时期向成人时期过渡的一个阶段，这一阶段的学生并不像小学时期那样对父母言听计从，而是会开始萌发独立意识，开始有想挣脱成人束缚的冲动；但是他们的思想还不成熟，往往带有很强的冲动性，还难以控制其行为。在这一阶段，随着思想的独立，性意识和性情感逐渐萌发，他们渴望与异性交往，渴望了解性知识，但是又唯恐被教师或者其他人发现甚至讥讽。就初中生来说，一方面，他们非常希望、也非常有必要从教师那里获得正确的指导，另一方面，学生开始形成性别观念，认为男女有别；有的学生渴望和异性交往却不知道以什么样的方式，这样可能会产生极端情况。因此在这一阶段，生物学教师应进行科学及正确的引导，帮助学生积极健康地度过青春期（吕红梅，2019）。

## 三、说教学法

### （一）说教法

本节课以讨论为主，在充分准备实物、图片和各种有关资料的情况下，利用多媒体来组织和引导学生观察、分析、讨论、归纳和总结，通过实践运用法帮助学生内化知识点，充分调动学生的学习积极性和主动性，发挥其主体作用。

### （二）说学法

让学生通过观察、资料分析等，培养科学探究能力。组织学生以小组为单位开展合作学习，唤醒学生的学习意识，挖掘学生的潜能，调动其积极性和主动性，培养学生自主学习的精神。

## 四、说教学过程

### （一）导入新课

上课伊始，教师播放课前准备好的受精卵形成与发育过程的视频；播放结束后询问学生有哪些疑问或收获，教师加以点评和总结，引出本节课主题。

### （二）讲授新课

观察与思考：男性和女性生殖系统不一样，这是男人和女人在身体结构上最大的差别。学生观察教材中男性和女性生殖系统示意图，并完成侧面图的补充。根据不同器官的功能提示，思考男女生殖系统中，产生和输送生殖细胞的器官分别是什么。

合作与探究：根据教师在上课一开始播放的视频，学生自行阅读教材，进一步感悟人类的生殖过程。小组合作，共同总结概括生殖过程中重要阶段的主要活动，尝试用关键词法口述生殖过程。

总结与提升：教师根据学生的口述与回答，在课件上展示生殖过程中不同阶段的主要活动。以流程图的形式板书学生所说的关键词，并与学生一起补充完整生殖过程的流程图细节，在绘制过程中，注意强调生殖过程的重点内容，强化学生的记忆。

### （三）理解感悟

教师引导学生分析课后习题数据，同桌相互讨论母亲在怀孕期间发生了哪些变化，这些变化对母亲正常生活是否有影响，母亲会遇到哪些生活上的困难。通过思考回答这些问题，实现本课对学生的情感教育，让学生体会自己母亲怀孕的辛苦，理解母亲的生育十分不易，懂得敬爱父母、孝敬父母。

### （四）课堂小结

请学生对本节课所学进行总结，教师对学生的回答进行点评和补充，并带领学生再次回顾本节课学习的知识。

### （五）布置作业

除完成本节课后练习之外，请学生放学后回家与父母交流在课上所学的知识，询问母亲怀孕时的感受，并大胆向父母表达爱。

## 五、说板书设计

本节课采用提纲式板书，绘制流程图以清晰概括生殖全过程，色彩对比明显，突出重点知识，帮助学生理解记忆。

# 第三节

# 《青春期》说课稿

本节说课的主题依托 2019 人教版生物学七年级下册第四单元第一章第三节"青春期"，说课的内容划分为五个部分：说教材、说学情、说教学法、说教学过程和说板书设计。

## 一、说教材

### （一）教材分析

本节课内容以青春期男女生身心变化特点为线索，重点讲述青春期发育特点，在"人的生殖"学习的基础上开展本节课，符合学生的认知发展特点。教材内容设置丰富了学生的感知素材，包含漫画、资料分析、旁栏资料等，易于学生接受。学生在青春期主要表现为身体外形发生明显变化，性器官迅速走向成熟并出现第二性征；在各种激素的调节下，机体的各种机能逐渐健全、完善。这些变化由于来得突兀、迅速，对学生的心理造成比较大的冲击，会使其产生焦虑、苦闷、害羞的情绪，不能正确认识、评价自己，与同学或老师的交往出现障碍等。所以，本节课要从关注已经步入或即将步入青春期的学生的身心健康出发，引导学生正视自身的变化，树立正确的生命观，为其健康、愉快地度过青春期奠定良好的基础（王成海，2019）。

### （二）教学目标

（1）知识目标：理解青春期的身体变化及卫生保健；理解青春期的心理变化及心理卫生。

（2）能力目标：尝试通过分析、讨论的方法来理解知识点；使用所学的知识去解释生物学现象，解决问题。

59

（3）情感态度与价值观目标：形成学习生物学的兴趣和动力；关注自己和同学的身心变化，共同健康地度过青春期。

### （三）教学重难点

（1）教学重点：青春期的身体变化、心理变化以及青春期的卫生保健。
（2）教学难点：青春期的心理变化及卫生保健。

## 二、说学情

青春期是人一生中身体变化的关键时期。教师需要对青春期学生进行有针对性的教育，传授必要的生理知识，给予必要的指导，使之能够正确对待自己的生理变化，悦纳自己的生理变化。七年级学生爱发表见解，希望得到老师的表扬，所以在教学中要抓住学生这一心理特点，创造学生发表见解的条件和机会，发挥学生学习的主动性。在这一时期，部分学生已进入青春期，部分学生马上要进入青春期，他们虽然朝气蓬勃、精力旺盛、求知欲强、好奇心重，但内心深处还有很多困惑，渴望了解青春期的有关知识，但羞于和父母、教师交流；而通过影视、课外书籍或道听途说获得的青春期知识可能是片面的，甚至是错误的。

## 三、说教学法

### （一）说教法

本节课主要采用讲授法、演示法、讨论法、总结法等教学方法。

### （二）说学法

在本节课中，学生主要进行自主学习、探究学习、讨论学习、合作学习。

## 四、说教学过程

### （一）导入新课

播放课前制作好的有关青春期身心变化的小动画，让学生边观看边思考动画中的人物在青春期各发生了哪些变化。学生畅所欲言，教师一一点评，在此基础上引出本节课主题并板书。

### （二）讲授新课

（1）合作探究：学生四人为一组，仔细观察教材资料分析部分的折线图，思考讨论相应的四个问题。学生代表回答问题，教师逐一点评，与学生一起总结出：青春期身高突增是一个显著特点；这一时期男生与女生的体形开始发生变化，区别越来越明显，而这些变化与睾丸分泌的雄性激素、卵巢分泌的雌性激素有关。

（2）自主探究：学生自行阅读教材对应页码的小资料与图片部分，通过回忆对比自己的身心变化，思考问题：男生与女生"第二性征"主要表现有哪些？"遗精"是什么，是正常现象吗？"月经"又是什么呢？教师分别请同学回答问题。接着向学生播放关于月经初潮的科普小视频，让学生了解月经的形成原因、初潮的现象等，帮助学生进一步认识自己的身体。

（3）联系实际：请学生观看教材配图，回忆自己有没有类似的情况发生，自己又是如何处理这些情况的。学生畅所欲言，分享自己在日常生活中发生的事情。

### （三）拓展延伸

教师提示学生，女性在月经期间，子宫内膜自然脱落，子宫口稍稍张开，如果不注意卫生，可能会造成宫腔感染。另外，月经时多半有轻微疼痛或不适感，要避免剧烈活动；疼痛严重时需就医。请学生由此思考女生在月经期间应该注意什么。学生集思广益，展开头脑风暴。教师将学生回答的注意点记录在黑板上，加以补充与总结。

### （四）总结提升

青春期的男生和女生心理上会发生明显变化，性意识也开始萌动，常表现为从初期与异性疏远，到逐渐愿意与异性接近，或对异性产生朦胧的依恋，这些都是正常的心理变化。教师需要让学生明白青春期正是学知识、长才干、树立远大理想、塑造美好心灵的关键时期。因此，这一时期学生需要集中精力，努力学习，积极参加各种活动，生生互助，师生常交流思想，健康度过人生的金色年华。

### （五）布置作业

课后自行阅读练习的表格，对照表格分析自己的发育情况。查阅相关资料，了解青春期的卫生保健还有哪些注意事项，与同学交流分享。

## 五、说板书设计

本节课除采用常规提纲式板书设计外，还用红笔书写重点概念与月经期间的注意事项，重点突出，层次清晰，有利于学生理解与掌握本节课知识。

# 第四节

## 《食物中的营养物质》说课稿

本节说课的主题依托 2019 人教版生物学七年级下册第四单元第二章第一节"食物中的营养物质"，说课的内容划分为五个部分：说教材、说学情、说教学法、说教学过程和说板书设计。

## 一、说教材

### （一）教材分析

本节课内容是七年级上册"细胞的生活"一节的延续。人体细胞中所含有的物质和所需的能量来源于食物中的营养物质，而食物中的大分子有机物需分解成小分子物质才能被细胞吸收。这为第二节"消化与吸收"的知识作铺垫，起到承上启下的作用。本节课内容在实际生活中的应用比较广泛，有利于学生形成健康的生活态度（黄嘉雯，2023）。

### （二）教学目标

（1）知识目标：了解人体所需营养物质的种类；能够说出各营养物质对人体的作用及其食物来源；能用表格列出维生素和无机盐的食物来源及其缺乏症。

（2）能力目标：尝试测定某种食物中的能量；通过比较常见食物的成分，说出不同食物中所含营养物质的种类和数量的不同，提高分析、归纳问题的能力。

（3）情感态度与价值观目标：认同人类的营养物质主要来自生物圈的其他生物；了解合理安排饮食的重要性，养成不挑食、不偏食的健康生活习惯。

### （三）教学重难点

（1）教学重点：人体所需营养物质的种类；各营养元素对人体的重要作用。

（2）教学难点：各类营养物质的主要作用；"测定某种食物中的能量"的探究活动。

## 二、说学情

本节课的内容和学生的日常生活是紧密联系、息息相关的，因此学生学起来会有较大的兴趣，较易于理解。

## 三、说教学法

### （一）说教法

本节课主要运用启发诱导教学法、直观演示法、活动探究法、集体讨论法来完成教学目标。

### （二）说学法

在本节课中，学生主要通过自主探究和讨论合作达成教学目标。

## 四、说教学过程

### （一）导入新课

上课一开始，教师询问学生：同学们，能不能告诉老师你们今天早上都吃了什么呀？学生畅所欲言，教师给予肯定点评，提问学生：我们为什么要吃食物呢？食物中含有哪些营养物质，他们有哪些用途？以此引出本节课主题并板书。

### （二）讲授新课

（1）独立思考，合作探究：请每位同学挑选两种常吃的食物，对照教科书"常见食物成分表"，在自己的笔记本上列出所选食物含有的营养物质。任务完成后，与小组成员交流，讨论问题：不同食物所含营养物质的种类和数量是否相同？细胞的生活离不开物质和能量，食物中的营养物质与人体细胞中物质有什么关系？请学生代表回答，教师加以点评。

（2）回顾旧知，联系新知：教师提问学生，是否还记得细胞中含有哪些营养物质。课件展示细胞中的物质种类的填空，以"开火车"的形式请同学逐一补充完整。根据"食物中的营养物质是人体细胞所含物质的来源"这一结论，学生理解食物中含有的营养物质主要包括糖类、脂肪、蛋白质、水、无机盐及维生素。

（3）分类讲解，逐一击破：在这一环节中，教师向学生逐一讲解六大营养素的食物来源、类型、功能及缺乏时主要症状，最后以表格的形式帮助学生理解记忆主要内容，并加以区分辨别。

（4）自主学习，提升技能：学生自主学习教材对应页码探究——测定某种食物中的能量。教师在课件中列出探究实验中的重点，以填空的形式帮助学生识别重点与注意事项。

### （三）拓展延伸

自学教材对应页码"科学·技术·社会"部分有关第七大营养素——膳食纤维的内容，思考问题：什么是膳食纤维？膳食纤维存在于哪些食物中？多吃膳食纤维有哪些好处？

### （四）课堂小练

课件展示三个病例，分别请三位同学分析病例中的患者在饮食中缺乏哪种营养素才出现这些症状，并尝试提出膳食建议。

### （五）布置作业

完成课后练习，并尝试绘制每种营养素知识要点的树状图，课后与老师及同学交流分享。

## 五、说板书设计

本节课以提纲式与表格式相结合的板书设计为主，提纲式板书有助于帮助学生理清本节课的知识脉络，构建知识网络；而表格式板书有助于学生区分辨别不同知识，强化知识要点。此外，板书中需要用不同颜色的笔书写以突出重点。

## 第五节

# 《消化和吸收》说课稿

本节说课的主题依托 2019 人教版生物学七年级下册第四单元第二章第二节"消化和吸收"，说课的内容划分为五个部分：说教材、说学情、说教学法、说教学过程和说板书设计。

## 一、说教材

### （一）教材分析

本节课主要包括两个重要部分：食物在消化系统中的变化和营养物质的吸收。这节课是在学生已经学习食物中的营养成分的基础上引入的，接着学习能够进一步巩固学生对于人体系统的概念，理解人体系统中的各个器官是如何协调一致、共同完成特定功能的（王菊莲，2017）。

### （二）教学目标

（1）知识目标：描述人体消化系统的组成；运用实验法探究馒头在口腔中的变化，并得出合理的结论；概述食物在口腔内的消化过程。

（2）能力目标：通过探究实验"馒头在口腔中的变化"，了解唾液对淀粉的消化作用，培养科学探究能力和交流与合作能力。

（3）情感态度与价值观目标：分析小肠结构与功能的关系，说出小肠的结构与其吸收功能相适应的特点。

### （三）教学重难点

（1）教学重点：描述人体消化系统的组成；说明食物的消化和营养物质的吸收过程。

（2）教学难点：食物的消化和营养物质的吸收过程；探究馒头在口腔中的变化。

## 二、说学情

本节课的内容和学生的日常生活紧密联系、息息相关，因此学生学起来会有较大的兴趣，较易于理解。

## 三、说教学法

### （一）说教法

本节课贯穿观察和讨论，主要运用启发式提问法，启迪学生思维、激发学习热情，加之采用直观演示法、活动探究法、集体讨论法帮助学生内化知识。

### （二）说学法

在本节课中，学生通过自主学习、探究学习、讨论学习、合作学习，完成教学目标。

## 四、说教学过程

### （一）导入新课

请同学阅读教材"想一想，议一议"部分的对话，思考：吃饭过程中，是狼吞虎咽好还是细嚼慢咽好呢？学生根据常识，认为细嚼慢咽有助于食物的消化吸收，由此教师引出本节课主题并板书。

### （二）讲授新课

（1）回顾旧知，联系新知：分析上节课所学的六大类营养素，有哪几种是能够通过细胞膜，直接被吸收的。学生分析得知，糖类、脂肪、蛋白质这三大营养素是大分子物质，无法通过细胞膜，不能直接被吸收；而水、无机盐、维生素都是小分子物质，可以通过细胞膜，能直接被吸收。教师提示学生：由此可知，要想吸收营养物质，必须先将大分子物质变成小分子物质。由此引出"消化"这一概念。

（2）结合实际，学习新知：学生根据常识说出食物从口腔进入人体后，应该要经过哪些部位。学生回答完毕后，教师播放视频演示食物在消化系统中的消化过程，学生初步认识消化系统的组成及各消化器官与消化腺具有的功能。

（3）合作探究，提升技能：将学生分成三大组，探究馒头在口腔中的变化。探究之前，请同学们先思考问题：馒头变甜是否与牙齿的咀嚼、舌的搅拌以及唾液都有关系？如果有关系，它们各起什么作用？馒头为什么会变甜呢？

带着这些疑问，学生分别设计三组实验：一组只探究牙齿的咀嚼和舌的搅拌的作用；二组只探究唾液的消化作用；三组探究牙齿的咀嚼和舌的搅拌及唾液共同的作用。

教师提示学生并写在黑板上：馒头主要成分是淀粉，淀粉分解后形成麦芽糖，麦芽糖有甜味。淀粉遇碘变蓝，麦芽糖遇碘不变蓝。探究实验的温度均为37℃（口腔的温度）。

制定并实施计划：①取新鲜的馒头，切成大小相同的A、B、C 3小块。将A块和B块分别用刀细细地切碎（模拟牙齿的咀嚼）；C块不做任何处理。②用凉开水将口漱干净，再在口内含一块消毒棉絮。约1分钟后，用干净的镊子取出棉絮，将棉絮中的唾液挤压到小烧杯中。③取3支洁净的试管，分别编上a、b、c号，试管a中加入馒头碎屑与2毫升唾液充分搅拌，试管 b 中加入馒头碎屑与 2 毫升清水充分搅拌，试管 c 中加入块状馒头与 2 毫升唾液不搅拌。④将 3 支试管放入 37℃ 左右的温水中，5~10 分钟后，取出，各加 2 滴碘液，摇匀。观察各试管中的颜色变化。

分析实验现象：试管 a 中馒头碎屑被唾液中的唾液淀粉酶分解成麦芽糖，有甜味，加入碘液不变蓝；试管 b 中加入碘液后变蓝且颜色较深，无甜味；试管 c 中加入碘液后变蓝但颜色较试管 b 浅，甜味淡。

得出结论：馒头变甜与唾液的消化作用、牙齿的咀嚼和舌的搅拌都有关系。

反思提升：牙齿、舌和唾液的作用有什么区别和联系？口腔中有什么物质使淀粉的性质发生了变化？师生共同交流讨论。

（4）深化新知，训练技能：教师通过细致讲解消化系统中各消化器官和消化腺的功能，帮助学生理解淀粉、蛋白质、脂肪的具体消化过程及所需的消化酶；利用营养物质消化曲线图检查学生对知识的理解掌握情况。

（5）补充知识：课件展示吸收的概念及主要场所。请同学们推测：吸收营养物质最多的是大肠还是小肠？学生畅所欲言。

教师通过讲解小肠适应于吸收营养素的特点，从而让学生理解小肠是吸收主要场所的原因。此外，胃部能够吸收少量的水和酒精，大肠能够吸收少量水、无机盐和部分维生素。

### （三）总结提升

课件展示本节课主要知识点的填空题，以"开火车"的形式请两组同学逐一填空，检查知识掌握情况，教师根据反馈结果及时调整教学进度。

### （四）布置作业

阅读教师课件中展示的西瓜小种子进入人体消化道的故事，课后思考种子经历的事情具体是指什么。

## 五、说板书设计

本节课以提纲式板书为主，其中，绘制食物进入人体消化系统所经历的部位，以帮助学生理解消化过程，重点内容用红色标注。

# 第六节
# 《合理营养和食品安全》说课稿

本节说课的主题依托 2019 人教版生物学七年级下册第四单元第二章第三节"合理营养和食品安全"，说课的内容划分为五个部分：说教材、说学情、说教学法、说教学过程和说板书设计。

## 一、说教材

### （一）教材分析

本节一定程度上是本章的小结，前两节的内容可以用于解决本节问题，本节内容也较好体现了生物学知识在指导健康生活方面的价值。在本节教学中，教师应引导学生在实践中将合理营养概念转化为自身的素养和能力，促进独立型亲子关系的建立，培养学生积极向上的心理，塑造学生的健康人格。学生应关注食品安全，做到健康生活（孙明月 等，2024）。

### （二）教学目标

（1）知识目标：举例说明什么是合理营养，怎样做到合理营养；通过"方便面全面营养我搭配"活动，引出合理营养核心概念，让学生理解该概念。

（2）能力目标：运用所学营养知识，尝试在短时间内为家人设计一份营养合理的食谱；通过"食品标签我辨析"活动，引导学生辨别虚假宣传，培养学生的科学思维。

（3）情感态度与价值观目标：认同良好饮食卫生习惯的重要性，促进良好饮食习惯的养成；关注自身和他人的营养状况；培养关注他人的饮食和健康的思想意识。

### （三）教学重难点

（1）教学重点：合理营养的概念；如何根据自身的实际情况设计一份营养合理的食谱。

（2）教学难点：合理营养的方式；尝试为家长设计一份营养合理的食谱。

## 二、说学情

一方面，营养问题关系到青少年身体健康，与学生自身健康和实际生活息息相关；另一方面，前阶段的学习学生已经了解人体需要的营养物质和人体的消化方面的知识。

## 三、说教学法

### （一）说教法

本节课贯穿观察和讨论，主要运用启发式提问法，启迪学生思维、激发学习热情，辅以直观演示法、活动探究法、集体讨论法达成教学目标。

### （二）说学法

本节课学生涉及的学法有自主探究学习、讨论合作学习等。

## 四、说教学过程

### （一）导入新课

联系生活实际，请同学们思考：日常生活中常见的方便面，即泡即食，十分方便，能代替正餐吗，为什么呢？教师总结：经常以方便面一类的速食食品替代正餐，不符合合理营养的基本要求，影响健康。教师提问：什么样的膳食结构才算均衡合理？什么样的食品才是卫生安全的？以此问题引出本节课课题。

### （二）讲授新课

（1）多媒体呈现问题：生活中还有哪些饮食现象是不合理的？说出其中的道理。学生以小组为单位，进行组间交流。交流结束后，教师在课件中展示合理营养的概念，分别指明"全面"和"平衡"的具体内涵。

（2）利用课件展示"平衡膳食宝塔"，引导学生阅读分析："平衡膳食宝塔"中的食物分哪几种类型？一日三餐中的食物能量比例分别是？什么是合理营养？最后归纳总结出合理的饮食结构。

（3）鼓励学生利用所掌握的合理营养知识，为亲人设计一份营养合理的午餐食谱。学生要注意讨论，在设计食谱时，应考虑到哪些因素。

（4）教师展示食品包装袋，学生仔细观察包装袋上的各项内容，并互相交流，怎样判断包装食品是否过了保质期。同时，教师向大家提问：什么样的食品才是安全食品？调动学生的探究欲望，引出绿色食品概念，增强食品安全意识。

### （三）总结提升

课件展示常见的垃圾食品，增强食品安全意识，概括说明只有既营养又安全的食品才是放心的食品，才能吃出健康的身体，体现生物学的实用价值以及在健康生活当中的指导作用。

### （四）布置作业

第一，将课上为家人设计的午餐食谱展示给家人看，并向家人讲解合理膳食的益处，介绍课上所学的膳食指南的十条基本原则。第二，课后查阅有关营养师这一职业的相关资料，同学之间相互交流。

## 五、说板书设计

本节课以提纲式板书为主，书写平衡膳食的十大原则，重点内容用红色标注。

# 第七节

# 《呼吸道对空气的处理》说课稿

本节说课的主题依托2019人教版生物学七年级下册第四单元第三章第一节"呼吸道对空气的处理",说课的内容划分为五个部分:说教材、说学情、说教学法、说教学过程和说板书设计。

## 一、说教材

### (一)教材分析

本节课由"呼吸系统的组成"和"呼吸道的作用"两部分组成,内容主要为呼吸道各器官的作用。本节内容与现实生活联系紧密,教材先是以图文结合的方式介绍了呼吸系统的组成,接下来以"资料分析"活动引导学生分析呼吸道的作用。但"资料分析"部分资料太多,各资料之间的逻辑联系不紧密以及讨论题太多,导致部分七年级学生觉得本节的"资料分析"任务繁重而产生畏难情绪。因此,教师可创设生活化的教学情境,将抽象知识与学生的生活经验相融合,并结合层层递进的问题串引导学生探究生活现象背后蕴含的科学知识。这样,既能激发学生兴趣,又能使学生在轻松有趣的探究氛围中学到知识、发展能力(吴林余 等,2021)。

### (二)教学目标

(1)知识目标:描述呼吸系统的结构组成,形成结构与功能相适应的生命观念;了解呼吸道的作用,认识呼吸道对空气的处理能力是有限的。

(2)能力目标:通过探究生活现象背后蕴含的呼吸道作用的知识,体验探究的乐趣;通过资料分析,说出呼吸道的作用并认识呼吸道对空气的处理的能力是有限的。

(3)情感态度与价值观目标:认同呼吸道对空气的处理能力是有限的,应自觉地维护空气环境的清新清洁;关注自身呼吸系统健康,养成良好的生活习惯。

### (三)教学重难点

(1)教学重点:人体呼吸系统的组成和呼吸道的作用。

(2)教学难点:通过资料分析,能够想象并理解呼吸道的作用。

## 二、说学情

本节内容与学生生活息息相关，学生有很大学习兴趣。七年级学生思维比较活跃，形象思维发展迅速，课堂教学中的资料、图片实例等能够满足学生对学习的需求，从中获得良好的视觉盛宴。

## 三、说教学法

### （一）说教法

本节课主要运用启发式提问法启迪学生思维，辅以直观演示法、活动探究法、集体讨论法达成教学目标（于丰铭 等，2020）。

### （二）说学法

在本节课中，学生则通过自主探究与讨论合作学习，完成教学目标。

## 四、说教学过程

### （一）导入新课

教师提问：大家都有憋气的经历吧，憋气的时候大家有什么感受呢？学生踊跃回答，教师总结：我们的生活离不开空气，我们每时每刻都在呼吸，而呼吸作用的完成离不开呼吸道的作用。引入新课的主题。

### （二）讲授新课

**1. 呼吸系统的组成**

学生仔细观察教材配图，同桌两人讨论呼吸系统是由哪些器官组成的。结束之后，教师在课件上展示人体呼吸系统的组成，并指出：人体的呼吸系统是由呼吸道和肺组成的，具有适合与外界进行气体交换的结构，其中，呼吸道包括鼻、咽、喉、气管、支气管。

**2. 呼吸道的作用**

教师指导学生自行阅读教材资料分析部分，以小组为单位，思考讨论以下五个问题。

（1）呼吸道有什么结构能保证气流通畅？

（2）呼吸道除了保证气流通畅外，还有哪些作用呢？这些作用是如何实现的？

（3）有了呼吸道对空气的处理，人体就能完全避免空气中有害物质的危害吗，为什么？请学生谈谈他所查阅到的有关呼吸系统的疾病。

（4）痰是怎样产生的？为什么不要随地吐痰？

（5）北欧的冬天非常寒冷，在那里生活的人和在赤道附近的人相比，鼻子的形状可能有什么特点，为什么？

在学生回答的过程中，教师要发挥引导者角色的作用，适当给予学生小提示，而不是直接将问题的答案告诉学生。要让学生成为课堂的主人，发挥学生的主动性，让学生在课堂中体验分析解决问题的胜利感，提高学生学习的兴趣。

接下来，教师继续组织学生认真阅读观察教材的文字及图片，并进行归纳总结。

（1）仔细观察教材配图后观看教师在课件上展示的视频，根据以上资料，请学生讨论分析会厌软骨与吞咽和呼吸的关系。

（2）观察"吃饭时大家会呛着"小漫画，并提出问题：为什么在吃饭时不能大声说笑？学生认真地讨论回答，得出正确答案。

### （三）知识拓展

教师引导学生阅读教材小资料部分，在了解声音产生过程的基础上引导学生用自己的话表述，让学生懂得青春期保护声带的重要性。

### （四）总结提升

请小组代表梳理本节课的主要知识点，再请其他学生进行补充，尽量让更多的学生参与课堂总结这一环节。这个时期学生容易产生疲劳感，因此教师应在此环节充分调动课堂氛围，帮助学生内化知识点。

### （五）布置作业

为了让学生学以致用，教师可以利用课件举两个与实际生活相关联的实例，让学生课下分析问题并解决问题。

## 五、说板书设计

本节课依旧以提纲式板书为主，以图示式板书辅助。一方面，板书本节课的知识框架，用红色标注重点内容，帮助学生构建新旧知识框架，有重点地复习；另一方面，画出人体呼吸系统组成的示意图，发展学生的形象思维。

# 第八节

## 《发生在肺内的气体交换》说课稿

本节说课的主题依托2019人教版生物学七年级下册第四单元第三章第二节"发生在肺内的气体交换"，说课的内容划分为五个部分：说教材、说学情、说教学法、说教学过程和说板书设计。

## 一、说教材

### （一）教材分析

"发生在肺内的气体交换"这一节的内容比较抽象，是初中生物学的重难点。本节是上一节"呼吸道对空气的处理"的深入，同时也是下一节的铺垫。本节课的学习有助于激发学生珍爱生命的感情，所以本节课在初中生物学中占有重要的地位。本节课的内容连贯性强，逻辑清晰，其中，测量胸围差需要用到数学知识；肺与外界的气体交换涉及气体体积变化、压力等物理学问题，也是本节课教学的重点和难点。这节课是跨学科解决实际问题的典型案例。教师引导学生利用演示、推理、思考、讨论等手段，认识测量方法和数据处理方法，认识气压与容积的关系，从而理解肺与外界的气体交换的过程。学生在观察、实践、思考、讨论中理解新知识，在学习新知识的过程中培养生物学学科核心素养（王茜 等，2022）。

### （二）教学目标

（1）知识目标：概述肺与外界气体的交换过程；概述肺泡与血液的气体交换过程。通过屈肘伸肘动作、小组测量胸围差、制作观察胸廓模型、推拉注射器等活动，探究肺与外界气体交换的过程，理解呼吸运动的原理。运用数学方法测量，运用体育方法取值，用物理知识解释原理。

（2）能力目标：通过观察图片和动画、分析资料、完成模拟实验和探究实验等活动，培养观察与分析、动手操作的能力。通过小组活动，培养观察、比较、归纳能力和提取有效信息的能力，培养小组合作意识。

（3）情感态度与价值观目标：认同生物体结构和功能相适应的生物学观点；关注呼吸系统健康和环境污染的问题。

### （三）教学重难点

（1）教学重点：概述人体的呼吸过程；概述肺泡与血液的气体交换过程。
（2）教学难点：理解肺容积和气压的关系和呼出气体成分的变化。

## 二、说学情

本节课的内容涉及气体体积、压力变化等知识，七年级学生接触比较少，理解起来可能有难度。七年级学生对人体时刻进行着的呼吸现象已经司空见惯，但仍不清楚呼吸是如何进行的，也不太了解呼吸与人体健康间的关系。因此，在教学中就可借助图片、模型、影片等直观方式加深学生的理解，同时也为以后学习血液循环过程打下基础（龙富波，2019）。

## 三、说教学法

### （一）说教法

本节课主要运用启发式提问法以启迪学生的思维，加之采用直观演示、活动探究、集体讨论帮助学生构建概念。

### （二）说学法

本节课涉及的学法有自主与讨论学习、合作与探究学习。

## 四、说教学过程

### （一）导入新课

教师提问：上节课我们已经学习了呼吸道对空气的作用一节，有哪位同学能够带领大家一起来回忆一下上节课有哪些重要知识点呢？学生踊跃发言。教师进一步提问：肺是呼吸系统的主要器官，那气体在肺部是如何发生交换的？从而引出本节课——发生在肺内的气体交换。通过复习上节课的知识点开始新课，有助于活跃课堂气氛，为新课讲授作好铺垫。

### （二）讲授新课

**1. 肺与外界的气体交换**

（1）教师通过多媒体向学生展示肺的位置结构图，学生仔细观察后说出：肺是呼吸系统的主要器官，位于胸腔内，肺有节奏地呼气和吸气，每分钟大约呼吸 16 次。接着，请同学们亲自感受呼吸时胸廓的起伏及肋骨的运动状况。教师示范如何感受：用手按在胸部两侧，深深地吸气、呼气。学生亲自感受后，小组进行讨论交流，师生共同得出结论：当深吸气时，肋骨向上向外运动，胸廓扩大；当深呼气时，肋骨向下向内运动，胸廓变小。

教师进一步引导：刚才同学们得出的结论是否准确呢？大家动动脑筋想一想，我们可以采用什么方法、借助什么工具进行准确的测量呢？

（2）教师通过演示实验向学生展示模拟胸廓起伏的装置，教师一手拿着模型，另一只手向上推橡皮膜，再放松橡皮膜，引导学生观察内部气球体积的变化和橡皮膜位置变化的关系。以此过程说明肺与外界气体交换的相关要点。

**2. 肺泡与血液的气体交换**

（1）教师带领同学们回顾教材"想一想，议一议"活动，提问：呼出的气体中氧气含量减少而二氧化碳含量增加这一过程的实质是什么呢？

展示多媒体图片——肺泡和血液之间的气体交换图，指导学生观察图片，引导学生思考肺泡内的气体交换的顺序。师生总结得出：二氧化碳由血液进入肺泡，氧气由肺泡进入血液。教师继续引导学生观察肺泡的结构，启发学生思考肺泡结构适于气体交换功能的特点。学生畅所欲言，师生共同总结得出肺泡数量多，肺泡外包绕着毛细血管，肺泡壁很薄，只有一层上皮细胞等特点。

### （三）拓展延伸

教师引导学生阅读教材"科学·技术·社会"部分的文字内容，了解"森林浴"、有氧运动对人体健康的意义及高压氧治疗在临床的广泛应用，以此让学生对生物学知识的实用性有更深一步的感知。

### （四）总结提升

教师边提问学生边板书呼吸作用的全过程，尽量让更多的学生参与课堂总结这一环节。这个时期学生容易产生疲劳感，因此教师应在此环节充分调动课堂氛围，帮助学生内化知识点。

### （五）布置作业

让学生课后绘制呼吸过程的示意图，提倡绘制形式多样化，并让学生向同学或家长展示说明人体呼吸作用的全过程。

## 五、说板书设计

本节课依旧以提纲式板书为主，辅助以图示式板书。一方面，板书本节课的知识框架，重点内容用红色标注，帮助学生构建新旧知识框架，有重点性的复习；另一方面绘制呼吸作用的全过程，有助于学生理解知识，发展学生的形象思维。

# 第九节 《流动的组织——血液》说课稿

本节说课的主题依托2019人教版生物学七年级下册第四单元第四章第一节"流动的组织——血液"，说课的内容划分为五个部分：说教材、说学情、说教学法、说教学过程和说板书设计。

## 一、说教材

### （一）教材分析

在前面两节内容的铺垫下，本节是对人体内物质运输的接续学习，发挥着承上启下的作用。作为本章的第一节，旨在为学生后续学习血液的循环和物质的运输打牢基础、作好铺垫。本节课内容主要涉及血液的组成、血浆的成分和功能、三种血细胞的结构特点及功能。本节课的重点和难点是观察人血永久涂片，识别红细胞和白细胞；解读病人的血常规化验单，说出各种血细胞的生理功能。本节教学活动包括观察血液的分层现象、使用显微镜观察人血的永久涂片、解读血液化验单，提高学生的动手能力、观察能力、分析能力，培养学生的生物科学素养（陈涯，2017）。

### （二）教学目标

（1）知识目标：描述血液的成分和主要功能；使用显微镜观察人血永久涂片，尝试识别红细胞和白细胞；了解有关人造血液、造血干细胞的知识。

（2）能力目标：培养收集处理信息的能力、运用显微镜观察的能力。

（3）情感态度与价值观目标：培养科学的实验态度；养成良好的生活习惯，珍爱生命。

### （三）教学重难点

（1）教学重点：血液成分和功能。

（2）教学难点：使用显微镜观察人血永久涂片，尝试识别红细胞和白细胞；解读病人的血常规化验单，说出各种血细胞的生理功能。

## 二、说学情

学生在日常生活中几乎都有过流血或验血的经历，但其实对血液更深层次的知识（比如组成成分及其功能等）还比较陌生；同时，这一时期的学生思维比较活跃，比较抗拒教师的"满堂灌"。教师需在课堂中呈现多样化的教学方法，尽力让学生在课堂上获得切身感受和体验，发展思维能力。

## 三、说教学法

### （一）说教法

用启发式提问法激发学生学习热情，用直观演示、活动探究、集体讨论等辅助学生内化知识。

### （二）说学法

在本节课中，学生通过自主学习、讨论学习、合作学习等学习方法完成教学目标。

## 四、说教学过程

### （一）导入新课

课件展示城市交通图及人体血管两张图片，教师说明：交通是城市的命脉，而血管则是我们人体的命脉，它的存在能够确保营养物质与代谢废物在人体内的运输。教师设疑：大家都知道血管里有什么在流动吗？导入新课。

### （二）讲授新课

**1. 血液组成成分**

课件展示教材资料分析部分，教师组织学生思考讨论下列问题：

（1）含有抗凝剂的血液，离心或者静置一段时间后，为什么会出现分层的现象，分成了几层？

（2）综合上面的资料，你认为血液可能是由哪几部分组成的？常规化验单上所列的血液成分，分别应在什么层位？

（3）为什么把血液称作"流动的组织"？

学生代表回答，师生共同总结得出血液的组成成分及分层时不同层次的构成。在此基础上，教师引导学生观察教材血浆成分示意图，提示血浆组成及功能。

**2. 实验：用显微镜观察人血永久涂片**

在教师指导下，学生分组用显微镜观察人血永久涂片。实验结束后，学生描述观察结果，指出涂片中数量最多的细胞类型及区别红细胞和白细胞的方法。

接着，课件展示电镜下的红细胞图片，学生自行阅读教材相应内容，找出红细胞的形态特点及功能。教师通过问题——"红细胞为什么能运输氧"来引导学生描述血红蛋白的特性。

教师播放白细胞吞噬细菌的视频，引导学生归纳出白细胞的特点和功能。

教师设疑：当皮肤划破流血之后，一会儿血就会自然止住，这是怎么回事？引导学生在阅读教材相应内容的基础上总结出血小板的特点和功能。

### （三）学以致用

首先，课件展示两份化验单，教师引导学生分析化验单中有哪些项目异常。课件继续展示问题：如果一个人的化验报告单上，红细胞计数和血红蛋白含量都低于正常值，会出现哪些症状？如何通过饮食改善？教师引导学生尝试用本节及之前所学内容作答。

### （四）总结提升

教师引导学生在草稿纸上绘制血细胞的概念图，并请课代表带领同学们一起回顾本节课的主要知识点。

### （五）布置作业

完成对应章节的练习，并向家长讲述生物课堂学到的知识。

## 五、说板书设计

本节课以提纲式板书为主，板书本节课的知识框架，重点内容用红笔标注，帮助学生构建新旧知识框架，有重点地进行复习。

# 第十节
# 《血流的管道——血管》说课稿

本节说课的主题依托 2019 人教版生物学七年级下册第四单元第四章第二节"血流的管道——血管"，说课的内容划分为五个部分：说教材、说学情、说教学法、说教学过程和说板书设计。

## 一、说教材

### （一）教材分析

本节的主要内容是三种血管的结构功能特点和分布。血管是血液循环系统的重要器官，本节既是对血液的延伸，也是进一步学习血液循环途径的基础，在第四章中具有重要的地位。

### （二）教学目标

（1）知识目标：能够描述动脉、静脉和毛细血管的结构与功能特点；尝试区分这三种血管以及血液在这三种血管内的流动情况。

（2）能力目标：通过描述血管的结构特点和生理功能，培养分析能力和综合学习能力；通过阅读和回答问题，培养阅读和语言表达能力。

（3）情感态度与价值观目标：培养学生爱护小动物的情感，珍爱生命。

### （三）教学重难点

（1）教学重点：能够描述动脉、静脉和毛细血管的结构与功能特点。
（2）教学难点：理解毛细血管的结构是与其功能相适应的。

## 二、说学情

学生已经学习过血液的知识，有了良好的基础；本节内容是对前面知识的延伸，所以学生比较容易接受。而且七年级学生思维比较活跃，教师需在课堂中呈现多样化的教学方法，尽力让学生在课堂上获得切身感受和体验，发展思维能力。

## 三、说教学法

### （一）说教法

用启发式教学法来激发学生的学习热情，用直观演示与集体讨论等教学方法辅助学生内化知识。

### （二）说学法

学生通过自主讨论与合作学习等学习方法完成教学目标。

## 四、说教学过程

### （一）导入新课

课件展示三张图片：血液渗出、血液流出、血液喷射出。教师解释：人体因创伤出血时，有时只是渗出少量血液，有时是缓慢地流出暗红色的血液，最为严重的则是喷射出鲜红色血液。引导学生思考：为什么会有不同的出血情况呢？激发学生的学习兴趣，引出本节课主题。

### （二）讲授新课

**1. 观察小鱼尾鳍内血液流动**

在教师的指导下，学生自行阅读教材的实验步骤。接着播放实验视频，学生通过阅读教材和观看视频了解本实验的要点，比如，选择尾鳍色素少的小鱼，实验过程中需要用浸湿的棉絮包裹小鱼的鳃盖和躯干等。再次播放视频，学生深入了解实验后得出实验现象，能够区别动脉、静脉、毛细血管三种血管。

**2. 探究三种血管的结构和功能特点**

课件展示视频，学生观看视频，从视频中学习动脉、静脉、毛细血管的功能，管壁的特点，血流速度以及三种血管的关系，增强对体内血管的感性认识。

教师绘制表格，分别列出三种血管的定义、管壁特点、弹性、血流速度、血流方向及分布、功能，帮助学生加以区分和辨别。

### （三）学以致用

教师提供实例：当我们身体不适去医院就诊，有时医生会让我们验血，必要时还需要输液治疗。教师请学生回忆：当我们在医院验血或输液时，针刺的部位一般在哪里？中医诊疗时，切脉的时候是在什么部位？在手上看到的一条条"青筋"是什么血管？联系生活实际，让学生做到学以致用。

### （四）总结提升

以"开火车"的形式让学生阐述在本节课上的收获。

## （五）布置作业

完成对应章节的练习，并向家长讲述课堂上学到的知识。

## 五、说板书设计

本节课以提纲式板书为主，以表格式板书辅助。提纲式板书本节课的知识框架，重点内容用红笔标注，帮助学生构建新旧知识框架，有重点地进行复习；表格式板书能够加强知识点之间的区分度。

# 第十一节

# 《输送血液的泵——心脏》说课稿

本节说课的主题依托 2019 人教版生物学七年级下册第四单元第四章第三节"输送血液的泵——心脏"，说课的内容划分为五个部分：说教材、说学情、说教法、说教学过程和说板书设计。

## 一、说教材

### （一）教材分析

本节内容是前两节血液和血管的相关知识的延伸，为血液循环的学习作铺垫，具有承上启下的作用，十分重要。学生通过第四章的学习，不仅可以解决前两章学习中留下的营养物质与气体如何在体内运输的问题，也为后续章节中学习体内废物的排出及激素的运输作了铺垫。同时，该部分内容在课程标准中，隶属于第五个一级主题"人体生理与健康"，需要学生构建课程标准要求的两个次位概念：（1）血液循环系统包括心脏、血管和血液；（2）血液循环包括体循环和肺循环，其功能是运输氧气、二氧化碳、营养物质、代谢废物和激素等物质。进而支撑更加上位的重要概念"人体通过循环系统进行体内的物质运输"和大概念"人体的结构与功能相适应，各系统协调统一，共同完成复杂的生命活动"的形成（李文博 等，2024）。

### （二）教学目标

（1）知识目标：了解人体心脏的位置；理解人体心脏的活动规律；掌握人体心脏的结构特点以及与其相连的血管。

（2）能力目标：通过观察、比较和思考，获取有关心脏结构的知识并推测它们的功能，发展学生的理性思维，培养学生识图、析图、用图的能力；通过数字化实验的设计和实施，体验科学探究方法，提升科学探究能力。

（3）情感态度与价值观目标：从心脏的结构出发，理解心脏如何实现血液泵的功能，初步形成生物体结构与功能相适应的观点，认同体育锻炼有益心脏健康；关注心脏的健康情况，并养成健康的生活态度和行为习惯。

### （三）教学重难点

（1）教学重点：心脏的结构；血液循环的途径。

（2）教学难点：体循环和肺循环的途径及其相互协同的关系；血液循环过程中，血液成分的变化。

## 二、说学情

学生已经有前面两节课的良好基础，而本节是对前面知识的延伸，学生比较容易接受。在日常生活中，学生已经对心脏有一定的认识，但对心脏的结构及其功能的知识比较缺乏。这部分知识又比较抽象，在教学中，教师应尽可能运用多种手段将教学内容形象直观化，以多样化的教学方法让学生在课堂上获得切身感受和体验，发展各项能力。在学习血液循环系统之前，学生已学习过人体的生殖系统、消化系统和呼吸系统，对于血液循环系统存在的意义已有模糊的认识。经过前两节课血液和血管的学习后，学生自然而然地会去思考"血液在血管中流动的动力来自哪里"。这一学习过程符合学生认知规律。七年级学生具有一定的阅读能力、信息提取和分析能力，能够使用平板电脑和与教学相关的软件，同时对数字化实验接受度很高，愿意尝试和接受新的实验方式。

## 三、说教学法

### （一）说教法

用启发式提问法以激发学生学习热情，用直观演示、活动探究、集体讨论等辅助学生内化知识。

### （二）说学法

本节课学生用到的学法有自主合作学习、探究讨论学习。

## 四、说教学过程

### （一）导入新课

引导学生观察课件展示的汽车发动机、水泵的照片，教师解释：汽车开动要用发动机，抽水要用水泵，人体内血液流动也需要动力，这就是心脏。教师进一步设疑：那么，心脏有什么样的结构和功能使它能提供动力呢？激发学生的学习兴趣，引出本节课主题。

### （二）讲授新课

教师引导学生联系常识，用手感受自己的心脏搏动，初步了解心脏的位置。课件展示胸腔透视图，展示心脏的位置，通过启发式教学，引导学生观察思考，师生总结归纳心脏的位置。接着展示人体心脏外形图，继续引导学生观察心脏的形态，识别人体心脏的各个部位。

教师引导学生观察心脏的结构，比较心房壁和心室壁的厚薄，再引导学生回忆所学的人体四种基本组织，同时设问：从心脏壁的厚薄来看，心房与心室有什么不同？左心室与右心室又有什么不同？让学生讲出心脏的组成及心脏壁的厚薄。然后结合人体心脏解剖的课件，引导学生分部观察人体心脏的四个腔，使学生明确左心房与左心室相通，右心房与右心室相通，左、右两边不相通，在此基础上，左心房连通肺静脉，左心室连通主动脉，右心房连通上、下腔静脉，右心室连通肺动脉。最后用课件展示心脏解剖图，要求学生写出心脏四腔及连通的大血管，加以巩固。

有了前面所学知识的铺垫，教师趁热打铁，继续讲授心脏瓣膜的位置及其开启关闭与心脏内血流方向的关系，指导学生阅读教材。课件展示人体心脏瓣膜纵剖放大图并指导学生观察人体心脏瓣膜的位置与开关方向；课件继续展示人体心脏瓣膜横剖面放大图引导学生观察心脏瓣膜的分布及组成。教师抛出疑问：心房与心室之间、心室与动脉之间有什么特殊的结构？学生开展小组讨论，学生代表回答后由师生共同总结。在此基础上继续展示血液在心脏内流动的动画图，显示血液在心脏内流动的方向与心脏瓣膜开闭的关系。教师设疑：同学们，图中血液在心脏中是如何流动的？心脏瓣膜在血液流动中起什么作用？让学生边观察边思考，从而归纳出两者的关系。

最后，教师需要引导学生认识人体心脏的功能是推动血液在血管中循环流动，并对学生进行卫生保健的教育。

### （三）总结提升

以"开火车"的形式让学生阐述在本节课上的收获。

### （四）布置作业

完成对应章节的练习，并向家长讲述课堂上学到的知识。

## 五、说板书设计

本节课以提纲式板书为主，板书本节课的知识框架，重点内容用红笔标注，帮助学生构建新旧知识框架，有重点地进行复习。

# 第十二节

## 《输血与血型》说课稿

本节说课的主题依托 2019 人教版生物学七年级下册第四单元第四章第四节"输血与血型",说课的内容划分为五个部分:说教材、说学情、说教学法、说教学过程和说板书设计。

## 一、说教材

### (一)教材分析

通过本章第一节的学习,学生知道血液的重要性。根据以往的生活经验,学生也都应该知道血量对生命与健康的重要性,知道当人体出现大量失血时就需要输血。那么,失血量达到多少就需要输血呢?这就有必要了解血量与输血的关系,因此本节首先介绍血量与输血。输血与血型密切相关,要安全输血首先必须了解献血者与受血者的血型,所以教材接着介绍的是血型。通过前三节的学习,学生掌握循环系统的基本组成和血液循环的基本规律,为本节课的学习打下良好的基础。输血与血型的知识与人们的生活息息相关,学生比较熟悉。本节内容单独作为一节,在第四章中占据着重要的地位。同时,本节内容渗透了科学-技术-社会教育(简称 STS 教育),与新课程标准传达的教育理念不谋而合。

### (二)教学目标

(1)知识目标:了解血型发现的过程,说出 ABO 血型的分类;了解安全输血原则;介绍血型鉴定的方法。

(2)能力目标:参与关于血液和血液制品与人类生活关系的调查并交流,培养收集、分析资料的能力、合作能力及语言表达能力。

(3)情感态度与价值观目标:激发学生珍爱生命的意识,认同我国无偿献血制度,树立成年公民积极参加无偿献血的观念;感受科学家的智慧结晶和不懈努力,珍惜学习机会。

### (三)教学重难点

(1)教学重点:说出 ABO 血型种类,认同我国无偿献血制度;说明安全输血原则。

(2)教学难点:认同我国无偿献血制度;展示课前调查成果。

## 二、说学情

学生在日常生活中接触过血型、输血等名词,但对血型的发现、献血是否对身体有害等内容知之甚少,课堂正好给学生接触这些知识提供了学习机会。在课堂中呈现多样化的教学方法可以让学生获得切身感受和体验,达成教学目标。本节课的授课对象为七年级学生,年龄为13—15岁,这一年龄阶段的孩子好奇、好动、好表现,渴求在课堂上获得教师的关注和表扬,他们对输血与血型的相关知识有强烈的好奇心和浓厚的学习兴趣;但是由于年纪小,知识经验少,感知能力差,学习相关知识存在一定的难度。因此,教师应在遵循学生认知规律和心理发展的基础上,利用学生的好奇心激发他们的学习兴趣,促使他们积极主动地参与到课堂中来,从而运用所学知识解决实际问题(路晶晶 等,2020)。

## 三、说教学法

### (一)说教法

用启发式提问法激发学生学习热情,用直观演示、活动探究、集体讨论等辅助学生掌握知识、构建概念。

### (二)说学法

本节课上学生用到的学法有自主合作学习、探究讨论学习。

## 四、说教学过程

### (一)导入新课

引导学生观察课件展示的人类血液颜色及种类,教师提问学生是否了解自己的血型以及父母的血型,允许学生畅所欲言,以此话题激发学生的学习兴趣,引出本节课主题。

### (二)讲授新课

**1. 血量与输血**

利用课件展示图片,教师边引导学生观看边讲解正常人体内的血量大致相当于本人体重的7%~8%,正常血量的维持对人体的重要意义及失血的危害。

**2. 血型及安全输血**

讲述奥地利科学家卡尔·兰德斯坦纳发现血型的历史过程,以科学家故事引导学生了解血型的由来,理解血型在临床治疗中的重要意义。学生自行阅读教材安全输血部分,接着,教师指导学生为实例提出输血方案(实例:某市高速公路上刚刚出了交通事故,有人身受重伤,而且失血过多。把伤者送到医院后,确定需要输血。现在医生正在对他们进行输血抢救)。

**3. 倡导无偿献血**

通过讨论"有人认为献血会伤元气,而且会造成贫血,你同意这种看法吗?请说出理由。"让学生认识献血对人体的健康是没有影响的,而且适量献血还可提高造血功能。再利用多媒体展示无偿献血场面的图片,插入学生收集来的图片影像资料,并介绍本校教师参加无偿献血的情况,再一次激发学生成年后参与无偿献血的决心和愿望,并从心底认同我国的无偿献血制度。

### （三）总结提升

以"开火车"的形式让学生阐述在本节课上的收获。

### （四）布置作业

设计一个开放性的作业"向全社会为无偿献血设计一份宣传广告"（形式不限，或漫画或板报或倡议书等）。

## 五、说板书设计

本节课以提纲式板书为主，板书本节课的知识框架，重点内容用红笔标注，帮助学生构建新旧知识框架，有重点地进行复习。

## 第十三节
## 《人体内废物的排出》说课稿

本节说课的主题依托2019人教版生物学七年级下册第四单元第五章"人体内废物的排出"，说课的内容划分为五个部分：说教材、说学情、说教学法、说教学过程和说板书设计。

## 一、说教材

### （一）教材分析

本章不分节，知识点较集中，对学生学习高中生物学选择性必修3"抗利尿激素的调节作用"具有铺垫作用。

人体排出废物的途径有三种：一是通过泌尿系统排出尿素、多余的水分和无机盐；二是通过呼吸系统排出二氧化碳和少量的水分；三是通过皮肤中的汗腺排出少量的水分、尿素和无机盐。第二种途径已在第三章"人体的呼吸"中介绍过，本章将介绍第一种和第三种途径。考虑到课程标准的具体内容要求为"描述人体泌尿系统的组成""概述尿液的形成和排出过程""描述其他排泄系统"，因此，本章以介绍"尿的形成和排出"为主要内容。从知识内容的逻辑性和人体生理活动的顺序来看，本章是前四章内容的自然延续。本节课对应课程标准中的学习主题五"人体生理与健康"概念五"人体的结构与功能相适应，各系统协调统一，共同完成复杂的生命活动"的部分内容。本章涉及重要概念"人体主要通过泌尿系统排出代谢废物和多余的水"及其下的三个次位概念，包括：（1）泌尿系统包括肾脏、输尿管、膀胱和尿道等结构；（2）血液经过肾小球和肾小囊的滤过作用及肾小管的重吸收作用形成尿液；(3)人体可通过汗腺排出部分尿素、无机盐和水等物质（张园园，2023）。

### （二）教学目标

（1）知识目标：描述泌尿系统的组成以及各器官的功能；说明尿液的形成过程和原理。

（2）能力目标：通过对图片的观察讨论，培养处理科学信息的能力；运用小组讨论的形式培养交流与合作能力；运用知识分析、解决问题能力。

（3）情感态度与价值观目标：认同肾脏的结构与它承担的功能是相适应的；自觉养成良好的生活习惯。

### （三）教学重难点

（1）教学重点：肾单位的结构及其功能。

（2）教学难点：肾单位的结构及其功能。

## 二、说学情

对学生来说，排尿并不陌生，但对尿液产生的过程等内容知之甚少。学生由于对肾脏结构和功能的不了解，掌握尿液的形成过程有一定的难度。好在本课内容是在学习完人的营养、人体的呼吸、人体物质运输等相关知识的基础上再来学习，此时学生初步形成了生物体结构与功能相适应的生物学观点。七年级学生充满好奇心，教师应在课堂上呈现多样化的教学方法，以满足学生的求知欲。

## 三、说教学法

### （一）说教法

在教授本章内容时，教师应加强直观教学，引导学生观察挂图、实物或模型，并密切联系生活实际，促进学生由感性认识上升到理性认识；另外，还要注重联系学生已学习过的呼吸、血液的成分及血液循环等知识，化解重难点，并培养学生的知识迁移能力。

### （二）说学法

本节课中学生用到的学法有自主合作学习、探究讨论学习。

## 四、说教学过程

### （一）导入新课

课件展示"想一想，议一议"部分，引导学生观察并思考问题：水对人体那么重要，排尿却会排出很多的水，那为什么还要排尿呢？你做过尿常规化验吗？这项检查能反映人体什么系统的健康状况呢？以此话题激发学生的学习兴趣，引出本节课主题。

### （二）讲授新课

**1. 泌尿系统的组成**

课件展示人体泌尿系统的组成模式图，教师引导学生思考问题：人体泌尿系统由哪些器官组成？根据观察，你能说出各个器官的主要功能吗？根据功能，你认为哪个器官最重要？接着教师继续出示肾单位结构示意图，指导学生进行小组讨论并思考：形成尿液的基本结构是什么，说出肾单位的组成。在学生讨论的过程中，教师需进行巡视指导，帮助学生学习。

**2. 尿液的形成和排出**

教师先利用视频向学生讲解尿液的形成过程（滤过作用和重吸收作用等），接着出示资料卡片（某健康人血浆、原尿、尿液的成分比较），引导学生思考讨论：血液流经肾小球时，滤出了什么物质？还有什么物质没有滤出来？教师继续引导学生比较原尿和尿液的成分，说明当原尿流经肾小管时，主要有哪些物质被肾小管吸收了。

再放一遍尿液的形成过程的视频，请学生观看后自行描述尿液的形成过程。

### （三）总结提升

以"开火车"的形式让学生阐述在本节课上的收获。

### （四）学以致用

课件出示两个案例并请学生思考：（1）急性肾炎患者尿中出现血细胞和蛋白质时，哪里发生了病变？（2）糖尿病患者尿中出现了葡萄糖，哪里发生了病变？请学生利用所学知识解决实际问题，在此过程中，教师让学生明白关注个人健康、科学生活的重要性。

### （五）布置作业

完成课后练习，向家长说明在课堂上学到的知识。

## 五、说板书设计

本节课以提纲式板书为主，板书本节课的知识框架，重点内容用红笔标注，帮助学生构建新旧知识框架，有重点地进行复习。

## 第十四节

## 《人体对外界环境的感知》说课稿

本节说课的主题依托2019人教版生物学七年级下册第四单元第六章第一节"人体对外界环境的感知"，说课的内容划分为五个部分：说教材、说学情、说教学法、说教学过程和说板书设计。

## 一、说教材

### （一）教材分析

本节是"人体生命活动的调节"的第一节，主要内容有眼球、耳的结构和视觉、听觉的形成，也涉及其他感觉器官，重点是眼球的结构和视觉的形成、耳的结构和听觉的形成。由于眼和耳是人体从外界接受信息的主要器官，在人类适应环境变化的过程中有着突出作用，所以本节也是本章的重点。"人体对外界环境的感知"是第六章教学的起点，在本节打牢基础，既有助于将已学的知识贯穿起来，又有助于后续深入学习。第六章的重要概念是神经系统和内分泌系统调节人体对环境变化的反应及生长、发育、生殖等生命活动。基于对该重要概念的理解，本节课的核心问题：（1）人眼球和耳的基本结构及其功能是怎样的？（2）视觉和听觉是怎样形成的？针对核心问题设计有效教学活动，通过问题串的方式引导学生逐步掌握重要概念，培养学生生物学学科核心素养。

### （二）教学目标

（1）知识目标：描述眼球和耳的结构及各主要组成部分的功能；概述视觉和听觉的形成过程；说出近视的成因及预防的方法。

（2）能力目标：锻炼观察能力、自学能力，培养学生分析问题、解决问题的能力。

（3）情感态度与价值观目标：认同用眼卫生及听觉卫生的重要性，关注日常生活中眼和耳的卫生保健。

### （三）教学重难点

（1）教学重点：视觉、听觉的形成过程。
（2）教学难点：视觉的形成过程；近视的成因。

## 二、说学情

本节内容与学生息息相关，学生会十分感兴趣，在生活中也多少接触过相关知识，但并不系统，很零散。此外，强烈的求知欲驱使学生探索自我结构，教师要好好抓住学生的这一特点，帮助学生构建自我概念。

## 三、说教学法

教师采取观察与讨论相结合的方式组织教学，结合学生已有的知识和生活实际，引导学生在观察讨论的基础上对知识进行总结归纳；建议注重教具的使用，教具应富有直观意义；同时，引导学生再次体会结构与功能相适应这一生物学观点。

## 四、说教学过程

### （一）导入新课

课件展示情境视频：小明在放学回家的路上，突然间狂风大作、电闪雷鸣、乌云密布，豆大的雨点打到小明身上，于是小明急忙跑到公交车站避雨。教师引导学生思考问题：视频中的小明是靠什么器官发现这些天气变化的？学生回答：小明是通过感觉器官判断下雨的。课件展示视频中涉及的感受途径和感觉器官：看乌云——视觉（眼睛）；感狂风——触觉（皮肤）；看闪电——视觉（眼睛）；听雷鸣——听觉（耳朵）。

教师总结：人和所有生物一样，是生活在不断变化的环境中的，只有灵敏地感知环境的变化并对自身的生命活动进行调节，才能维持自身的生存。

### （二）讲授新课

**1. 眼和视觉**

教师设疑：大家都知道眼睛是心灵的窗户，那么大家知道视觉是怎样形成的吗？课件展示人眼球的结构示意图以及照相机的结构示意图，请学生观察与思考，小组讨论照相机的成像原理；在拍照时，镜头、光圈和胶卷分别起什么作用。多媒体展示照相机的成像原理。接着，教师继续利用课件展示眼球的基本结构及功能，请同学观察相关图片，并分小组思考讨论问题：眼球的晶状体、瞳孔、脉络膜和视网膜分别相当于照相机的什么结构。在学生讨论的过程中，教师应注意来回巡视，及时给予指导。讨论结束后，每小组派出一名代表上讲台进行对应连线，师生共同评价，理解眼球与相机对应的关系。教师趁热打铁，进一步展示眼球的基本结构示意图，总结眼球的结构和功能图解。

最后，利用课件向学生展示外界物体在视网膜呈像示意图，教师设疑：（1）外界物体在视网膜上成像的过程是什么？形成物像就能产生视觉吗？（2）在光线到达视网膜之前，经过哪些结构？（3）有人摔伤后脑勺却失明的原因是什么？（4）如果有人眼球的结构完整无损但却看不见周围的物体，可能是眼睛的哪部分发生了病变？

**2. 近视及预防**

教师组织学生分小组讨论近视的原因，怎样矫正，怎样预防，以及近视的原理；分析近视患者佩戴眼镜前后眼球的成像情况，引出预防近视的"三要"和"四不要"。

**3. 耳和听觉**

请同学观察与思考：假如人失去听觉会怎么样呢？课件展示耳的结构和功能图解，向学生讲解耳内部的各个组成部分以及对应的功能，展示听觉的形成过程流程图。最后，教师展示小资料卡片——耳聋患者的世界统计数，分析原因以及易患人群，介绍耳的卫生保健方法，提供相关小常识，进行课堂总结。

### （三）总结提升

以"开火车"的形式让学生阐述在本节课上的收获。

## （四）布置作业

完成课后练习，向家长说明在课堂学到的知识。

# 五、说板书设计

本节课以提纲式板书为主，板书本节课的知识框架，重点内容用红笔标注，帮助学生构建新旧知识框架，有重点地进行复习。

# 第十五节

# 《神经系统的组成》说课稿

本节说课的主题依托 2019 人教版生物学七年级下册第四单元第六章第二节"神经系统的组成"，说课的内容划分为五个部分：说教材、说学情、说教学法、说教学过程和说板书设计。

# 一、说教材

## （一）教材分析

本节课包括两个部分：神经系统的组成和神经元。教材首先介绍神经系统的组成，让学生从宏观上了解神经系统各个组成部分及其功能，再深入到细胞水平，从微观上讲述神经系统结构和功能的基本单位——神经元。本节涉及的结构名词多，这些结构承担的功能复杂，内容比较抽象，是本册教材的难点之一（何书凯，2019）。

## （二）教学目标

（1）知识目标：描述神经系统和神经元的组成和功能；说明人体各部分的协调动作主要靠神经系统的调节来实现。
（2）能力目标：通过分析资料，培养提出问题、分析问题与解决问题的能力。
（3）情感态度与价值观目标：激发学生乐于探索生命奥秘的兴趣。

## （三）教学重难点

（1）教学重点：神经系统各组成部分的功能。
（2）教学难点：神经系统各组成部分的功能。

## 二、说学情

学生对本节内容比较感兴趣，具有强烈的求知欲，这也促使学生进一步探索自我结构，教师要好好抓住学生的这一特点，帮助学生进一步完善自我概念。

## 三、说教学法

教师可引导学生通过学习神经系统的组成和功能，以及神经系统的基本组成单位——神经元，使学生充分认识人体各部分的协调动作主要靠神经系统的调节来实现。由于本节涉及较多名词，且学生对神经系统的结构缺乏足够的感性认识，因此，建议教学中尽可能采取直观的教学手段，采用教师讲解与学生讨论相结合的方式组织教学活动。

## 四、说教学过程

### （一）导入新课

课件展示学生跑步、学习、写字的图片，教师讲解图片后说明人的所有活动都受神经系统的控制，包括人的内部器官的机能、身体的动作、各种知觉或是人的思想、感情。教师设疑：如果没有神经系统的统一调控，人会变成什么样子呢？神经系统为什么会有这么完善的调节作用呢？

### （二）讲授新课

**1. 神经系统的组成**

首先，教师根据教材的资料分析向学生提问：如果你是一位神经科医生，诊所来了三位病人，病情如"资料分析"，请诊治。学生分小组从发病原因、发病部位和症状、疑问、可能的解释来进行讨论，每组派出代表上讲台进行阐述。

接着，课件展示神经系统的组成示意图，教师指导学生理解神经系统是由脑、脊髓和它们发出的神经组成的。接着展示大脑结构图，根据示意图依次介绍大脑、小脑、脑干、脊髓、神经的部位和相应的功能，展示周围神经系统以及大脑皮层的各功能区示意图。学生分小组对大脑、小脑、脑干、脊髓、脊神经、脑神经的功能进行总结，每小组派一名代表汇报。

**2. 神经元**

学生观察课件展示的各类细胞结构，以小组为单位，讨论神经元与其他细胞结构的不同。小组汇报神经元的组成，交流补充完善结论。接着，教师播放多媒体视频"神经冲动在神经元中的传导过程"，请学生边观看视频边思考神经元的形态结构和功能的关系，以及生活中还有哪些现象与神经冲动在神经元中传导的过程相似，进行小组汇报。

课件出示一根导线的图片，请学生认真观察导线的结构并思考：若将一条神经比喻成一根导线，则导线内的许多金属丝和外面包裹的塑料管分别相当于神经的什么结构？对神经元结构能否想出一个恰当的比喻？学生展开头脑风暴，畅所欲言。

教师总结：人体内有数以亿计的神经元，各个神经元的突起末端都与一个或多个神经元的突起相连接，形成非常复杂的网络。这个复杂的网络就是人体内的信息传递和处理系统。

## （三）总结提升

教师随机抽取学生阐述在本节课上的收获，教师与学生共同点评。

## （四）学以致用

课件出示两个案例。

## （五）布置作业

完成课后练习，向家长说明在课堂上学到的知识。

# 五、说板书设计

本节课以提纲式板书为主，板书本节课的知识框架，重点内容用红笔标注，帮助学生构建新旧知识框架，有重点地进行复习。

# 第十六节
# 《神经调节的基本方式》说课稿

本节说课的主题依托2019人教版生物学七年级下册第四单元第六章第三节"神经调节的基本方式"，说课的内容划分为五个部分：说教材、说学情、说教学法、说教学过程和说板书设计。

# 一、说教材

## （一）教材分析

人体对外界环境的感知及各种生命活动的调节时刻都离不开神经系统的作用。本节内容首先从学生的亲身体验入手，安排了"膝跳反射"实验，并给出了反射的定义；然后，教材安排了反射的结构基础（反射弧）及反射类型的内容；最后，安排了"测定反应速度"的探究活动。学生通过这一活动既能对反射这一重要概念有进一步认识，又能在新情境中有所运用。这样的编排符合学生科学概念形成的规律。神经调节是人体生命活动的主要调节方式，因此，本节内容在本章中占有重要地位。

### （二）教学目标

（1）知识目标：概述人体神经调节的基本方式；通过跟腱反射分析活动，能够说出反射弧的结构与功能；通过反射类型资料的分析，了解简单反射与复杂反射的联系，体会反射的意义。

（2）能力目标：通过问题串的引导，提升科学推理的能力；通过资料分析，培养解决问题时注重证据支持的意识；通过常见生命活动的分析，尝试归纳反射的含义；锻炼观察能力、自学能力，培养分析问题、解决问题的能力。

（3）情感态度与价值观目标：培养学生爱科学、学科学的精神；以较为常见的腰椎间盘突出症为例，逐步形成保护他人的意识，体会部分职业的艰辛与不易。

### （三）教学重难点

（1）教学重点：描述人体神经调节的基本方式。
（2）教学难点：测定反拉速度的探究活动。

## 二、说学情

通过第二节的学习，学生已经知道人体生命活动的协调有序主要依靠神经系统的调节作用，对神经系统的组成及神经元的结构有所了解。在此基础上，本节接着介绍神经系统以何种方式对生命活动进行调节则显得顺理成章，有了基础，学生能够更好地构建本节课知识体系，同时也为本章最后一节激素调节作一定的铺垫。学生在学习本节内容前，已经学习了部分人体系统相关知识。本节从各大系统的结构与功能出发，旨在使学生了解人体的各项生命活动，并形成初中生物学独有的核心素养：生物体结构与功能相统一的生命观念。因此，在本节的教学中，教师对生命的各项活动与意义进行总结提升，对生物学"结构与功能观"这一生命观念的落实与理解具有重要作用（李智辰 等，2023）。

## 三、说教学法

教师可以基本按照教材中呈现内容的顺序来组织教学，充分保证实验与探究等活动的进行，采取教师教授与学生活动及讨论相结合的方式进行教学。

## 四、说教学过程

### （一）导入新课

课件展示缩手反射的小视频，让学生思考手不小心被针尖扎过之后会做出什么反应。为了让学生亲自感受，同桌之间相互配合去完成一个小活动——打手板：同学甲去打同学乙的手掌，同学乙迅速躲避。每位学生进行十次，看看谁被打到的次数是最少的。活动结束后，教师设疑：这两个活动是在人体什么系统的调节下完成的呢？该系统是通过什么方式调节的呢？引出本节课主题。

### （二）讲授新课

#### 1. 反射

利用导入环节总结出反射的概念，但不对概念做过多解释。接着教师用多媒体展示"膝跳反射"的实验要求、步骤及注意事项，并请一位学生配合教师进行演示。每两名学生组合成一个小组进行该实验，实验后请学生分别来谈谈感受。又举出排尿反射和课上的缩手反射的例子，请学生们以前后两人为一个讨论小组进行分析：这几个活动都称为"反射"，那么反射是由人体的哪个系统在什么条件下产生的具有什么特点的反应活动？教师进一步设疑：还能举出其他反射的例子吗？说明为什么这些事例是属于反射活动。

#### 2. 反射弧

课件展示小明突然被一根针扎了之后，来不及思考就迅速缩手的反射过程。教师提问：小明是先缩手还是先感受到疼？给予学生时间思考后，教师对反射弧的组成部分以及功能作进一步说明，展示膝跳反射的反射弧示意图并对应标注出反射弧的各个组成部分。课件以流程图形式展示反射及反射弧的关系，说明反射是神经调节的基本方式，反射弧是一种神经结构。

教师引导学生思考动物是否也具有反射活动，请学生举例说明。学生举例后，教师设问：人和动物都具有反射活动，哪些反射活动是人类所特有的？进而引出"与语言文字相关的反射是人类所特有的"这一知识点，并用教材中的"望梅止渴"的成语典故为例说明。以下学生小组讨论思考几种反射有什么不同：人吃到酸梅会分泌唾液，其他动物会吗？人看到酸梅会分泌唾液，其他动物会吗？人说到酸梅会分泌唾液，其他动物会吗？

#### 3. 探究——测定反应速度

教师根据课件中提出问题、作出假设、制定计划、实施计划，得出结论的步骤进行活动探究。

### （三）总结提升

以"开火车"的形式让学生阐述在本节课上的收获。

### （四）布置作业

完成课后练习，向家长说明在课堂上学到的知识。

## 五、说板书设计

本节课以提纲式板书为主，板书本节课的知识框架，重点内容用红笔标注，帮助学生构建新旧知识框架，有重点地进行复习。

# 第十七节

## 《激素调节》说课稿

本节说课的主题依托 2019 人教版生物学七年级下册第四单元第六章第四节"激素调节",说课的内容划分为五个部分:说教材、说学情、说教学法、说教学过程和说板书设计。

## 一、说教材

### (一)教材分析

本节内容主要包括人体主要的内分泌腺及其分泌的激素,激素对于生命活动的调节作用,激素调节和神经调节的关系。"人体的激素调节"在前面已学过的"人体的神经调节"的基础上,以青少年在青春期身体的外形和生理发生的巨大变化与体内各种激素的关系为例,通过"观察人体主要内分泌腺"和"激素的调节作用"两个部分内容,帮助学生了解人体内分泌系统的组成和功能,同时构建重要概念:激素是由内分泌腺分泌的、对身体有特殊作用的化学物质(高品 等,2023)。

### (二)教学目标

(1)知识目标:说出内分泌腺的特点、种类;说出激素的概念和主要种类;举例说明激素调节与神经调节的关系。

(2)能力目标:利用胰腺物理模型和探究"胰岛素的发现"科学史,引导学生运用类比、分析、推理等方法认识内、外分泌腺的区别;通过设计实验探究胰岛素的作用,构建人体激素调节概念模型,促进学生提升科学思维和探究能力;举例说明人体的激素参与生命活动的调节;尝试设计对照试验。

(3)情感态度与价值观目标:通过重温"胰岛素的人工合成"科学史,再现我国科学家默默付出、无私奉献、为国争光的使命与担当,激发学生的民族自豪感和社会责任感。

### (三)教学重难点

(1)教学重点:内分泌系统的组成;激素的概念和主要种类。

(2)教学难点:几种常见激素的主要功能;设计对照实验。

## 二、说学情

通过前三节的学习,学生已经了解神经调节。作为本章的最后一节,要进一步使学生明确人体的生命活动并不仅仅靠神经系统来调节，也需要激素的调节作用。但激素调节对七年级学生来说比较抽象，不易理解。

## 三、说教学法

在本节教学中，教师应引导学生通过对内分泌腺和外分泌腺的比较进行归纳；借助直观教具重点介绍人体主要内分泌腺及其分泌的激素；充分利用"资料分析"活动引导学生思考讨论科学家的经典实验，在了解几种主要激素及其生理功能的同时，感受科学家巧妙的实验设计；从生活实际出发，引导学生分析讨论如何预防和治疗内分泌失调的相关疾病，再次体会激素调节的特点；最后，通过对生活中实例的具体分析，引导学生归纳激素调节与神经调节的关系。

## 四、说教学过程

### （一）导入新课

课件展示资料：睾丸分泌的雄性激素和卵巢分泌的雌性激素能够分别促进男女性器官的发育，并促使人体出现其他性别特征。教师提示：由上述资料我们可见性激素能够参与人体生命活动的调节，但是与唾液腺、汗腺又有不同。进而引出内分泌腺与外分泌腺的概念并以表格形式列出二者的区别。

### （二）讲授新课

**1. 激素调节**

课件展示人体主要的内分泌腺，垂体、甲状腺、胸腺、肾上腺、胰岛、性腺等共同组成人体的内分泌系统，介绍其分泌不同激素的功能，强调垂体在内分泌系统中的重要性。接着资料展示侏儒症和巨人症的图片，分析病症患者的特征，学生联系刚才所学习的知识，讨论病症的造成是与哪种激素有关，这种激素主要功能是什么，如何预防治疗。

教师组织学生开展甲状腺的研究实验，设计对照实验，探究甲状腺对蝌蚪发育有无促进作用。让学生制定自己的探究计划；课件展示专业人士科学探究的过程和结果。

最后再讲述科学家发现胰腺的故事，说明胰岛素的由来，与实际生活中糖尿病实例相联系。提问学生胰岛素与糖尿病有何关系，学生分小组进行讨论。

**2. 激素调节与神经调节的关系**

请学生思考：人在情绪激动时为什么会心跳加速、血压升高、面红耳赤？学生小组讨论，结合教材进行思考，最后教师说明其中的缘由。

### （三）总结提升

以图表的形式列出重要的内分泌腺及其分泌的激素，学生自行总结几种激素的主要功能、激素调节与神经调节的关系。

### （四）布置作业

完成课后练习，向家长说明在课堂上学到的知识。

## 五、说板书设计

本节课以提纲式板书为主，板书本节课的知识框架，重点内容用红笔标注，帮助学生构建新旧知识框架，有重点地进行复习。

# 第十八节
# 《分析人类活动对生态环境的影响》说课稿

本节说课的主题依托 2019 人教版生物学七年级下册第四单元第七章第一节"分析人类活动对生态环境的影响"，说课的内容划分为五个部分：说教材、说学情、说教学法、说教学过程和说板书设计。

## 一、说教材

### （一）教材分析

本节意在引导学生分析人类活动对生物圈的影响，包括探讨人口增长对环境的影响和分析人类活动影响生态环境的事例，从而为后续探究环境污染对生物的影响打好基础。本节内容属于《义务教育生物学课程标准（2022版）》中的"生物与环境"主题。课程标准对本节课的内容要求为理解"人类活动可能对生态环境产生影响，可以通过防止环境污染、合理利用自然资源等措施保障生态安全"，学业要求为"分析人类活动对生态环境造成破坏的实例，形成保护生物圈的社会责任意识"。可见，教学过程中突出实例分析，落实社会责任培养是本节课的核心目标（陈静雯 等，2023）。

### （二）教学目标

（1）知识目标：说出我国人口增长的趋势；举例说明人类活动对生态环境的影响。通过了解中国防护林工程，关注中国的生态文明建设进展，理解、认同并初步形成"绿水青山就是金山银山"的生态观。

（2）能力目标：培养通过各种媒体提供的资料进行研究性学习的能力及语言表达能力；通过正反两方面的实例分析，培养多角度、辩证分析问题的能力，发展科学思维。

（3）情感态度与价值观目标：认同我国实行计划生育的基本国策；认同人类活动对生

物圈正面影响的同时关注人类活动对生物圈的负面影响。通过分析实例，认识人类活动对生态环境的重要影响，关注社会议题，提升社会责任；通过分析实例和制作"倡议书"，形成爱护生物圈的情感，理解人与自然和谐发展的意义，增强环境保护意识。

### （三）教学重难点

（1）教学重点：人类活动对生态环境的影响。
（2）教学难点：探讨我国人口增长的趋势，分析人口增长对环境的影响。

## 二、说学情

七年级学生比较喜欢学习生物课，本节课内容能够给学生带来生态环境方面的知识，学生比较感兴趣。教师也需在课堂中呈现多样化的教学方法，尽力让学生在课堂上获得切身感受和体验，发展思维能力。学生对于人类对生态环境的影响这一知识点理解程度不深，不能辩证地看待人类活动，也不能深度剖析人类活动如何影响环境；此外，学生也难以体会环境被破坏后再恢复的困难性。基于此，本课教学以沙尘的形成和治理为线索，结合我国的生态文明建设，用实例分析使学生感知人类活动对生态环境正反两方面的影响，从而使学生真正认同"绿水青山就是金山银山"的理念，进一步增强社会责任感。

## 三、说教学法

教师要充分发挥学生的主动性，使他们在课堂活动的参与中将环保理念融入心中。在教学时，教师要注意引导学生思考人口增长对资源、环境和社会产生的巨大影响，让学生通过对数据的统计分析，得出我国人口不断增长的事实，了解计划生育政策在控制人口数量方面所取得的成就。

## 四、说教学过程

### （一）导入新课

资料展示我国生态环境被污染的数据及图片，教师引导学生观察后发表自己的观点。教师总结：这些现象都与我们人类的活动有关，这节课我们就共同来反思人类对自然的态度和行为。

### （二）讲授新课

**1. 探讨人口增长及其对环境的影响**

课件展示资料：有些地区流行"多子多福"的说法，你认为这种说法对吗，为什么？我国实行计划生育的具体内容有哪些？学生小组之间讨论交流。

**2. 分析人类活动影响生态系统的事例**

教师查找并准备我国生态环境现状及采取措施的资料，我国生态环境遭到破坏的影像资料。让学生课前分组查找资料：我国森林资源面临的危害及带来的严重后果；我国水资源的现状，污染程度及带来的严重后果；我国生态资源的现状，生物种类和数量的稳定，对整个生态系统的意义；我国的空气污染程度及带来的严重后果；调查自己身边的生活环境，包括当地生态环境的现状；目前当地存在的主要污染源种类；当地人民目前对环境保护的意识；破坏生态环境的实例等。

让学生在课堂上自由畅谈去过的风景区，给学生提供舞台尽情地展现自己，展示美丽的祖国，抒发对祖国山河的热爱之情，认识周围的破坏行为。举一些身边破坏生态环境的实例，师生一起分析其中的原因，一起预测可能带给我们的严重后果，引导学生认识人类日常的一些小活动可能都会影响甚至破坏环境，启发学生保护环境应从身边做起。

面对人类的种种破坏，大自然已向人类发出了黄牌警告，我们也认识到了人与自然协调发展的重要性，那么有何行动能够维持生态平衡呢？请学生为电视台策划一个公益广告，倡导人们珍惜生命，珍爱我们共同的家园——地球。学生充分发挥自己的创造力和想象力，大胆地提出自己的意见。师生共同讨论后，总结几条可行性建议。

### （三）总结提升

以"开火车"的形式让学生阐述在本节课上的收获。

### （四）学以致用

根据教师在课堂所讲授的知识，上网查阅有关污染与防治的资料，写一篇与此有关的小论文。

### （五）布置作业

完成课后练习，向家长说明在课堂上学到的知识。

## 五、说板书设计

本节课以提纲式板书为主，板书本节课的知识框架，重点内容用红笔标注，帮助学生构建新旧知识框架，有重点地进行复习。

# 第十九节

## 《探究环境污染对生物的影响》说课稿

本节说课的主题依托2019人教版生物学七年级下册第四单元第七章第二节"探究环境污染对生物的影响"，说课的内容划分为五个部分：说教材、说学情、说教学法、说教学过程和说板书设计。

## 一、说教材

### （一）教材分析

本节是学生在学习人类活动对自然环境的影响之后，再亲自动手探究环境污染对生物的影响。本节注重培养学生的实验探究能力，主要以模拟探究"酸雨对生物的影响"这一活动为中心，引导学生探讨环境污染对生物的影响。

### （二）教学目标

（1）知识目标：举例说明环境污染对生物的不良影响。

（2）能力目标：设计并完成酸雨对生物的影响的探究实验，培养科学探究、合作交流等多种能力；通过设计模拟酸雨对植物种子萌发和幼苗生长影响的实验方案，掌握科学探究的基本思路和方法，提高获取证据的能力。

（3）情感态度与价值观目标：认同环境污染对包括人类在内的生物有不良影响，形成环保意识；通过探究活动认识环境污染会影响包括人类在内的生物的生存和发展，从而将保护生态环境的自觉性建立在科学认识的基础上，积极参与环境保护实践，做生态中国的促进者和实践者；通过本探究活动的实施，进一步提高社会实践能力，培养团队意识，乐于并善于进行团队合作。

### （三）教学重难点

（1）教学重点：模拟探究酸雨对生物的影响。

（2）教学难点：模拟探究酸雨对生物的影响。

## 二、说学情

学生学习到本节时，已经有较多的探究经验，也有了一定的知识基础，因此，本节学习起来相对容易。

## 三、说教学法

本节教学围绕探究活动及引导学生深入了解环境污染所造成的危害进行，教师要充分利用学生已有的知识背景和掌握的实验技能，结合当地的事例展开教学。

## 四、说教学过程

### （一）导入新课

播放有关生态环境破坏的新闻视频，引导学生思考全世界人民都强烈地意识到要保护环境的原因。引入本节课。

#### （二）讲授新课

**1. 人类活动对生物的影响**

播放课前准备的酸雨的介绍视频，引导学生结合视频和教材总结什么是酸雨，酸雨有什么危害，如何防治酸雨。

学生展示小组成员课前搜集的人类活动对环境造成影响的事例资料。在小组汇报完成后，教师给予肯定的评价并总结归纳。

**2. 探究酸雨对生物的影响**

学生分小组合作学习，尝试设计探究酸雨对生物的影响的实验方案，并以小组形式进行汇报，共同完善探究计划。教师在此过程中注意给学生提供完成计划的必要提示：可以用食醋和清水配制供实验用的模拟酸雨；把 pH 控制在 4，模拟测定酸雨条件下种子的发芽率或幼苗的生长情况。

教师引导学生思考以下问题：本实验中需要对照实验吗，应该如何设置对照组？实验中主要观察哪一个因变量？怎样做才能更好地消除实验的偶然性，使实验结果更加可靠？设计一个表格记录观察和实验的结果，教师课件提示探究实验的主要步骤，帮助学生完成方案设计。

#### （三）总结提升

引导学生总结环境污染对生物的影响，并进一步理解探究实验计划。

#### （四）布置作业

完成课后练习，向家长说明在课堂上学到的知识。

## 五、说板书设计

本节课以提纲式板书为主，板书本节课的知识框架，重点内容用红笔标注，帮助学生构建新旧知识框架，有重点地进行复习。

## 第二十节

## 《拟定保护生态环境的计划》说课稿

本节说课的主题依托 2019 人教版生物学七年级下册第四单元第七章第三节"拟定保护生态环境的计划"，说课的内容划分为五个部分：说教材、说学情、说教学法、说教学过程和说板书设计。

## 一、说教材

### （一）教材分析

　　本节是人教版初中生物七年级下册的最后一节，是前面内容的实际应用和巩固深化，所以学好这一节内容十分重要。前两节引导学生分析人类活动对环境的影响，探究环境污染对生物的影响，学生已经意识到环境保护的重要性。本节继续引导学生付诸行动——拟定保护当地生态环境的计划。教材以实践结尾，也体现保护环境需要付诸实际行动的意蕴。

### （二）教学目标

　　（1）知识目标：拟定保护当地生态环境的计划。
　　（2）能力目标：通过调查活动，培养学生的合作精神及获取资料的能力。
　　（3）情感态度与价值观目标：认同作为地球公民，在保护生态环境方面应尽的责任。

### （三）教学重难点

　　（1）教学重点：拟定保护当地生态环境的行动计划。
　　（2）教学难点：调查当地生态环境的现状，分析调查结果。

## 二、说学情

　　学生已经分析了人类活动对环境的影响，探究了环境污染对生物的影响，意识到要对环境进行保护。有此基础，学生拟定保护生态环境的计划将会比较顺利地展开。

## 三、说教学法

　　在教学中，教师要指导学生完成"调查环境现状""拟定计划"和"课外实践"等活动，全面提高学生的环保意识。由于本节教学内容基本上是学生活动，所以教师要做好统筹安排，充分做好准备工作，以便顺利完成本节的教学任务。
　　在拟定计划之前，学生们需要对当地生态环境状况进行调查，也就是说，拟定计划建立在调查结果之上，调查是否周密直接关系到拟定计划的真实性和可行性。

## 四、说教学过程

### （一）导入新课

　　教师引导学生观看视频：视频中主人公随手把吃剩的饭菜倒在了花坛里，又随手将用过的废旧电池扔到了草地上。教师引导学生思考问题：这种"随手"是否已经污染了我们生活的环境呢？

### （二）讲授新课

学生自行阅读课本相关知识点，结合电教资料和实例，了解如何拟定保护当地生态环境的计划，认识每一位公民在保护生态环境方面应尽的责任。阅读"科学、技术、社会"，了解退耕还林还草的作用。

结合各小组的课前调查，合作拟定保护当地生态环境的计划。每小组推选两名代表，分别向全班汇报小组调查情况和拟定的计划，师生共同点评。

### （三）总结提升

以"开火车"的形式让学生阐述本节课上的收获。

### （四）学以致用

（1）请学生分辨以下列出的生活垃圾哪些会污染环境？垃圾：纸包装、快餐饭盒、塑料杯、电器包装、冷饮包装、果皮、菜叶、废电池、废旧纸箱。

（2）举例说出个人日常生活中不自觉的破坏环境的行为，并提出改正措施。

### （五）布置作业

完成课后练习，向家长说明在课堂上学到的知识。

## 五、说板书设计

本节课以提纲式板书为主，板书本节课的知识框架，重点内容用红笔标注，帮助学生构建新旧知识框架，有重点地进行复习。

# 第三章

# 八年级上册

## 第一节

### 《腔肠动物和扁形动物》说课稿

本节说课的主题依托 2019 人教版生物学八年级上册第五单元第一章第一节"腔肠动物和扁形动物",说课的内容划分为五个部分:说教材、说学情、说教学法、说教学过程和说板书设计。

## 一、说教材

（一）教材分析

本节课主要学习腔肠动物和扁形动物两个类群,这两个动物类群比较原始,很少被学生所知,因此学生对它们的形态结构、生活习性及主要特征都不熟悉。然而,它们在动物的进化中占有重要地位。本节课的学习对学生了解动物的进化,认识大自然,形成生命观念都具有重要意义。

（二）教学目标

经过上一阶段的学习,学生对动植物有了初步的认识,但动物是多种多样的,不同类群的动物的生活习性、形态特征都各不相同,且学生对即将学习的"腔肠动物和扁形动物"缺乏了解。基于以上分析,结合新课程标准的新理念,确立如下教学目标。

（1）知识目标：能够识别腔肠动物和扁形动物,并概述腔肠动物和扁形动物的主要特征及它们和人类生活的关系,形成结构与功能相适应的生命观念。

（2）能力目标：初步学会科学探究和归纳总结的一般方法,能够在教师的引导下,推测并总结腔肠动物和扁形动物的主要特征,培养科学思维和合作能力。

（3）情感态度和价值观目标：了解珊瑚礁的形成,培养保护大自然的良好品格;充分认识这两种类群的生物与人类生活的关系,了解血吸虫病等寄生虫病的预防。

### （三）教学重难点

（1）教学重点：腔肠动物和扁形动物的主要特征。
（2）教学难点：水螅、涡虫和华支睾吸虫的形态结构。

## 二、说学情

八年级学生已经对生物有一定的了解，初步形成了生物的基本特征、生物体结构与功能相适应，生物与环境相适应的生物学观点。教师以生物学观点为线索帮助学生记忆知识并加深对生物学观点的理解，形成好的学习方法或学习模式。同时，初中生对形象信息的处理比较容易，适时适量地在课堂上展示视频或图片有助于他们认识日常生活中不易接触的事物。有的学生喜欢动手操作或调查，让这类学生更多参与教学活动是调动他们积极性的最佳选择。

## 三、说教学法

### （一）说教法

新课程理念强调"学生是学习的主人，教师是学习的组织者，引导者与合作者"。因此，为了更好地突出重点，突破难点，在教法上主要运用启发式教学方法，并运用多媒体进行教学；采用直观教学法，通过图片和视频，增加教学的新颖性和趣味性。

### （二）说学法

引导学生通过观察、思考、归纳总结去发现知识，逐步培养自主学习的习惯和能力。学生通过课前的观察和预习，在课上分享各自的收获，再通过小组讨论的形式总结出腔肠动物和扁形动物的主要特征，体验知识获得的过程，体会同学间合作的魅力，同时也有助于提高学生分析问题和解决问题的能力、语言表达能力，帮助学生形成科学思维，并进一步掌握动物研究的基本方法，养成健康的生活习惯。

## 四、说教学过程

课前准备好课件、相关动物的挂图和视频，并对学生进行合理的分组，明确组内各成员的职责和任务。

首先，通过回顾上册学习的动植物之间的区别，引入动物的进化过程，导入无脊椎动物中的腔肠动物和扁形动物。展示一组图片，结合学生课前的预习，让学生了解大自然中的腔肠动物的大体样子。通过色彩鲜艳、生动有趣的图片将学生带入新课，激发学生的好奇心和求知欲。

其次，展示水螅的图片，从其生活环境和形态结构两方面进行归纳，引出辐射对称这一概念，并通过该结构引出该形态的功能和作用；再展示水螅的纵切面示意图。学生通过合作和探究，结合教材中的"观察与思考"，观察水螅的大小、形态结构，思考水螅是如何捕食水蚤并消化的，又是如何繁殖的。组内交流讨论之后，请学生叙述水螅的主要特征，最后在教师的引导下总结腔肠动物的主要特征。身体呈辐射对称，体表有刺细胞，有口无肛门，属于比较原始的结构简单的多细胞生物。这一过程能够培养学生的合作能力和语言表达的能力，引导学生形成结构与功能相适应的观念。

采用翻转课堂的教学模式，让学生在了解和认识了腔肠动物后，以小组合作的方式对扁形动物进行归纳总结；教师在这个过程中注意引导。教师指导学生通过谈论和归纳得出扁形动物的形态特征，引出两侧对称这一概念和肠的出现，并提出两侧对称相比辐射对称有怎样的进化意义。在学习腔肠动物和扁形动物之后，利用表格展示两者间的不同和相同点，促进知识的理解和记忆。学生结合教材和教师的指导，认识常见的几种扁形动物，如华支睾吸虫、血吸虫和绦虫的生活习性。

最后，结合教材和生活实际，让学生明白腔肠动物和扁形动物与人类生活的关系，倡导学生养成健康的饮食习惯和良好的卫生习惯。与此同时，使学生认识到保护环境的重要性，并能从身边力所能及的事做起。

## 五、说板书设计

本节课以提纲式板书为主，主要内容如下。

**腔肠动物和扁形动物**
1. 腔肠动物
（1）水螅　生活环境、形态及结构特点
（2）主要特征
2. 扁形动物
（1）涡虫　身体特征
（2）寄生　华支睾吸虫
（3）主要特征

## 第二节

# 《线形动物和环节动物》说课稿

本节说课的主题依托 2019 人教版生物学八年级上册第五单元第一章第二节"线性动物和环节动物"。说课内容划分为五个部分：说教材、说学情、说教学法、说教学过程和说板书设计。

# 一、说教材

## （一）教材分析

本节介绍线形动物和环节动物两个类群，它们在动物的进化中占有重要地位，是生物进化的进一步延续。本节课的学习对学生了解动物的进化、认识大自然、树立正确的健康观念等具有重要意义。

## （二）教学目标

（1）知识目标：认识线形动物和环节动物，并概述线形动物和环节动物主要特征及它们和人类生活的关系。

（2）能力目标：初步学会科学探究和归纳总结的一般方法，能够在教师的引导下，推测并总结线性动物和环节动物的主要特征，培养科学思维和合作能力。

（3）情感态度和价值目标：通过学习本节，充分认识这两种动物类群与人类生活的关系，逐步养成良好的生活与卫生习惯，确立积极的生活态度。

## （三）教学重难点

（1）教学重点：线形动物和环节动物的主要特征。
（2）教学难点：蛔虫和蚯蚓的生活习性、形态结构及主要特点。

# 二、说学情

本节课介绍让个别同学忍受腹痛之苦的元凶——蛔虫和大家比较熟悉的蚯蚓，这类动物与学生的亲身经历、日常生活联系比较紧密，大多数学生好奇，也比较感兴趣。课堂气氛活跃，学习起来比较轻松。同时，知识难度梯度适宜，大多数学生能跟进。

# 三、说教学法

## （一）说教法

本节课主要运用启发式教学方法、小组合作学习，启迪学生思维、调动每个学生的积极性；同时，利用多媒体等现代教育手段，通过图片和视频，让学生在真实情境下观察、思考、归纳总结，深入了解线形动物和环节动物。用课前预习结合教师的引导，让学生独立思考，总结线形动物与环节动物的主要特征以及与人类的关系，发挥学生的主体作用，让学生对本节课知识的认知更加清晰深刻。

## （二）说学法

学生在教师的引导下阅读教材，主动地发现知识，逐渐培养自主学习的习惯和能力。学生在教师的指导下，以小组合作的形式在课上积极主动地共同探究，并和小组内的其他成员分享自己的收获，从中体验知识获得的过程，体会同学间合作的魅力。

# 四、说教学过程

在教学过程中，以学生为主体，教师为主导，注重培养学生的自学能力。课前要求学生预习相关知识，教师准备好课件和相关教学用具，各项活动的安排应注重互动、交流，最大限度地调动学生参与课堂的积极性、主动性。

## （一）导入新课

教师播放一段线虫相关的视频，让学生初步认识线形动物的基本特征。展示一组图片（蛔虫、丝虫、钩虫、线虫），让学生了解线性动物因体型细长如线得名，并围绕这四种动物导入生活实例，如"小时候对蛔虫病的预防措施"，引发学生对生活的关注与思考，让学生带着问题去阅读课本。

## （二）讲授新课

首先，展示一组蛔虫的图片，学生观察图片并自行阅读教材相关内容，完成表格（形态结构、生活习性、生殖特点、运动器官），在教师的引导下总结线虫的主要特征，即体表有角质层、消化结构简单、生殖器官发达，因此营寄生生活。教师播放人类感染寄生虫的相关视频，结合蛔虫的生活史，倡导学生在日常生活中注意卫生，养成良好的饮食和生活习惯。

其次，提出问题：蚯蚓也是细长的，为什么不是线形动物而是环节动物？激起学生的疑惑。接下来进入实验探究的环节。播放事先准备好的观察蚯蚓的实验视频，引导学生逐步观察，深入认识。教师逐步提出相关问题：蚯蚓的外部形态是怎样的、是否分节、如何区分前后端、是否是两侧对称；蚯蚓是如何运动的；蚯蚓表面的黏液有什么作用；蚯蚓是如何呼吸的；蚯蚓如何取食和消化。学生以小组形式展开讨论并提出自己的见解，最后在教师的引导下进行总结。

## （三）总结提升

教师解释沙蚕、蛭及蚯蚓对人类生活产生了哪些影响，引导学生体会线形动物和环节动物与人类生活之间的关系，扩大学生的知识面，加深对知识的理解和迁移运用；同时进行情感教育，引导学生形成爱护自然的良好品质，重视饮食和生活习惯，培养良好的社会责任感。

## （四）学以致用

从生活中来到生活中去，让学生做技术员，解决问题：某校兴趣小组的同学采集了许多蚯蚓，想对蚯蚓进行饲养观察，你认为他们为蚯蚓提供什么样的环境条件？

## 五、板书设计

本节课以提纲式板书为主，主要内容如下。

线形动物和环节动物

1. 线形动物的主要特征
   （1）身体细长，呈圆柱形；体表有角质层；有口有肛门
   （2）代表动物：蛔虫、钩虫、丝虫、线虫等
2. 环节动物的主要特征
   （1）身体呈圆筒形，由许多彼此相似的体节组成；靠刚毛和疣足辅助运动
   （2）代表动物：蚯蚓、沙蚕、水蛭等

## 第三节

## 《软体动物和节肢动物》说课稿

本节说课的主题依托2019人教版生物学八年级上册第五单元第一章第三节"软体动物和节肢动物"。说课的内容划分为五个部分：说教材、说学情、说教学法、说教学过程和说板书设计。

## 一、说教材

### （一）教材分析

本节主要包括两方面的内容，分别讲述软体动物和节肢动物及其与人类生活之间的关系。软体动物和节肢动物是无脊椎动物中进化程度最高的两大类，且都是动物界中比较大的两个类群，学生在日常生活中接触较多，如鱿鱼、螃蟹等，与我们的生活息息相关。这一节内容对于学生了解动物的进化、认识大自然、树立正确的健康观念，以及进一步认识生物的多样性及形态结构与功能相适应这一观点具有重要意义。

### （二）教学目标

（1）知识目标：能够认识软体动物和节肢动物，并概述软体动物和节肢动物主要特征及它们和人类生活的关系。

（2）能力目标：通过观察思考、合作交流，初步学会科学探究和归纳总结的一般方法，能够在教师的引导下，推测并总结软体动物和节肢动物的主要特征，培养科学思维和合作能力，提高分析问题、解决问题的能力。

（3）情感态度与价值观目标：通过学习本节，充分认识这两个动物类群与人类生活的关系，逐步养成良好的生活与卫生习惯，确立积极的生活态度，树立生物体结构与功能相适应的观点，养成保护自然环境的良好品质。

### （三）教学重难点

（1）教学重点：软体动物和节肢动物的主要特征及两类动物与人类生活的关系，初步形成生物体结构与功能相适应的观点。

（2）教学难点：两种类群动物的区别及其适应生活环境的主要特征。

## 二、说学情

学生在前两节的动物类群的学习中，已明确结构与功能相适应的生物学观点，通过本节课的学习，会进一步认同这一观点。本节知识点比较琐碎，课堂容量大。虽然软体动物和节肢动物是常见动物类群，但现实生活中，他们接触这些动物的机会并不多。所以教师应注意多从生活实际出发，通过调查、分析和讨论、观察归类、分组讨论、完成习题等自主、合作的学习活动，加强感性认识，使学生易于理解和掌握，培养学生观察生活、明确科学与生活紧密相联的观点，从而达到深入学习的目的。

## 三、说教学法

### （一）说教法

本节课主要运用启发式教学方法，小组合作学习，启迪学生思维，调动每个学生的积极性；同时利用多媒体等现代教育手段，采用直观教学法，通过图片和视频，让学生在真实情境下观察、思考、归纳总结，深入了解软体动物和节肢动物。在直观教学中，学生与教师在课余时间合作收集、整理和设计，不仅可以营造良好的师生氛围，也有利于提高学生查阅资料的能力，加深对课本内容的理解，培养学生的合作精神。

### （二）说学法

本节课采用探究学习、合作学习法和分析归纳等方法，让学生通过观察、阅读分析等形成进行自主探究，并以小组为单位进行讨论、分析和归纳，让每一位学生参与教学活动，挖掘学生的潜能，调动学生的积极性和主动性，培养学生自主学习的能力。

## 四、说教学过程

### （一）导入新课

基于学生的生活经验，展示烧烤摊上的烤鱿鱼、水族馆的章鱼等图片，吸引学生的注意，引导学生进入新课的学习。

首先用多媒体展示一组软体动物图片（扇贝、牡蛎、章鱼），结合教材中的"想一想，议一议"，让学生思考长有这些贝壳的动物是什么样的，坚硬的贝壳是否会妨碍他们的运动等问题，由此引入软体动物的教学主题。引导学生总结这些动物的大体特征，随后提出软体动物这一概念，介绍这是动物界的第二大类群。在讲完软体动物主题后，展示虾、蟹、蝗虫、蝉等动物图片，让学生复习刚刚学过的软体动物的特征，判断这些动物是否为软体动物，指出它们的突出特征。

### （二）讲授新课

在软体动物的学习中，教师利用多媒体展示缢蛏内部结构图，要求学生以小组为单位展开探究，了解软件动物的贝壳的作用、如何运动、如何呼吸以及如何获取食物。探讨结束后，播放事先准备好的缢蛏生活的相关视频，验证学生的猜想，强化学习。学生在教师的引导下对软体动物的主要特征进行总结。

在节肢动物的学习中，首先展示一组图片（蚕、蝗虫、螃蟹、虾），让学生简单概括节肢动物的特点，随后提出更深入的问题引发学生思考，进而展开新课。学生以小组为单位对教材中的"观察与思考"进行探讨并完成表格；教师注意巡视走动，与个别小组成员互动交谈，并以讨论导向表的形式记录讨论的内容。学生通过对多个动物的观察，总结节肢动物的共同特征。最后展示蝗虫示意图，逐步讲解蝗虫的每个部位，重点强调蝗虫如何呼吸及气体是如何进入气管的。整个过程由教师主导，充分发挥学生的主体性，激发学生学习的主动性，培养学生的科学探究精神。

### （三）拓展延伸

使用多媒体展示软体动物和节肢动物与人类生活的关系，主要从有利和有害两个方面进行讲述。在这个过程中鼓励学生思考，发散思维，回想这些动物在生活环境中的作用，引导学生辩证地看待动物与人类的关系。

### （四）总结提升

采取互动的方式引导学生总结比较软体动物和节肢动物的主要特征和区别，找学生完善黑板上两类动物的比较表格，再由教师和学生相互补充，共同完善，以提高学生的自我学习和归纳的能力。

## 五、说板书设计

本节课以提纲式板书为主，主要内容如下。

软体动物和节肢动物

1. 软体动物
   （1）主要特征
   （2）与人类的关系
   　　① 有利

②有害
2. 节肢动物
（1）主要特征
（2）与人类的关系
①有利
②有害

# 第四节

## 《鱼》说课稿

本节说课的主题依托 2019 人教版生物学八年级上册第五单元第一章第四节"鱼"。说课的内容划分为五个部分：说教材、说学情、说教学法、说教学过程和说板书设计。

## 一、说教材

### （一）教材分析

八年级上册第五单元第一章依据有无脊椎，分别介绍了 11 个动物的主要类群。教材前三节介绍了无脊椎动物，分别是腔肠动物和扁形动物、线形动物和环节动物、软体动物和节肢动物；后四节为脊椎动物，在介绍脊椎动物时又按照进化的顺序，从水生到陆生、从低级到高级、从简单到复杂依次向学生展示。其中，鱼类是脊椎动物中较低等的、终生生活在水中的一个类群，也是在脊椎动物中种类占比最大的一个类群。鱼与学生们的实际生活息息相关，被学生所熟知。鱼为人类提供多种用途，是与人类生活密切相关的动物资源。

教材把本节设为脊椎动物的第一节，对于学生走入脊椎动物的学习起到很好的引领作用，也让学生体会到动物与人类的密切关系，因此在教材中占据着十分重要的地位。

### （二）教学目标

（1）知识目标：能够说出无脊椎动物和脊椎动物的区别，概述鱼的主要特征以及鱼与人类生活的关系。

（2）能力目标：通过学习鱼的形态结构特征，提高分析信息的能力；通过学习鱼的呼吸和运动实验，培养实验能力和分析能力。

（3）情感态度与价值观目标：通过学习鱼的形态结构等知识，进一步树立生物体的结构与功能相适应、生物体与环境相适应的观点；通过了解鱼与人类生活的关系，增强保护环境、保护生物资源的意识。

### （三）教学重难点

（1）教学重点：无脊椎动物和脊椎动物的区别；鱼的主要特征；鱼和人类生活的关系。
（2）教学难点：鱼的观察实验、鱼的呼吸和运动实验。

## 二、说学情

教学的对象是八年级学生，经过一年的学习，八年级学生对生物的学习有了一定的基础；且他们的好奇心比较强，有些同学也有过养鱼的经验，对鱼这一生物有自己的理解。因此教师应多结合生活实际，激发学生的探究心理。而且，他们已经积累了一定的生活经验和常识，只不过还不懂有些现象和问题的原理。因此本节课应结合教材和生活实际情景带领学生进行学习，在满足学生求知欲的同时将理论知识教授给他们，帮助学生建立结构与功能相适应的观念。

## 三、说教法

结合以上的过程，采用谈话法、直观教学法、小组合作学习的方法，引导学生自主发现、小组讨论、归纳总结。

## 四、说教学过程

### （一）导入新课

利用多媒体向学生展示前几节课所学的动物类群，随后展示接下来将要学习的鱼、两栖动物、哺乳动物的图片，引出脊椎这一名词。通过复习旧知识，引导学生了解前几节所学生物为无脊椎动物，进而引出脊椎动物。请学生列举自然界里的其他脊椎动物，通过举例的方式，强化学生对脊椎动物概念的理解，也有助于进一步深化对无脊椎动物的理解。最后，教师和学生一起做系统化的总结梳理，提升学生对脊椎动物和无脊椎动物的认识，帮助学生进行区分。

### （二）讲授新课

展示一组鱼的图片，并讲解：在所有脊椎动物中，鱼是种类最多的，也是在脊椎动物中进化程度最低的，可分为淡水鱼和海水鱼。通过提问的方式让学生作答所知道的淡水鱼和海水鱼的种类，提高课堂活跃度。随后进入本节课的重点内容，鱼是如何运动和呼吸的。

首先给学生两分钟的时间阅读教材，结合课件共同完成填空（鱼的体型、体色、体表），总结：鱼体型呈流线型，体表附有黏液，可减少运动时的阻力。教师提问：鱼是如何运动的呢？展示鱼的示意图，对鱼的各个部位进行讲解并明确其作用，帮助学生形成结构与功能相适应的观点。同时结合实际例子，提问学生当人靠近鱼时，鱼会迅速游走的原因是什么。

经过教师讲解,学生理解鱼的"侧线"可感知水流变化测定方向,鱼不靠眼睛感知身边的动静。

其次教师播放一段探究鱼呼吸的实验视频,提出问题串:鱼呼吸时,水从哪里流入,从哪里流出?流入的水和流出的水中所溶解的气体成分有哪些变化?鱼鳃的哪些特点对它在水中呼吸是至关重要的?提出问题之后,要求学生认真观察鱼的呼吸并展开小组讨论,教师注意巡视走动,与个别小组成员互动交谈。学生通过观察鱼的运动和呼吸,交流自己的观察结果,基本了解鱼在呼吸时,水从口中流入,从鳃盖后缘流出,口和鳃盖交替张合。整个过程中,学生的理解会层层递进,不断提高,对于研究生物学的兴趣与激情也不断得到提升。

最后教师从"如鱼得水""相濡以沫"等成语出发提出问题:为什么鱼离开水后会死亡?部分学生认为是干死的,这是错误的先验知识;随后教师解释鱼离开水后鳃丝会粘连在一起,与氧气接触的面积减少,鱼由于缺氧窒息而亡。同时,也以言传身教的方式向学生示范要爱护小动物的理念,了解动物与人类生活的关系。

### (三)总结提升

利用多媒体展示表格,对前面所学的与鱼相关的知识进行总结,包括:生活环境、体型、体表、运动和呼吸,查缺补漏,加深理解。

### (四)巩固提升

展示一组图片(鲨鱼、章鱼、海马、鱿鱼、海豚)请学生判断这些生物是否属于鱼类。结合鱼的主要特征进行判断和分析,加深学生对鱼的了解。

## 五、说板书设计

本节课以提纲式板书为主,主要内容如下。

**鱼**

1. 无脊椎动物和脊椎动物
   (1)概念
   (2)区别
2. 鱼的主要特征
   (1)形态特征:流线型,减少水的阻力
   (2)体色:背深腹浅,有保护作用
   (3)体表:鳞片和黏液,有保护、减小阻力的作用
   (4)侧线:测定方向,感知水流
   (5)鳃:呼吸器官
   (6)鳍:运动器官
3. 鱼的呼吸
4. 鱼的运动
   (1)尾鳍:稳定身体、推动前进、控制方向

（2）骨骼：保护和支持身体

（3）鳔：帮助鱼在不同的水层间游动

5. 鱼与人类的关系

（1）鱼的种类（2.4万种）及作用（食物、滋补品等）

（2）鱼类资源的现状及保护措施

（3）四大家鱼：鳙鱼、鲢鱼、草鱼、青鱼

# 第五节

## 《两栖动物和爬行动物》说课稿

本节说课的主题依托2019人教版生物学八年级上册第五单元第一章第一节"两栖动物和爬行动物"，说课的内容划分为五个部分：说教材、说学情、说教学法、说教学过程和说板书设计。

## 一、说教材

### （一）教材分析

本节课主要学习两栖动物和爬行动物两个类群。上一节讲述了较低等的脊椎动物——鱼，鱼只有在水中才能生存，而本节的两栖动物是从水生开始向陆生过渡的一个类群，具有初步适应陆地生活的结构特征；先有的两栖动物，再有的爬行动物。它们的关系体现了动物进化的方向，即生物进化从低等到高等，从水生到陆生的自然进化规律。这一节内容对于学生了解动物的进化、认识生物的多样性以及生物的形态结构与功能相适应这一观点具有重要意义。

### （二）教学目标

（1）知识目标：认识青蛙和蜥蜴的结构及其功能；掌握两栖动物和爬行动物的主要特征；了解两栖动物、爬行动物与人的生活的关系。

（2）能力目标：通过观察图片、观看视频，培养观察力、分析归纳的能力；通过小组合作学习，培养科学思维和合作能力，提高分析问题、解决问题的能力。

（3）情感态度与价值观目标：初步形成动物体的形态结构、生理机能及生活习性与其生活环境相适应的基本生物学观点；了解两栖动物和爬行动物与人类的生活关系，树立学生保护野生动物，保护环境的意识。

### （三）教学重难点

（1）教学重点：两栖动物的概念；归纳两栖动物、爬行动物的主要特征以及它们与人类生活的关系。

（2）教学难点：两栖动物的概念；青蛙的形态结构特点。

## 二、说学情

　　八年级学生大多处在一个比较活泼好动的年龄，他们好奇心强，思维活跃，想象力丰富。前面学习其他动物类群为本节课的学习打下基础，加之大多数学生认识两栖动物如青蛙和爬行动物如龟、蛇等，所以学生学习起来应该比较轻松。通过前面的学习，学生已经具备了一定的观察能力、探究能力和合作能力。关于两栖动物和爬行动物，学生在生活中已有一定的了解，但是这些前概念不一定正确，对于两种动物的具体特征和根本区别也存在疑惑，需要教师进一步加以纠正和引导。

## 三、说教学法

### （一）说教法

　　本节课主要运用启发式教学方法、小组合作学习，启迪学生思维，调动每个学生的积极性；同时利用多媒体等现代教育手段，采用直观教学法，通过图片和视频，让学生在真实情境下观察、思考、归纳总结，深入了解两栖动物和爬行动物。通过师生合作、学生讨论的方式一起探讨两栖动物和爬行动物的主要特征。最后完成两栖动物和爬行动物特征的比较表，进行教学反馈。

### （二）说学法

　　在学习上采用探究、合作学习法和分析归纳等方法，让学生通过观察、阅读分析等途径进行探究和讨论，并以小组为单位讨论、分析和归纳，让每一位学生参与教学活动，充分挖掘学生的潜能，调动积极性和主动性，培养学生自主学习的精神。在学习的过程中注重对比和联系生活实际，这样才能将两栖动物和爬行动物的主要特征学透、学扎实。

## 四、说教学过程

### （一）导入新课

　　采用故事导入，讲述小蝌蚪找妈妈的故事，以吸引学生注意力。小蝌蚪有尾巴，用鳃呼吸，生活在水中，却没有鱼鳍，据此提出问题：蝌蚪属于鱼类吗？引发学生思考，进而引出本节新课两栖动物。

### （二）讲授新课

　　播放探究青蛙的视频，并展示青蛙示意图，让学生在阅读完相关内容后在教师的引导下辨认青蛙的各个部位，并深入理解其形态结构（身体、体色、体表、前肢和后肢、鼓膜、鼻孔）及其功能。随后以小组的形式共同探讨，找出青蛙适应水生生活和陆生生活的特征。教师注意巡视走动，与个别小组成员互动交谈。紧接着学习青蛙是如何呼吸的，探究青蛙的生理特征（体外受精、变态发育），探讨青蛙的一生离不开水的原因。用一组图片展示生活中常见的两栖动物（蟾蜍、蝾螈、娃娃鱼），进行知识的拓展。最后总结两栖动物的主要特征加深理解，简述两栖动物在人类生活中的作用。

教师向学生提问：壁虎、鳄鱼和乌龟、蛇是两栖动物吗？以此过渡到爬行动物的学习。爬行动物的学习以蜥蜴为例，教师展示蜥蜴的示意图，讲解其形态结构、呼吸方式和生殖方式，并引导学生对爬行动物的特点进行归纳总结。最后，对两栖动物和爬行动物的四个方面特征进行比较：身体分部；皮肤和覆盖物；呼吸；生殖和发育。随后教师引导学生思考，对比两栖动物，爬行动物才是真正成为陆生脊椎动物的原因。以此对总结的特点巩固吸收，加深理解。

### （三）总结提升

最后进行简单的课堂小结，共同探讨两栖动物和爬行动物与人类生活的关系，使学生更深刻地理解理论在实际生活中的应用，并且逐渐地培养学生具有良好的个性，引导学生树立保护自然的意识。

## 五、说板书设计

本节课以提纲式板书为主，主要内容如下。

**两栖动物和爬行动物**

1. 两栖动物
   （1）主要特征：幼体生活在水中，用鳃呼吸；成体生活在陆地，也可在水中游泳，用肺呼吸，皮肤辅助呼吸
   （2）与人类的关系：保护农作物、食用
2. 爬行动物
   （1）主要特征：体表覆盖鳞片或甲；用肺呼吸；在陆地产卵，卵表面有坚韧的卵壳
   （2）与人类的关系：食用、药用、有些有毒

## 第六节

## 《鸟》说课稿

本节说课的主题依托 2019 人教版生物学八年级上册第五单元第一章第六节"鸟"，说课的内容划分为五个部分：说教材、说学情、说教学法、说教学过程和说板书设计。

# 一、说教材

## （一）教材分析

本节课是第一章第六节"动物的主要类群"的部分内容，主要学习鸟的主要特征、鸟是如何适应飞行的以及鸟与人类生活的关系。在此之前，学生逐步建立了动物的结构与功能相适应的观点，本节将继续探究鸟是如何与飞行生活相适应的。教材首先展示生活在不同环境下的鸟类，开拓学生视野，聚焦学生的注意，通过"观察与思考"帮助学生逐步了解鸟的特征及与生活环境之间的联系；随后展开探究"鸟适于飞行的形态结构特点"，并按照逻辑顺序由外到内进行观察与探究；最后展示鸟类与人类生活的关系，培养学生爱鸟护鸟、保护自然的观念。学生在掌握本节的知识与技能的同时，也为学习第二章"动物的运动和行为"打下良好的基础，起到承上启下的作用。

## （二）教学目标

（1）知识目标：能够简述鸟类的主要特征，阐明鸟适于空中飞行的形态结构特点。
（2）能力目标：通过对"鸟适于飞行的特点"的探究，培养学生发现问题、分析问题和解决问题的能力。
（3）情感态度和价值观目标：培养学生爱护动物、热爱大自然的情感态度；逐步建立生物体的结构与功能、形态结构与生活环境相适应的观点。

## （三）教学重难点

（1）教学重点：鸟类的主要特征；鸟适于飞行的形态结构特点和生理功能特征。
（2）教学难点：鸟适于飞行的形态结构特点和生理功能特征。

# 二、说学情

八年级学生好奇心强，已能够开始自主学习，再加上已经学习了一年的生物，有了一定学习和探究的基础，能够在生活中和学习上通过自己的观察和思考获得一些直接或间接经验。本节主要讲述鸟的主要特征和鸟适应飞行的特点，学生已经具备了某些与鸟相关的知识，但是对鸟类是如何适应飞行等问题依旧存在疑惑。兴趣是最好的老师，本节通过鸟类的迁徙提出鸟为什么会有这么强的飞行能力从而引入新课。展示多种多样的鸟类，播放观察鸟类的视频，可激发学生的学习兴趣，增强学生的求知欲，有效地展开教学。

# 三、说教学法

## （一）说教法

新课程理念强调"学生是学习的主人，教师是学习的组织者，引导者与合作者"。因此，为了更好地突出重点、突破难点，在教法上主要运用启发式教学方法，并运用多媒体进行教学，采用直观教学法，通过图片和视频，增加教学的新颖性和趣味性。

### （二）说学法

采取小组合作学习的形式，引导学生通过所创设的情景获取知识，突出学生主体地位，充分调动每一名学生，让他们主动参与课堂，培养学生的自学能力、思维能力、交流合作的能力，促使学生在交流中解决问题，培养学生的团结协作的精神。在学习的过程中要注重与生活实际相结合，培养学生爱护动物、保护自然的情感。

## 四、说教学过程

### （一）导入新课

采用问题导入：有些鸟类可以在南北半球之间迁徙往返，它们为什么可以飞？为什么会具有这么强的飞行能力？学生根据自己的认知会回答鸟类有翅膀所以能够飞行，教师进而提出为什么人的双臂附上人工翅膀却飞不起来呢？从而引出鸟在飞行时需要克服的困难，引出本节课主题。

### （二）讲授新课

分别展示"观察与思考"中出现的鸟类图片，引导学生以小组为单位，从喙的特征、足的特征、食性和生活环境四个方面展开讨论，完成课本中的表格；通过对所观察的这几种鸟类进行两两比较，思考这几种鸟类的形态特征及食性是否与生活环境或功能相适应，帮助学生逐步建立结构与功能观。

播放鸟类迁徙的视频，教师提问：大部分鸟类都会飞行，那么鸟类是如何与飞行生活相适应的呢？教师按照逻辑顺序，分别从鸟类的外部特征、内部特征和生理特征三大部分进行讲解。首先讲解鸟类的外部特征：通过与前面所学的鱼类进行对比，发现二者体型均为流线型，因此其作用是可以减少飞行时的阻力，既学习了新知识也巩固了旧知识；继续观察鸟的前肢，发现其前肢为翼，身体覆有羽毛（正羽、绒羽），在这个过程中可以结合生活实际，提问学生为什么冬天所穿的羽绒服又轻又保暖，引导学生理解羽毛的作用。接着讲授鸟类的内部特征：展示鸟的胸肌示意图，引导学生发现鸟类的胸肌较为发达，且占了总体重的1/5，作用是能为振翅提供强大的动力；进而展示鸟的骨骼，发现胸肌附着的骨头比较特殊，称为龙骨突，能够增大胸肌附着的面积，并且鸟的骨骼中空，片薄且轻，仅占体重的5%~6%，极大地减轻了鸟的体重。最后讲授生理特征：鸟的食量很大，消化系统发达，无牙齿，直肠短，排出粪便的速度快；鸟的呼吸是双重呼吸，靠肺和气囊共同作用；可以看出在鸟类飞行的过程中需要大量的营养和氧气，进而引出鸟类需要一个强大的循环系统，心跳频率也很快，引导学生理解恒温动物与变温动物的区别。

最后提问学生知道哪些鸟类与人类生活之间的关系，鼓励学生主动思考，发现生活中的例子，提高课堂活跃度。用图片的方式展示学生所说的关系，加深学生对知识的理解。

## （三）总结提升

结合多媒体，以填空的形式将本节课所学的关于鸟类的特征、鸟如何适应飞行生活等内容展示出来；采用互动的方式，鼓励学生踊跃回答，共同总结本节知识。

## （四）布置作业

练习是使学生掌握知识形成技能发展智力的重要手段，因此设计练习时尽量地做到科学、合理，体现一定的层次性和针对性，难易适中。

# 五、说板书设计

本节课以提纲式板书为主，主要内容如下。

鸟

1. 鸟的主要特征
   体表覆羽，前肢变成翼，有喙无齿，有气囊辅助肺呼吸
2. 鸟适于飞行的特点
   （1）体形为流线型——可减小飞行阻力
   （2）体表被覆羽毛——保温和飞行
   （3）前肢变成翼——扇形适于扇动空气
   （4）胸肌、龙骨突发达——适于完成飞行动作；骨骼中空——可减轻身体比重
   （5）体温高而恒定——释放大量能量，适于飞翔
3. 鸟与人类生活的关系

# 第七节

# 《哺乳动物》说课稿

本节说课的主题依托2019人教版生物学八年级上册第五单元第一章第七节"哺乳动物"，说课的内容划分为五个部分：说教材、说学情、说教学法、说教学过程和说板书设计。

# 一、说教材

## （一）教材分析

本节介绍哺乳动物的主要特征、哺乳动物与人类生活的关系两方面内容。从整体来看，本章主要按照动物从简单到复杂、从水生到陆生、从低等到高等的进化顺序依次展开。哺

乳动物作为脊椎动物中最高等的动物类群被安排在这一章的最后面，经过前几节内容的引导和铺垫，学生能够更好地理解哺乳动物的主要特征及这些动物与人类生活之间的关系，同时也为以后学习动物的运动和行为作了引导和铺垫，起到承上启下的关键作用。此外，教材使用了许多精美的插图，不仅使动物的形象变得立体生动，也提高了学生阅读和学习的兴趣。关于哺乳动物和人类生活的关系，教材列举了一些实例，既体现了有益的一面，也呈现了对人类有害的一面，引导学生从不同的角度看待问题，培养辩证思维。本章最后展示与生物学有关的职业，拓宽学生的视野，为学生未来就业和选择合适的目标起到重要作用。

### （二）教学目标

（1）知识目标：认识常见的哺乳动物；概述哺乳动物的主要特征；描述哺乳动物与人类生活的关系。

（2）能力目标：通过兔和狼牙齿的比较，培养学生的对比分析的能力，提高学生的观察力以及归纳总结的能力。

（3）情感态度和价值观目标：提高学生爱护动物，保护自然的意识；强化学生树立生物与其生活环境相适应的观点。

### （三）教学重难点

本节课的核心是哺乳动物的主要特征，虽然学生在日常生活中见过不少哺乳动物，但是对哺乳动物还是缺乏科学合理的认识，对哺乳动物与人类生活的关系的了解也很有限，所以本节课的重点为识记哺乳动物的主要特征，难点为识记哺乳动物的特征和描述哺乳动物与人类生活的关系。

（1）教学重点：哺乳动物的主要特征；哺乳动物与人类生活的关系。

（2）教学难点：哺乳动物的主要特征；兔与狼牙齿的比较。

## 二、说学情

八年级学生活泼好动、求知欲强，对身边的事物充满了好奇心。学生在日常生活中能够见到不少哺乳动物，如兔子、小狗、小猫等，对于这些动物，他们有很多感性的认识，但是对于哺乳动物这一抽象的概念理解还不透彻；再加上前面学习了许多动物类群，对与之相关的学习方法已经逐渐熟悉，具备了自主学习和独立思考的能力。因此本节课应充分利用学生已有的知识经验，遵循学生的认知发展规律，运用适当的教学策略，帮助学生将新知识有效地整合进原有的知识网络中，丰富和发展学生的知识体系；最后，注重与学生的生活实际相联系，丰富学生的认知，提高生物学科学素养。

## 三、说教学法

### （一）说教法

本节课所讲述的动物类群对学生来说较为熟悉，并且学生对其已有自己的见解，但还缺乏理性的思考和认识。教师应采取启发式、谈话法等教学方法，以学生为主体，引导学生主动思考，学会学习。运用多媒体，采用直观的教学手段能够为学生创设真实的学习情景，提高学生学习兴趣，增强真实感。

### （二）说学法

教师引导学生开展探究活动和合作学习，充分调动学生的各种感官系统，让学生主动参与课堂，启迪学生思维，激发学习热情，让学生通过观察、思考、分析综合等一系列思维活动，逐渐认识哺乳动物的主要特征及其与人类生活的关系。

## 四、说教学过程

### （一）导入新课

利用多媒体向同学们展示一组图片，包含小狗、大象、鲸等动物，适时引出哺乳动物这一概念，同时提出问题：这些动物所处的生活环境相差巨大，动物形态也各不相同，为什么还会被统称为哺乳动物呢？利用问题引发学生思考，将其注意力集中到课堂上。

### （二）讲授新课

本节课的学习内容有两大部分：哺乳动物的主要特征及哺乳动物与人类生活的关系。哺乳动物的主要特征是本节课的教学重难点，应按照哺乳动物的生殖方式、体型特征、牙齿特点、神经系统和感觉器官及体温是否恒定的顺序逐步深入，展开教学。

首先向学生展示一组哺乳动物的图片，学生在观察后说出这些动物在利用乳汁哺育后代。教师进一步提问：哺乳动物作为高等生物，利用乳汁抚养后代有什么优越性吗？展示母乳的主要成分表，引导学生了解母乳中含有大量的营养物质，包括各种必需和非必需氨基酸，能够为幼崽的生长发育提供优越的营养条件；并且亲代在哺乳的过程中也能很好地保护幼崽；使学生明确哺乳这一行为的意义。接着向学生展示一组人类胎儿的图片，引导学生学习哺乳动物的生殖方式——胎生。要注意将胎生与前面所学的卵生进行比较，不仅加深学生对胎生的理解，帮助学生复习旧知识，同时也通过比较使学生更清晰地理解胎生的生殖方式所具有的优势。

教师展示北极熊、狐狸、马等哺乳动物的图片，询问学生：这些哺乳动物还有哪些特点适合在多样的环境中生存？引导学生将注意力放动物的皮毛上。结合不同的动物分析它们的毛发的作用，再次强调生物的形态结构与生活环境相适应的观点。接下来学生以小组合作的形式对教材中的"观察与思考"进行探究。教师展示兔和狼的牙齿平面图，让学生从牙齿的形状、结构等方面展开探讨，发现二者的不同并自行解释原因。教师在小组讨论的时候注意来回走动和聆听，必要时给予一定点拨。讨论结束后各小组分享自己观察的结果。教师结合"观察与思考"中的三个问题，总结哺乳动物牙齿的分化特点及作用，加深理解。教师播放一段老虎捕食的短视频，学生惊叹老虎灵敏的感知能力和迅猛的反应，教师基于这些理解引出哺乳动物具有发达的神经系统和感觉器官。最后讲述哺乳动物是恒温动物，再次巩固旧知识。

此时，学生对哺乳动物有了更深层的理解，教师在此基础上鼓励学生主动思考生活中的哺乳动物对人类的意义。学生回答后教师及时给予反馈，再通过多媒体对该知识进行拓展延伸。

### （三）总结提升

用三分钟的时间对本节课的知识进行总结，帮助学生构建知识框架，深刻理解哺乳动物的含义及主要特征，了解其与人类生活的关系。再通过随堂练习进行巩固提升。

## 五、说板书

本节课以提纲式板书为主，主要内容如下。

哺 乳 动 物

1. 哺乳动物的主要特征
2. 哺乳动物与人类生活的关系

# 第八节
# 《动物的运动》说课稿

本节说课的主题依托 2019 人教版生物学八年级上册第五单元第二章第一节"动物的运动"，说课的内容划分为五个部分：说教材、说学情、说教学法、说教学过程和说板书设计。

## 一、说教材

### （一）教材分析

本节主要讲述运动系统的组成，骨、关节、肌肉的协调配合。本章在导语部分展示了一系列动物的行为，并由动物的行为引出运动。学生通过学习运动系统的组成，揭示动物运动的本质，明确动物的运动依赖一定的身体结构，加深学生对动物适应生存环境的理解，同时为下一节"先天性行为和学习行为"内容的学习作铺垫，起到承上启下的作用（段文慧，2022）。教师要帮助学生形成"动物因逃避敌害、争夺食物和栖息地、完成繁殖所进行的运动，是在神经系统和内分泌系统的调节下，由骨、关节、肌肉的协调配合共同完成的"的重要概念；帮助学生在学习过程中理解结构和功能的统一性，并组织学生到周围环境中去观察动物的运动和行为，培养学生的观察能力，激发学习兴趣（陈勇鹏 等，2022）。

### （二）教学目标

（1）知识目标：理解动物的运动依赖一定的结构；明确运动系统的组成以及骨、关节、肌肉协调配合完成运动的过程；理解动物运动系统和其他系统之间的联系和区别；理解哺乳动物的运动依赖于多个系统，形成系统的整体性观点，及哺乳动物的结构和功能相统一的观点；探讨动物运动对动物生存的意义。

（2）能力目标：通过观察关节模型，培养学生观察能力、逻辑思考能力；通过小组讨论，提高学生表达与交流的能力；系统复习具体情境中运动的形成。分析、判断、推理运动的调控，培养科学素养，探讨、阐释生命现象及规律，解决实际问题。

（3）情感态度和价值观目标：了解自身身体结构，注重健康生活，通过跑操情境的创设，养成"坚持每天锻炼一小时，健康生活一辈子"的良好习惯。

### （三）教学重难点

（1）教学重点：理解动物运动系统的组成以及它们之间的协调配合。

（2）教学难点：骨、关节和肌肉的协调配合产生运动。

## 二、说学情

学生在上一章学习了许多动物类群，对大部分动物的基础知识有了初步了解，同时也形成了动物的形态结构与生活环境相适应的观念，具备了逻辑思考能力，因此对本节内容的学习有了一定的基础。这一阶段的学生正处在个体生长发育的关节时期，他们的求知欲强、思维活跃，对自己的生理结构也充满好奇，教师可以充分利用学生的这一心理特点，培养学生良好的学习习惯，引导学生形成生物学科学素养。学生已经学习了人体各系统相关知识以及动物的主要类群，能列举动物多种多样的运动形式，理解动物运动系统的组成以及骨、关节、肌肉的协调配合；还需要对动物运动的结构基础和运动的本质再认识，强化生物体结构和功能相适应的生命观念。因此，对"哺乳动物的运动依赖于多个系统的配合"这一概念进行解释、应用，既是本节内容的教学重点，也是教学难点。

## 三、说教学法

### （一）说教法

为了较好地达到学习目标，突出重点、突破难点，本节课主要采用直观教学法、问答法和活动探究等教学方法。本节课的内容与学生自身息息相关，学好这节课对学生理解人体运动有重要作用，因此可使用视频、图片和模型等向学生呈现无法直接观察的事物，引导学生集中注意力，激发学生的学习兴趣；通过不断激疑的方式，引导课堂步步深入，最终帮助学生加深理解，培养合理健康的生活态度。

## （二）说学法

学生以小组形式共同探究模型，培养自学能力、思考能力以及表达与交流的能力。

# 四、说教学过程

## （一）复习导入

采用复习旧知识的方式进行导入，回顾前面几节学习的动物类群，以表格的形式引导学生回答鱼、爬行动物、鸟类以及哺乳动物各自的运动方式及运动器官。这一过程起到复习和总结的作用。结合这一内容引出本节课的相关主题：动物是如何运动的。

## （二）讲授新课

### 1. 运动系统的组成

先让学生摸一下自己的胳膊并谈谈自己摸到了什么，激发学生对自身构造的兴趣和求知欲，迅速进入课堂。学生回答摸到了肉、骨头，教师根据学生的回答给出评价与总结，并展示骨、关节、肌肉的示意图。

首先是对骨的认识。教师用多媒体向学生展示家兔骨骼的示意图，学生以小组合作探究的形式，探究家兔的骨骼分别对应了人体哪些部位的骨骼，使每个学生参与课堂，提高本节课的活跃程度。探究完成后各组分享自己的看法，教师及时给予反馈和点评。随后，教师用多媒体展示完整的人体骨骼的示意图，总结和学习重要骨骼的相关知识。其次是对关节的学习。教师展示关节的示意图，分别讲解关节的各个结构和作用。由于教材上关节的示意图简单抽象，教师展示实物教具并与教材中的简略示意图作比较，引导学生找到对应的结构。在学生了解关节后，教师提出问题：脱臼是如何造成的？教师在解答这一问题时结合生活实际，潜移默化地影响学生，帮助他们形成健康生活的习惯，懂得如何在日常运动时保护自己的关节。最后是对肌肉的了解。教师展示肌肉示意图，讲解肌肉是如何附着在骨骼上的。

### 2. 骨、关节和肌肉的协调配合

教师拿出事先准备好的模型，向学生展示骨、关节、肌肉是如何运动的，通过直观的方式，使学生近距离观察并思考，进而深入理解三者之间的关系。随后教师播放曲肘和伸肘的视频，分别讲解肱二头肌和肱三头肌的状态。为了加深理解，巩固所学的知识，教师提出几种动作，师生共同分析肱二头肌和肱三头肌都处在什么样的状态。

### 3. 运动受神经系统的调控以及其他系统的协调

教师出示小组讨论题目：运动的完成需要哪些系统的参与？学生讨论并汇报，教师在这个过程中注意引导和聆听，最后进行总结，使学生做到学以致用，将所学的知识联系起来，逐步构建与之相关的知识体系，进一步增强探究精神和总结归纳的能力。

## （三）拓展延伸

（1）骨骼肌受到神经传来的刺激收缩时，就会牵动着它所附着的骨，绕着关节活动，于是躯体的相应部位就会产生运动。

（2）运动完成的条件：结构完整和各系统协调合。

### （四）课堂小结

动物的运动依赖的一定的结构基础，就是运动系统。动物的运动还要受神经系统的调控，也需要其他系统的协调配合，这就体现了生物体的整体性和统一性。

## 五、说板书设计

本节课以提纲式板书为主，主要内容如下。

---
**动物的运动**
1. 运动系统的组成
   （1）骨（杠杆作用）
   （2）关节（支点作用）关节头、关节窝 关节囊（有韧带）关节软骨、关节腔
   （3）肌肉（动力作用）肌腱、肌腹
2. 骨、关节和肌肉的协调配合
3. 运动受神经系统的调控以及其他系统的协调

---

# 第九节
# 《先天性行为和学习行为》说课稿

本节说课的主题依托2019人教版生物学八年级上册第五单元第二章第二节"先天性行为和学习行为"，说课的内容划分为五个部分：说教材、说学情、说教学法、说教学过程和说板书设计。

## 一、说教材

### （一）教材分析

动物的行为多种多样，是目前生物学研究中比较活跃的研究领域。本节内容主要分为两个部分：区分先天性行为和学习行为，探究一种动物的行为。教材前一节向学生讲述了动物的运动系统，可知动物的行为需要一定结构的支持，依靠运动系统来完成，因此将本节内容安排在动物的运动之后，使知识不断深入。教材主要通过"资料"和"探究"等活动，引导学生展开探究性学习，逐步认识动物的行为并区分先天性行为和学习行为，理解行为形成的本质和意义，同时也为下一节社会行为的学习作了铺垫。

## （二）教学目标

（1）知识目标：能够明确并区分先天性行为和学习行为；说出动物的行为有哪些并清楚其有何意义。

（2）能力目标：通过分析图片和文字资料，培养学生提取关键信息、分析资料的能力；通过实验探究，让学生初步学会生物学科学探究的一般方法，培养学生观察、动手操作及设计实验的能力和合作意识，培养科学思维。

（3）情感态度与价值观目标：认识到学习的重要性，提高学习自觉性和主动性，通过不断学习适应新的环境，以免被社会的发展所淘汰。

## （三）教学重难点

（1）教学重点：学会区分先天性行为和学习行为；了解先天性行为和学习行为对动物维持生存的意义。

（2）教学难点：探究小鼠是如何走出迷宫获取食物的。

## 二、说学情

八年级学生既有着好奇心、求知欲，又比刚刚接触生物的七年级学生多了一些探究实验的基础；在日常生活中，经常接触先天性行为和后天学习行为，但不能很明确地区分这两种行为的界限。

## 三、说教学法

### （一）说教法

课程以情境导入开始，用生活中驯服小狗的例子作为导入，引导学生快速进入课堂，初步区分动物的行为。在新课讲授阶段主要采用启发式、直观式、实验探究等教学法，通过观察、思考和总结，引导学生逐步上升到理性认识。在探究小鼠的实验中引导学生独立思考，熟悉科学探究的一般方法，帮助他们形成科学思维。

### （二）说学法

为了培养学生的科学思维和科学探究的能力，本节课主要确立的学法是小组合作学习、实验探究、自主学习等。注意引导学生端正学习态度，养成严谨的科学品质。

## 四、教学过程

### （一）导入新课

播放一段视频，视频展示一只小狗正在等待主人的命令，主人下令允许吃饭后，小狗才去吃眼前的狗粮。教师询问学生：小狗会听主人的话是不是一出生就具有的？引发学生思考：为什么有些行为天生就有，有些却要后天的训练。借此引出课题，引导学生初步认识先天性行为和学习行为。

### （二）讲授新课

教师利用多媒体向学生展示一组图片（蜜蜂采蜜、孔雀开屏、大雁迁徙），并对这些行为的目的逐一解释，学生听后展开思考，与教师共同总结出动物行为的含义。

动物的行为是多种多样的，教师继续展示几组图片，并按照这些行为的目的或功能引导学生总结出动物行为的不同类型（取食行为、繁殖行为、攻击行为、节律行为、防御行为、领域行为）。

接下来教师向学生展示一组图片，分别是小鸟吃虫子、猩猩用木棍诱捕白蚁，并提问：这两种行为从功能或目的上来看都属于取食行为，那么二者的获得途径一样吗？给予小组一分钟的时间展开讨论，一分钟后各组得出结论，教师给予补充和点评。为了加深对先天性行为和学习行为的理解，利用表格对二者进行对比分析，分别从二者的形成时间、获得途径和特点三个方面进行对比，引导学生完成表格，彻底理解二者的区别。随后，进一步询问学生先天性行为和学习行为对维持动物的生存有何意义。

"实践是检验真理的唯一标准。"通过开展"小鼠走迷宫获取食物的学习行为"的探究活动，帮助学生进一步理解动物的行为，培养科学探究能力，增强学习兴趣。教师利用多媒体罗列出科学探究的一般步骤，并提出探究的主题"是否小鼠走出迷宫的次数越多，其走出迷宫的时间就越短"。要求学生以小组为单位，共同完成探究过程，教师注意巡视，必要时提供帮助。最后师生共同探讨并得出结论。

### （三）巩固提升

教师提出问题：是否动物越高等，其学习能力就会越强？通过山雀、幼猩猩和成年黑猩猩的学习过程进行对比分析并得出结论。

### （四）布置作业

完成课后练习，并在课下查阅相关资料，看看动物行为学家是如何观察动物的。

## 五、说板书设计

本节课以提纲式板书为主，主要内容如下。

---

**先天性行为和学习行为**
1. 区分先天性行为和学习行为
2. 探究"小鼠走迷宫获取食物的学习行为"
　　（1）提出问题
　　（2）作出假设

（3）制定计划
（4）实施计划
（5）得出结论

# 第十节

## 《社会行为》说课稿

本节说课的主题依托 2019 人教版生物学八年级上册第五单元第二章第三节"社会行为"，说课的内容划分为五个部分：说教材、说学情、说教学法、说教学过程和说板书设计。

## 一、说教材

### （一）教材分析

本节主要讲述动物社会行为的主要特征及动物群体信息交流对动物生存的意义两部分内容。教材通过火蚁过江的例子引导学生进入课堂，引发思考；采用栩栩如生的插画，创设真实情境，提高学生学习兴趣。动物社会行为的知识与人类生活和大自然息息相关，为学生学习第三章"动物在生物圈中的作用"作铺垫（寇小永 等，2021）。

### （二）教学目标

（1）知识目标：说出动物的社会行为有哪些特征；理解动物群体中的信息交流对动物的生存有何意义。

（2）能力目标：通过创设问题情境，培养学生主动思考自觉学习的能力，提高学生分析问题和归纳总结的能力。

（3）情感态度和价值观目标：通过学习火蚁舍身为家族的故事，使学生感受奉献精神和集体力量的伟大，树立正确的人生观。

### （三）教学重难点

（1）教学重点：社会行为的特征；动物群体中的信息交流对动物的生存有何意义。

（2）教学难点：分析动物群体，归纳总结群体交流的方式及意义。

## 二、说学情

八年级学生拥有一定的知识基础，对身边的事物和现象充满好奇，有助于学习和理解本节课的内容。学生在经过前面的学习后不仅获得了有效的学习方法，同时对动物的行为有了更深入的理解，为社会行为的学习打下了基础。

## 三、说教学法

### （一）说教法

本节课采用故事导入的方式，通过学生熟悉的火蚁过江的故事吸引学生注意，引发学生思考。在新课讲授阶段主要采用问答法、启发式教学法、直观教学法等。由于本节课主要讲述动物社会行为，知识较为抽象，学生可能不容易理解，因此需要创设良好的问题情境，利用多媒体将丰富的动物世界直观地展现给学生；以学生为主体，引导学生主动思考，化被动为主动。

### （二）说学法

仅仅教会学生知识的老师不是好老师，因此教师应该让学生通过本节课的学习掌握基本的学习方法；同时，注重培养学生的观察与思考能力，通过观察图片和视频，让学生在教师的引导下自觉思考，主动参与课堂。

## 四、说教学过程

### （一）导入新课

教师播放火蚁过江的视频并配合讲解，引导学生集中注意力。视频播放结束后教师提出问题：这个过程中蚂蚁的行为有什么特殊之处？其中，工蚁舍弃自身帮助家族过河，这么做有什么意义？学生回答后，教师总结并解释工蚁的行为是一种舍弃小我为大家的奉献精神，值得赞扬，以此陶冶学生的情操，让学生从感性上了解和认识这些动物的社会行为。

### （二）讲授新课

在新课讲授阶段，要让学生主动参与课堂学习，通过引导使学生主动思考，激发学生的求知欲。

**1. 动物社会行为的特征**

通过导入阶段的视频，学生了解在蚁群中有明显的组织分工。教师进而提出问题：同学们还知道哪些具有组织分工的动物群体吗？引导学生主动思考，将生活中的学习和了解到的经验与新知识联系起来，不断拓展和巩固知识体系。学生回答后教师给予反馈，并用多媒体展示这些群体（狒狒、猴、象等）。

在了解多个具有组织分工的动物群体后，教师提出问题：这些群体有什么共同特征？激起学生的好奇心和求知欲。教师带领学生分析狒狒的群体生活并回答"狒狒的等级是如何划分的"，"首领具有什么责任"等问题。随后教师提出：这样的群体生活有何意义？引导学生深入理解动物的社会行为。

**2. 群体中的信息交流**

人类是以群体的方式生活的，在这过程中通过语言和文字进行交流，那么动物群体是如何进行信息交流的呢？教师提出引人深思的问题，要求学生阅读教材，让学生带着问题阅读教材，主动思考。随后播放视频并讲解蚂蚁传递信息的探究实验及灵长类动物传递信息的途径，引导学生完成表格内容（交流的主要方式、意义）。通过对问题的探究，使学生明白动物群体中信息交流的重要性，认识群体生活对个体及种族的延续有重要的意义。

### （三）巩固提升

回顾本节课的内容，提出问题：动物的信息交流在生活中是如何应用的？利用多媒体向学生展示利用蝶蛾类昆虫的雌虫分泌的性外激素诱杀农业害虫、干扰雌雄虫间的信息交流的生产应用。通过与实际生活结合，培养学生分析问题、解决问题的能力。

### （四）布置作业

完成课后练习，在课下查阅资料，了解更多的动物的社会行为在人类生活中的应用。

## 五、板书设计

本节课以提纲式板书为主，主要内容如下。

社 会 行 为
1. 社会行为的特征
2. 群体中的信息交流

## 第十一节

# 《动物在生物圈中的作用》说课稿

本节说课的主题依托 2019 人教版生物学八年级上册第五单元第三章"动物在生物圈中的作用"，说课的内容划分为五个部分：说教材、说学情、说教学法、说教学过程和说板书设计。

## 一、说教材

### （一）教材分析

本课为本册第三章，前两章讲述的是动物类群及动物的运动和行为，为本章内容的展开作了铺垫。本章没有分节，而是将"动物在生物圈中的作用"作为一个独立的章节呈现。本章的主要内容是动物在维持生态平衡中的重要作用，动物促进生态系统的物质循环，动物帮助植物传粉及传播种子三个部分，考查学生对生物圈等相关知识的理解和认识，进一步论述动物在自然界中的重要作用。学生在七年级时接触过生物圈的相关知识，本节课的学习能够帮助学生巩固学习内容，构建知识体系，并为下一章的学习打下良好基础。本章是第一章"动物的主要类群"和第二章"动物的运动和行为"的延伸，与七年级上册"生物与环境组成生态系统"一脉相承，并为本册第六单元第二章"认识生物的多样性"埋下伏笔。

### （二）教学目标

（1）知识目标：举例说明动物在促进植物的生长和繁殖、维持生态平衡、促进生态系统物质循环等方面的作用。

（2）能力目标：通过资料分析，培养学生总结概括的能力及获取重要信息的能力；通过小组合作学习，培养学生的合作交流能力，增强语言表达能力，以及运用所学知识分析社会和自然现象的能力。

（3）情感态度与价值观目标：使学生形成"生物圈是一个统一的整体"的观念，认同动物是生物圈重要成员；培养学生辩证地看待问题的能力，并培养学生保护动物、爱护自然环境的意识。

### （三）教学重难点

（1）教学重点：动物在生物圈中的作用。

（2）教学难点：动物群体数量的消长对其他生物和环境的影响；以小组合作的形式构建物质循环图。

## 二、说学情

通过对前一章内容的学习，学生理解了动物的各种行为及这些行为的意义，初步了解了动物的世界，感受到大自然带来的魅力，并在参与学习的过程中获得了自主学习和探究的能力。同时，学生在七年级时接触过"生物圈是一个统一的整体"这一概念，基本理解动植物及微生物间存在相互联系、相互制约的关系，懂得如何构建食物链或食物网，这为学生学习"动物在生物圈中的作用"打下良好基础。

## 三、说教学法

### （一）说教法

本节课主要采用谈话法、讨论法以及启发式教学法，构建一个以教师为主导、以学生为主体的学生自主学习的课堂。

## （二）说学法

在教师的引导之下，学生主要通过阅读、讨论、分析去发现知识，逐渐培养自主学习的习惯和能力。本节难点在于构建物质循环图，因此采用小组合作法，学生共同探讨获取新知。

## 四、说教学过程

本章主要分三个部分进行讲述。首先，从三篇资料分析出发，提出一系列问题串，一边引导学生回顾食物链、食物网、生态系统等相关知识，一边讲述新知，引导学生建立生物与环境是个整体的观念；其次，通过小组合作学习，共同构建物质循环图，理解动物的作用是促进生态系统的物质循环；最后，用视频、图片等让学生更直观地感受动物对植物传粉和传播种子的重要作用。

### （一）导入新课

通过问题导入，引起学生注意，并回顾所学知识。教师提问：前面我们学习了环节动物蚯蚓，它被称为"生态系统工程师"，大家知道蚯蚓在生态系统中都作了哪些贡献吗？教师对学生的回答及时反馈，让学生放松心情，活跃课堂氛围。通过回顾复习旧知识，引导学生思考整个动物界在生物圈中的作用。

### （二）讲授新课

**1. 动物对维持生态平衡有重要作用**

给学生半分钟的时间阅读教材后问题：人们为什么要捕杀麻雀？学生通过阅读分析了解到，是因为麻雀吃庄稼，被列为害鸟。教师进而提问：为什么现在又要求保护麻雀呢？学生此时感到困惑，教师对此进行解释，并引导学生要爱护动物。

展示资料2和3，给学生1分钟的时间阅读相关内容并思考：为什么猎捕狼之后野兔的数量急剧增长？学生结合自己的知识和经验作答。通过两个资料分析让学生意识到每一种生物在生物圈中都有一定的作用。由此教师提问：是否可以随意捕杀动物？自然生态系统中，某种生物的数量是否会无限增长？引发学生深入思考，进而引出"生态平衡"这一概念，并重点强调这是一种动态平衡，引起学生注意。

**2. 动物促进生态系统的物质循环**

通过回顾生态系统的组成，引出物质循环这一概念。随后以小组合作学习的形式，请学生利用"有机物、光合作用、呼吸作用、分解作用"这几个关键词，构建物质循环图。各小组讨论后派一名成员将讨论结果展示到黑板上。这一过程有一定难度，教师应注意引导和聆听学生的探讨，必要时给予帮助。物质循环图构建完成后，教师询问：若无消费者，物质循环还能进行吗？教师结合多媒体向学生讲解，并得出结论。

**3. 动物帮助植物传粉、传播种子**

教师利用多媒体，播放动物携带苍耳及松鼠储藏松子的视频，引导学生理解动物促进植物繁殖和分布的重要作用。

最后结合实际生活，培养学生的辩证思维。学生对问题"是否动物越多越好？"展开讨论，经过短暂的交流和讨论得出自己的观点；教师及时反馈和点评，并提出要辩证地看待问题，如，可能出现的蝗灾和蚜虫害等，进而引导学生思考如何防止。

### （三）总结提升

用两分钟的时间对本节课的知识简单梳理，总结课上所学的知识内容，突出重点、突破难点，帮助学生构建知识体系。

### （四）布置作业

结合本节课的教学目标，布置相关课后练习，对知识进行巩固提高。

## 五、说板书设计

本节课以提纲式板书为主，主要内容如下。

动物在生物圈中的作用
1. 在维持生态平衡中的重要作用
2. 促进生态系统的物质循环
3. 帮助植物传粉、传播种子

# 第十二节
# 《细菌和真菌的分布》说课稿

本节说课的主题依托2019人教版生物学八年级上册第五单元第四章第一节"细菌和真菌的分布"，说课的内容划分为五个部分：说教材、说学情、说教法、说教学过程和说板书设计。

## 一、说教材

### （一）教材分析

本节只从宏观的角度讲述细菌和真菌的相关知识，帮助学生了解菌落的含义，学习如何在培养基上培养细菌和真菌，对后面分别学习细菌和真菌及其作用起到承上启下的作用；体会实验探究的一般步骤，为学生学习生物技术，促进初高中知识衔接打下良好基础。

本节还设置了一个实验探究，让学生通过体会探究过程，培养科学思维和探究精神，关注自身生活，真切地感受到细菌和真菌就在我们身边，而且无处不在，从而更深刻地认识细菌和真菌与人类生活的关系，并养成良好的卫生习惯，实现健康生活。本节课在本章中有承上启下的作用，在学生认知提升过程中意义重大。学生虽然有七年级课程学习的基础和一定的生活经验，但仍然对微观世界知之甚少。如何让学生直观感受到真菌和细菌的真实存在，了解为什么饭前便后要洗手，突出"教育即生活"的观念？在情境创设方面，要实现从关注作为导入环节的情境设计到作为问题解决型学习任务的真实情境的转变。本节实验探究从生活经历出发，以课程标准内容为导向，以课程标准落实为基准展开（王娟 等，2024）。

### （二）教学目标

（1）知识目标：观察并描述细菌和真菌菌落的特征，能区分细菌菌落和真菌菌落；掌握培养细菌、真菌的一般方法。

（2）能力目标：通过设计"探究细菌和真菌的分布"的实验方案，学会科学探究的一般方法，培养和发展科学思维。

（3）情感态度与价值观目标：了解细菌和真菌的分布，认同勤洗手的科学价值，养成良好的卫生习惯。

### （三）教学重难点

（1）教学重点：细菌菌落和真菌菌落的特征、分布范围；细菌和真菌的培养的实验操作过程；通过观察细菌和真菌的分布状况总结适宜细菌和真菌的生长条件。

（2）教学难点：细菌和真菌的培养的实验操作过程；设计探究细菌和真菌分布的实验方案。

## 二、说学情

八年级学生其实对细菌并不陌生，他们已经积累了一定的生活经验；但是他们心理发育还不成熟，对枯燥、深奥的描述缺乏感性认识。本节主要运用多媒体教学法、小组讨论法、读书指导法等教学方法，同时结合生物模型和板书进行直观教学。教师应尽量从学生的切身感受和体验的角度出发，发展学生的思维能力，加深学生对于细菌的认识。

## 三、说教学法

### （一）说教法

本节课重难点在于通过设计实验，探究细菌和真菌的分布以及了解细菌和真菌的培养，这一过程主要培养学生的实践能力和科学思维能力，本节采用活动探究法、直观演示法、谈话法等教学方法，通过多媒体创设实验探究的情境，激发学生的学习兴趣，活跃课堂气氛，营造以学生为主体、促进学生自主学习的课堂环境。

### （二）说学法

引导学生通过阅读分析，自主学习完成相对简单的知识任务目标；面对较为复杂的知识，通过小组合作学习的形式，共同探讨，培养学生的合作精神。

## 四、说教学过程

### （一）导入新课

利用视频导入，播放香皂的广告，展示勤洗手的广告标语，提出问题：为什么饭前便后要洗手？学生结合自身经验回答为了消灭细菌。教师进一步询问：细菌这么小，如何判断它们的存在呢？不同环境下都会存在细菌吗？从而引出本节新知识。

### （二）讲授新课

利用多媒体展示一组图片（发霉的馒头、橘子等），并解释菌落的定义，着重强调菌落是由一个细菌或真菌繁殖形成的，同时展示发霉的面包图片并询问学生图上展示的是否为菌落，联系实际加深学生对菌落的理解。

为了培养学生自主学习及阅读分析的能力，让学生自主阅读教材，并完成多媒体展示的表格，帮助学生区分细菌菌落和真菌菌落。完成表格后请学生踊跃分享自己阅读分析的成果。随后教师进行总结概括，加深学生对细菌菌落和真菌菌落特征的理解。

本节重难点是开展探究活动。教师提出问题：各种环境中都有细菌和真菌吗？并提出探究思路：帮助幼儿园的老师想个办法，让孩子们知道手上有细菌或真菌，饭前必须洗手。由于时间和实验设备的限制，本次探究主要利用多媒体，以视频或动画的方式呈现给学生。教师将探究的一般步骤展示在多媒体上，并引导学生逐个填写，培养学生的科学思维。在实施计划之前向学生讲述细菌或真菌的培养方法，注意设置对照组。探究结束后，利用图片展示8岁儿童手掌上寄居的细菌图，引导学生科学洗手，健康生活。最后展示一组图片（土壤、硬币、针尖、卧室等各种环境中的细菌），总结出细菌、真菌分布广泛、无处不在，通过回顾细菌菌落的培养过程，总结细菌或真菌生活的基本条件。

### （三）课堂小结

利用思维导图带领学生回顾本节课所有内容，帮助学生构建知识体系，促进对知识的理解和掌握。

### （四）巩固提升

要求学生利用本节课所学知识，回答几个随堂练习，巩固知识理解，培养其分析问题、解决问题的能力。问题如下。

（1）现代化养鸡场饲养员为什么像医生一样穿白大褂？给散养的鸡喂食为什么不用穿

白大褂？

（2）泡菜坛子用水封口的原理。

## 五、说板书设计

本节课以提纲式板书为主，主要内容如下。

细菌和真菌的分布
1. 菌落：一个细菌或真菌、肉眼可见
2. 细菌菌落和真菌菌落的主要特征
3. 培养细菌和真菌的一般方法
4. 细菌或真菌生活的条件：水、温度、营养物质、特殊条件

# 第十三节

## 《细菌》说课稿

本节说课的主题依托2019人教版生物学八年级上册第五单元第四章第二节"细菌"，说课的内容划分为五个部分：说教材、说学情、说教学法、说教学过程和说板书设计。

## 一、说教材

### （一）教材分析

本节是八年级上册第五单元第四章"细菌与真菌"的第二节。从整体分析，本章的教学内容是按照从宏观到微观的顺序展开的。上一节学习细菌或真菌分布广泛、无处不在，为本节课学习细菌的发现及形态结构等作了铺垫。教材借科学史向学生展现细菌发现的过程，同时提供许多细菌图片，引导学生了解细菌的形态结构，通过观察细菌结构示意图体会细菌与动植物细胞的不同；然后通过细菌的繁殖解释生活中细菌无处不在的原因，起承上启下的关键作用。

### （二）教学目标

（1）知识目标：通过观察比较、模型制作，描述细菌的形态结构，初步形成结构与功能相适应的生物学观念。

（2）能力目标：通过阅读资料、分析实验，了解细菌的发现过程，发展探究能力和科学思维习惯，并认同科学发现需要缜密的思维和精细的实验。

（3）情感态度与价值观目标：通过观看动画演示、进行技能训练，归纳细菌的生殖方式和特点，辩证看待细菌与人类的关系，养成健康的生活习惯。

### （三）教学重难点

（1）教学重点：细菌形态结构的特点。

（2）教学难点：细菌的营养方式和生殖。

## 二、说学情

八年级学生具备了一定的知识水平，思维和学习能力也有了一定发展，但知识储备欠缺、生活体验不足，发现问题和解决问题的思维还不够成熟。

## 三、说教学法

### （一）说教法

通过串联细菌发现的科学史，采用多媒体教学手段和动画演示巴斯德实验、细菌生殖过程等形式来激发学生的学习兴趣，使教学过程更加形象、直观。

### （二）说学法

引导学生通过阅读分析，自主学习完成相对简单的知识任务目标；面对较为复杂的知识，通过小组合作学习的形式，共同探讨，培养学生的合作精神。

## 四、说教学过程

### （一）导入新课

通过上一节的学习，学生了解细菌是无处不在的，甚至还会生存在某些特殊环境中，例如冰川、盐场、火山口等。教师带学生回顾上一节所学内容并提问：细菌这么微小，人们是如何发现并研究的呢？随后进入这节课的学习。

### （二）讲授新课

**1. 细菌的发现**

通过多媒体播放细菌被发现的过程的视频，学生对细菌的发现有初步的了解。视频播放完后教师引导学生共同总结细菌发现过程的科学史；重点强调是科学家巴斯德证实了细菌不是自然出现的，而是由原来已经存在的细菌产生的，为后面细菌的繁殖的学习作铺垫；同时向学生科普巴斯德的其他发现，引起学生注意，提高学生的学习兴趣。随后以图片的形式向学生展示观察细菌的工具，如高倍镜和电镜，以丰富学生的认知。

**2. 细菌的形态结构**

教师采用直观教学法进行细菌形态的教学，并要求学生通过小组合作的形式来学习。首先教师展示高倍显微镜下观察到的细菌，学生以小组的形式对这些细菌进行分类；小组讨论结束后请一至两组学生代表发言，交流自己组的讨论情况。接着教师总结细菌是单细胞个体，从形态上可分为球菌、杆菌和螺旋菌三类。

教师利用多媒体向学生展示细菌结构示意图，对每个结构进行详细介绍。讲述细菌结构特点时，注意让学生与前面所学过的动植物细胞结构进行比较，并找出相同点和不同点；注意强调细菌细胞没有成形的细胞核是细菌细胞与动植物细胞在结构上的主要区别，并引出原核生物的概念。另外，向学生介绍有些细菌具有特殊结构，如鞭毛、荚膜等，并解释它们的功能，加深学生记忆。

教师提问：根据细菌的结构特点，你认为细菌可以像植物那样自己制造有机物吗？学生在学习细菌的结构后回答不能，因为细菌没有叶绿体，不能进行光合作用制造有机物。以此帮助学生巩固新知，培养分析问题、解决问题的能力。

**3. 细菌的生殖**

教师播放一段动画并配合讲解，向学生简单展示细菌的生殖过程，使学生对细菌的生殖有初步理解；在讲述细菌的生殖过程中，要强调分裂生殖是单细胞生物普遍存在的生殖方式，其特点是简单、快速，属于无性生殖，20~30分钟就会分裂复制一次，这也是细菌能够大量存在的原因之一。

**4. 细菌芽孢**

此时学生对细菌有了更深刻的理解，教师进一步询问：当外界环境不良时，细菌有哪些自救方式？随后教师向学生展示细菌的生活史，讲述芽孢的作用，并重点强调芽孢不属于生殖细胞，防止学生产生错误概念。

### （三）课堂小结

通过构建思维导图的形式，将本节课的内容进行串联，帮助学生构建知识体系。

### （四）巩固提升

（1）结合本节课所学知识，思考细菌分布广泛的原因。

（2）假设你手上此刻有100个细菌，细菌的繁殖速度按每30分钟繁殖一代计算，在没有洗手的情况下，4小时后你手上的细菌数目是多少？

通过完成以上随堂练习，巩固本节课所学内容；同时通过计算，警示学生注意个人卫生，养成良好的生活习惯，降低被细菌感染而生病的概率。

## 五、说板书设计

本节课以提纲式板书为主，主要内容如下。

> 细　菌
> 1. 细菌的发现
> 2. 细菌的形态和结构
> 3. 细菌的生殖
> 4. 细菌芽孢

# 第十四节
## 《真菌》说课稿

本节说课的主题依托 2019 人教版生物学八年级上册第五单元第四章第三节"真菌"，说课的内容划分为五个部分：说教材、说学情、说教学法、说教学过程和说板书设计。

## 一、说教材

### （一）教材分析

从整体分析，本章教学内容是按照从宏观到微观的顺序展开的。上一节学到细菌或真菌分布广泛、无处不在，为本节课学习生活中常见的真菌及其形态结构特征等作了铺垫，同时也为下节课"细菌和真菌在自然界中的作用"的学习打下基础。教材内容按照学生的认知发展规律首先展示生活中常见的真菌，引导学生联系生活实际，激发学生的学习兴趣；其次通过实验探究真菌的结构、分析真菌的生殖特点，帮助学生构建知识体系。学生通过实验观察真菌的结构，制作孢子印，观察孢子的着生位置，了解孢子生殖这种繁殖方式。本节课是培养学生生物学学科核心素养的良好素材，也为后续学习真菌在自然界中的作用和人类对它的利用打下基础。

### （二）教学目标

（1）知识目标：通过多媒体课件展示生活中常见的真菌，学生对真菌有一定的了解并能举例说出自己在生活中见过的真菌；通过演示实验，学生能够识记酵母菌和霉菌的形态结构；通过小组讨论交流，学生能清晰描述真菌的主要特征。

（2）能力目标：通过小组合作活动，提高学生探究学习的能力、合作交往的能力、收集、整理资料的能力和口头表达能力；通过制作孢子印，培养学生观察、思考和动手能力。

（3）情感态度与价值观目标：通过交流与合作，培养学生团结与互助精神；联系生活实际，使学生认同真菌在生活中的作用。

### （三）教学重难点

（1）教学重点：认识常见的真菌；描述真菌的结构特点；理解真核生物；真菌的生殖。
（2）教学难点：通过实验，总结真菌的结构特点。

## 二、说学情

本节课的教学面向的是八年级学生，他们具备一定的分析、解决问题的能力和实践动手能力，课外知识也较丰富。通过前两节课的学习，学生已经有了真菌分布广泛的概念，并通过细菌的学习了解了微生物的一些特点，获得了相关的学习方法；但是对于真菌区别于细菌的特点、真菌的生殖等问题存在疑惑，知道真菌是生态系统中的分解者，却不了解其微观结构。学生对真菌充满好奇，有强烈的认知欲望。所以本节教学可以充分从学生的生活经验入手，通过展示生活中常见的真菌，调动学生学习的主动性和求知欲望。

## 三、说教学法

### （一）说教法

本节课首先利用蘑菇实物作导入紧紧抓住学生的思维，为提高教学有效性奠定了基础；其次，本节课将采用观察法、阅读分析法与合作探究法等多种教学方法进行学习活动。多媒体课件贯穿教学的始终，增强教学的直观性和形象性，突出本节的重点和难点，将微观的知识宏观地展示在学生面前，降低本节的知识梯度。

### （二）说学法

学生通过课前预习，小组合作积极参与课堂，力求最大程度地发挥学生的主动性、合作性和创造性。

## 四、说教学过程

### （一）导入新课

为了激发学生兴趣，吸引学生注意力，上课开始时教师通过各类真菌的图片引入主题，创设情景，在轻松愉悦的气氛中巧妙地导入新课，并提问：你们生活中常见的真菌有哪些？它们都有哪些特征？以此导入新课。

### （二）讲授新课

给学生5分钟时间自主阅读教材知识，完成基础知识填空。随后，用多媒体课件展示答案，引导学生带着自己的问题完成本节课的学习。除此之外，在巡视中教师应注意收集新问题，与学生共同交流探究，最终形成成果进行展示。

结合学生提出的问题，引导学生解决真菌繁殖方式的问题。学生观察思考，想到真菌是靠孢子来繁殖的，并说出孢子适于繁殖的种种好处；观察孢子释放过程的多媒体课件，确认蘑菇的繁殖过程。梳理问题，从认识真菌结构方面的问题入手，引导学生进行观察实验，激发学生深入思考，培养学生的思维能力并将知识回归生活。学生小组合作，动手操作"制作孢子印"的实验，认真观察思考。以真菌给我国经济带来巨大效益为引领，鼓励学生学以致用，为社会多作贡献。学生感到学有所长，激发学生的学习热情。

### （三）课堂小结

学生独立完成检测题，然后进行小组讨论，并展示答案，进行互评。再由教师对本节课进行小结，使学生本节课学到的知识更完整、更系统。

## 五、说板书设计

本节课以提纲式板书为主，主要内容如下。

真　菌
1. 形态结构
2. 生活方式
3. 与人类关系

## 第十五节

# 《细菌和真菌在自然界中的利用》说课稿

本节说课的主题依托 2019 人教版生物学八年级上册第五单元第四章第四节"细菌和真菌在自然界中的利用"，说课的内容划分为五个部分：说教材、说学情、说教学法、说教学过程和说板书设计。

## 一．说教材

### （一）教材分析

本节陈述细菌和真菌在自然界中的三个作用，分别是作为分解者参与物质循环、引起动植物和人患病以及与动植物共生。这节内容在认识细菌和真菌的基础上学习它们在自然界中的作用，它是细菌和真菌知识点的拓展及延伸，使科学知识更贴近生活，服务生活。本节最后通过与生活实际相结合，拓宽学生视野，并为下节课"人类对细菌和真菌的利用"的学习作铺垫。

### （二）教学目标

（1）知识目标：说出细菌和真菌在物质循环中的作用；了解细菌、真菌对动植物及人类的影响；能够辩证地看待细菌和真菌与动植物及人类的关系。

（2）能力目标：通过对细菌和真菌与动植物和人类关系的认识，培养学生课前探究、收集资料、交流表达的能力，提高学生观察、分析和解决问题的能力。

（3）情感态度和价值观目标：通过对细菌和真菌与动植物和人类关系的认识，让学生从正反两个方面辩证地看待问题，引导学生选择健康的生活方式。

### （三）教学重难点

（1）教学重点：细菌和真菌在物质循环中的作用；细菌和真菌对人类的影响；细菌或真菌与动植物的共生。

（2）教学难点：细菌和真菌在物质循环中的作用；细菌或真菌与动植物的共生。

## 二、说学情

本节课是在"细菌和真菌的分布""细菌"及"真菌"这三节内容的基础上开展的，在之前的学习中，学生已经对细菌和真菌有了充分的认识了解，这节则继续拓展和升华。

## 三、说教学法

### （一）说教法

采用多媒体辅助教学，精心设计生活实例，用大量的图片让学生通过观察、思考分析等一系列的思维活动，逐渐认识细菌和真菌对自然界作用，使学生愿学、乐学、会学；同时，为了联系生活实际，使学生体会科学技术的重要性，采用STS教学策略，培养学生分析问题、解决问题、利用所学知识解决现实生活中的问题的能力；这节课与学生生活息息相关，为了增强课堂活跃度，教师需采用讲授法和谈话法，通过不断与学生互动，集中学生注意力，激发学生兴趣。

### （二）说学法

学生运用观察、小组合作学习等学习方法，通过对图片的观察、分析和讨论，思考问题的答案，体验知识获得的过程，提高自身分析问题的能力，训练语言表达能力。

## 四、说教学过程

### （一）导入新课

利用多媒体向学生展示一组图片：农田里被回收的秸秆、农村中使用的沼气等，教师提出问题：人们为什么要进行这些行为？学生根据自己的先前经验回答：为了保护环境、充分利用资源等。教师对学生的回答给予肯定和反馈，进而设问：同学们知道它们的原理吗？提出问题，引发学生思考，使学生尽快融入本节课的学习氛围中，以此导入新课。

### （二）讲授新课

以回收秸秆为例，向学生解释秸秆还田的原理，进而引出细菌和真菌作为分解者参与物质循环。教师引导学生完成课件上展示的图解（生产者、消费者、分解者及环境之间的关系图）。接下来引导学生回顾复习动物在生物圈中的作用，回答出动物能够促进物质循环；即使没有动物，物质循环也可以进行。教师以此设问：如果没有分解者会怎么样？通过对比分析，帮助学生建立知识之间的联系，促进学生将新知识纳入到原有的认知结构中，从而完善知识体系。

进一步学习细菌对动植物的遗体有分解作用。教师给学生3分钟的时间阅读教材"技能训练"的内容，同时思考在这个探究过程中提到的三个方案是否有不妥的地方。这个过程将帮助学生回顾对照实验及单一变量，培养学生的科学思维，通过了解细菌的分解作用进一步理解现实生活中的问题和现象，例如，森林每年都会有落叶，但不会堆积得越来越厚，呼应了教材开始的问题。

利用多媒体向学生展示一组图片：地衣、豆科植物根部的"球形"结构，利用图片激发学生的学习兴趣，帮助学生更好地理解细菌和真菌与动植物的共生。教师进而询问：人或动物体内有哪些有益菌呢？通过讲解人肠道中的大肠杆菌、食草动物肠胃内的细菌，进一步加深学生对细菌和真菌与动植物共生的理解。在讲述细菌或真菌对动植物有利的一面后，询问学生：它们会对动植物产生不利影响吗？学生分享课下提前查阅的相关资料，互相讨论，回答问题。教师对学生的回答进行总结并补充，重点强调寄生，向学生科普寄生引起的疾病，警醒学生，引导学生健康生活。

教师结合STS教学策略向学生解释如何利用寄生型的细菌和真菌帮助农业生产，以达到以菌治虫的效果，让学生了解细菌和真菌对动植物和人类还有有利的一面，理解科学技术在实践中的价值。

### （三）总结提升

教师引导学生总结细菌或真菌在自然界中的作用，深刻理解腐生、寄生、共生的含义。通过归纳总结，学生不仅可解决教师提出的问题，也能够理解细菌和真菌在生物圈中不可或缺的原因。

### （四）课堂小结

结合课件展示的习题内容，检测本节课是否已经达成预设的学习目标。

## 五、说板书设计

本节课以提纲式板书为主，主要内容如下。

| 细菌和真菌在自然界中的作用 |
|---|
| 1. 作为分解者参与物质循环（腐生）<br>2. 引起动植物和人患病（寄生）<br>3. 与动植物共生（共生）：地衣、根瘤菌 |

# 第十六节

## 《人类对细菌和真菌的利用》说课稿

本节说课的主题依托 2019 人教版生物学八年级上册第五单元第四章第五节"人类对细菌和真菌的利用"，说课的内容划分为五个部分：说教材、说学情、说教学法、说教学过程和说板书设计。

## 一、说教材

### （一）教材分析

本节是对上一节学习内容的拓展和延伸。首先，本节内容围绕细菌和真菌对人类有益的方面，主要讲述人类利用细菌和真菌制作食品、控制细菌和真菌来保存食品等内容；其次，本节内容主要与生活实际结合，拓宽学生视野，培养学生分析解决问题的能力；最后，教材安排了演示实验和制作两个小活动，激发学生的好奇心，提高学生的实践能力，培养学生利用已有知识解决现实生活中的实际问题的能力。

### （二）教学目标

（1）知识目标：举例并尝试发酵技术在食品制作中的应用；通过分析讨论，理解细菌、真菌与食品的保存方法；了解细菌、真菌对疾病防止的作用；能够举例说明细菌或真菌在环境保护中的作用。

（2）能力目标：通过做发酵实验和尝试制作米酒、酸奶等食品，提高学生的动手能力和实际操作能力；通过学习和应用食品保存方法，提高学生利用已有知识解决现实生活中的实际问题的能力。

（3）情感态度与价值观目标：通过多项实践活动，体验知识与技术在生产和生活中的作用。

### （三）教学重难点

（1）教学重点：发酵技术在食品制作中的作用；细菌、真菌与食品的保存方法；细菌、真菌对疾病防止的作用；细菌或真菌在环境保护中的作用。

（2）教学难点：米酒的制作及其原理。

## 二、说学情

　　本节课的教学对象为八年级学生，八年级学生在分析解决问题的能力和动手实践的能力方面尚有欠缺，课外知识也不够丰富。但是，这个年龄段的学生已经有一定的学习主动性和探究问题的兴趣。同时，本节课的素材比较贴合学生的实际生活，学生对本节课内容感到新颖、好奇，而且对制作发酵食品还有一种跃跃欲试的冲动。

## 三、说教学法

　　本节课坚持教师为主导、学生为主体，师生参与、积极互动的原则，倡导学生动手实践、自主探索和合作交流。

## 四、说教学过程

### （一）导入新课

　　采用视频导入，播放制作泡菜的视频，引发学生的好奇心和兴趣，教师讲解泡菜制作的原理，随后引出发酵这一概念，并引导学生思考发酵与细菌、真菌有什么关系。以此导入新课。

### （二）讲授新课

　　首先以学生常见的蒸馒头的过程为例进行讲解，提前让学生观察家里蒸馒头的过程，并思考面团发酵前和发酵后的区别及出现变化的原因。接下来观看探究实验"酵母菌发酵现象"的实验视频，教师配合视频逐步讲解，让学生知道酵母菌在氧气充足和氧气不足时分别产生了何种产物，从而理解发酵的生物学实质。在了解发酵的原理后，让学生在课下尝试自制米酒，明白米酒制作的每个步骤的原因，深刻理解发酵的原理。教师总结生活中常见的菌种及其发酵现象，加强与实际生活的联系，培养学生利用已有知识解释现实生活中的问题和现象的能力。

　　接下来展示面包发霉的图片，帮助学生回顾食品变质的原因及其相关知识点，促进知识的巩固和迁移运用。随后，教师提问：如何防止食品的腐败？让学生以小组为单位展开讨论，教师注意巡回倾听，讨论结束后请几名学生作为本组代表进行发言，并对学生讨论的结果进行总结和拓展，配合图片讲解生活中常见的食品保存的方法，如脱去水分、改变温度等。

### （三）拓展延伸

　　讲述科学家弗莱明的发现，引导学生了解青霉素，进而理解抗生素的本质。随后展示生活中常见的几种抗生素，如，阿莫西林、头孢等药物，与学生的生活实际紧密结合，提高学生对药物的认识。为了培养学生的辩证思维，提出问题：抗生素这么有效，是否可以大量使用？教师利用多媒体展示超级细菌的教学视频，使学生明确抗生素滥用后会产生什么后果。

通过前面几节课的学习，学生对细菌和真菌有了更加深刻的理解，在此基础上，向学生介绍沼气池、污水处理，让学生主动思考它们的原理，理解细菌和真菌对环境保护做了哪些贡献。

### （四）巩固提升

以构建知识框架的形式带领学生回顾本节所学内容，帮助学生梳理知识，促进知识体系的完善。

## 五、说板书设计

本节课以提纲式板书为主，主要内容如下。

人类对细菌和真菌的利用
1. 发酵：（1）概念；（2）原理；（3）制作米酒
2. 食品保存
3. 疾病防治：抗生素
4. 环境保护

## 第十七节

## 《病毒》说课稿

本节说课的主题依托2019人教版生物学八年级上册第五单元第五章"病毒"，说课的内容划分为五个部分：说教材、说学情、说教学法、说教学过程和说板书设计。

## 一、说教材

### （一）教材分析

从教材整体来看，本节课内容安排在动物、细菌和真菌后，旨在使学生形成对生物圈中各种生物的完整认识。本章作为独立的一章，没有分节，既显示出病毒区别于其他生物的独特性，也帮助学生进一步理解生物圈，形成完整的知识体系，更好地从整体把握生物圈中的其他生物。教材首先介绍病毒发现的科学史，阐明技术手段对科学研究的促进作用，利用病毒的发现过程引导学生逐步了解病毒的种类和结构。同时，教材中涉及的很多病毒与学生的实际生活紧密相关，有助于学生提高警惕，培养健康的生活方式。因此，本章在教材中占据重要的地位。

### （二）教学目标

（1）知识目标：识别病毒，说出病毒的结构和繁殖；了解病毒与动植物及人类的关系。

（2）能力目标：通过学习病毒的发现过程并观察图片，培养学生的观察、分析和总结的能力；通过课件展示搜集到的有关由病毒引起的疾病的信息，了解病毒与动植物及人类的关系。

（3）情感态度与价值观目标：能够以辩证的方式看待病毒与人类之间的关系；学习本节知识后，帮助培养学生良好的日常行为习惯，增强对病毒预防和治疗的意识，培养学生利用学习到的知识解决现实生活中的实际问题的能力。

### （三）教学重难点

（1）教学重点：病毒的结构和繁殖；病毒与人类生活的关系。
（2）教学难点：病毒的繁殖。

## 二、说学情

本节的教学对象是八年级学生，这个阶段的学生对大自然有强烈的好奇心，并具备了一定的基础知识和技能。通过动物及细菌真菌的学习，学生已经逐步建立起生物体结构与功能相适应的观念，获得了初步的观察、分析、比较等研究生物学的方法，拥有独立学习本节内容的知识和能力基础。学生对本节课涉及的有关病毒与人类关系已有一定的感性认识，但对病毒的结构、繁殖等相关内容还不熟悉。

## 三、说教学法

本节课主要采取合作学习法和直观教学法。

## 四、说教学过程

### （一）导入新课

上课开始，播放病毒引起的疾病相关视频。提出问题：引起此疾病的"凶手"是谁？学生回答是病毒。接下来，教师继续提问：同学们还知道哪些由病毒引起的疾病呢？学生会根据自己的经验或者预习课本的情况，说出狂犬病、乙肝、艾滋病等。教师继续提问：这些病毒都是如何被人们发现的呢？由此导入新课。

### （二）讲授新课

通过多媒体展示并讲解伊万诺夫斯基研究烟草花叶病毒的过程，提出问题串，引发学生思考：
（1）伊万诺夫斯基经过实验他得出了什么结论？
（2）科学家把病毒称为什么？借助什么仪器观察？
（3）科学家是借助什么仪器来观察烟草花叶病毒的？

教师在提出明确的学习任务后，学生才能有目的地投入自主学习中。学生先自学再小组讨论，在此期间教师注意巡视，必要时帮助学生答疑解惑。小组完成讨论后，让学生代表进行讨论成果的展示，随后由教师进行总结和完善。学生经过这一学习过程发现：病毒比细菌还要小，只有借助电子显微镜才能看清楚。为了加深学生对病毒大小的理解，教师播放一个大小对比的视频，以更直观的方式使学生理解病毒。

到此，学生仅仅知道病毒很小这一特点。为继续激发学生的求知欲，活跃课堂氛围，教师展示一组图片并与学生互动，让学生根据形态结构将这一组图片中的病毒进行分类。随后教师继续讲述病毒也可以按照寄主的不同进行分类，加深学生的理解。

由于病毒的结构较为抽象，利用多媒体可以更加直观地展示。首先展示三种病毒的结构示意图，让学生总结归纳出它们的共同之处，进而理解病毒的结构；随后将病毒与细胞的结构进行比较，使学生明白病毒的结构特点：没有细胞结构。根据学生的认知规律，由已知到未知，由表及里进行引导，使学生有层次地深入学习，从而发现新知识。

在学习完病毒的结构后，比较两个相似知识点并提问学生：我们知道细胞可以通过分裂进行繁殖，那么病毒没有细胞结构，它会以什么方式繁殖呢？播放噬菌体在大肠杆菌内繁殖的模拟动画，学生直观地看到：病毒只寄生在其他生物的活细胞里，靠自己的遗传信息，利用细胞内的物质，在细胞内繁殖。

最后从有利和有害两个方面分析和讲解病毒与人类生活的关系，培养学生的辩证思维能力。

## （三）巩固提升

采用知识框架的形式将本节课内容进行整理和总结，帮助学生构建知识体系；利用多媒体课件展示习题，对所学知识进行检测，加深对新知识的理解。

# 五、说板书设计

本节课以提纲式板书为主，主要内容如下。

病　毒

1. 病毒的发现
   （1）发现者
   （2）烟草花叶病毒
2. 病毒的形态结构
   （1）病毒的大小

（2）种类
　　（3）结构
　3. 病毒的繁殖
　4. 与人类生活的关系

## 第十八节

## 《尝试对生物进行分类》说课稿

　　本节说课的主题依托 2019 人教版生物学八年级上册第六单元第一章第一节"尝试对生物进行分类"，说课的内容划分为五个部分：说教材、说学情、说教法、说教学过程和说板书设计。

## 一、说教材

### （一）教材分析

　　从整体上来看，本节帮助学生从更为宏观的角度对生物进行深入的了解。通过前面五个单元的学习，学生已经了解了植物、动物以及细菌和真菌的主要类群的特征及相关知识，这为学习生物的分类打下了坚实基础。教材中并未全面而系统地介绍生物分类的方法，而是通过"观察与思考"栏目让学生在尝试分类活动的过程中，对生物类群的有关知识进行归纳和总结，体验分类的基本方法，认识分类的意义。这是本单元的基础，同时也是对后面将要学习的"认识生物的多样性的本质、意义"作铺垫。除此之外，本节内容与实际生活联系紧密，较好地体现了生物学知识在生活中的价值。

### （二）教学目标

　　（1）知识目标：尝试根据植物和动物的特征进行分类，在此过程中对动物和植物等主要类群的有关知识进行归纳和总结；列举植物和动物的主要类群。
　　（2）能力目标：通过体验分类活动学习分类的基本方法，培养归纳、总结的能力。
　　（3）情感态度与价值观目标：培养学生在日常的学习和生活中树立分类意识；增强学生热爱大自然、热爱动物的情感。

### （三）教学重难点

　　（1）教学重点：生物分类的基本方法。
　　（2）教学难点：尝试对动物进行分类。

## 二、说学情

八年级学生具备了一定的分析解决问题的能力和归纳的能力，课外知识也较丰富，所以本节教学可以充分从学生已有生活经验入手，调动学生学习的主动性和求知欲望，在师生互助、生生互动中不断发展、完善。

## 三、说教法学法

### （一）说教法

本节课主要采用探究教学法、讲授法、启发诱导法等教学方法。

### （二）说学法

在本节课中，学生将通过多种途径，如观察、阅读、思考、分析、讨论等开展合作学习和自主学习，形成以学生为主体的教学模式。

## 四、说教学过程

### （一）导入新课

教师提问：过年时，我们去超市采购，面对琳琅满目的商品，我们如何在最短的时间内找到自己需要的商品呢？学生根据生活经验踊跃提出自己的见解，以此引出分类的重要性。随后教师利用多媒体展示图片，提问：如果想要了解菜粉蝶的生长发育过程和行为特征，应该选择哪一本书作为参考呢？通过不断质疑引起学生注意，调动学生积极性，使学生快速进入课堂学习。

### （二）讲授新课

教师利用多媒体向学生展示人类的分类，有按人种、按地理位置、按民族、按国家等多种分类方式。学生此时对事物的分类有了初步的理解和认识。随后教师向学生简单介绍几种常见的生物分类方式，如按形态结构、按生活环境、按是否具有细胞结构等，为后面对植物和动物的分类作铺垫。

学生阅读教材并以小组为单位展开讨论，回答相关问题，同时利用学到的分类方式，对其他动物进行分类。这一过程重在让学生自己思考、主动探究，培养学生分析、解决问题的能力，同时培养类比思维和创新精神。在此期间教师注意在学生中间进行巡视，在必要时给予学生一定的点拨和指导。

在小组讨论完成之后，各组派一名代表展示本组的交流成果。在学生展示汇报完之后，教师及其他小组成员对展示的小组给予肯定和表扬。

## （三）总结提升

在对植物和动物的分类有一定了解后，学生通过完成多媒体课件展示的随堂练习，检测本节课所学知识点，查漏补缺。最后布置课余任务，让学生尝试对学习用具进行分类，更好地将学到的知识与现实生活联系起来。

# 五、说板书设计

本节课以提纲式板书为主，主要内容如下。

尝试对生物进行分类

1. 植物的分类
   （1）无种子
   （2）有种子
2. 动物的分类
   （1）无脊椎
   （2）有脊椎

# 第十九节

# 《从种到界》说课稿

本节说课的主题依托2019人教版生物学材八年级上册第六单元第一章第二节"从种到界"，说课的内容划分为五个部分：说教材、说学情、说教学法、说教学过程和说板书设计。

# 一、说教材

## （一）教材分析

本节主要讲述生物分类的等级，同时通过两页图片向学生具体展示生物是如何被列入不同等级分类单位中的。本节旨在使学生通过尝试分类的活动，对生物类群的有关知识进行归纳和总结，体验分类的基本方法，了解分类等级和基本单位，弄清生物之间的亲缘关系，为后两章生物的多样性及其保护的学习打下基础。

## （二）教学目标

（1）知识目标：说出生物分类的七个等级并弄清分类等级之间的大小包含关系；了解

林奈和生物命名法。

（2）能力目标：通过对生物进行分类，培养学生分类与整理知识的能力。

（3）情感态度与价值观态度：提高保护生物的意识，弄清楚生物之间的亲缘关系，更好地保护身边的生物。

### （三）教学重难点

（1）教学重点：生物分类的七个等级；分类等级之间的大小包含关系；林奈和双名法。

（2）教学难点：分类等级之间的大小包含关系。

## 二、说学情

本节课的教学对象为八年级学生，他们对自然界充满了好奇心，经过之前的学习已具备了相应的生物学知识，能够在教师的指导和引领下自主学习、归纳总结。但由于本节课知识涉及面很广，出现学生从未接触过的名词和概念，再加上八年级学生在课外知识的拓展上不够丰富，因此本节课的学习相对前面有一定难度。本节课以较大篇幅的狼的等级分类为例，激起学生学习的欲望，帮助学生形象直观地了解狼，建立科学的态度。

## 三、说教法学法

### （一）说教法

本节主要采用启发式的教学方法，并配合多媒体进行直观教学，调动学生积极性，达成学习目标。

### （二）说学法

这节课主要通过小组合作学习的方式，让每个学生参与课堂，通过小组成员之间的探讨、交流，培养学生的集体意识，提高与他人合作交流的能力。

## 四、说教学过程

### （一）导入新课

教师引导学生以自身为例进行思考：学生在班级中是班集体的一分子；从整个学校来看，学生属于学校中的一员；再往大处看，也可以是自己生活所在的省、市、区中的一分子。之所以会有这么多的身份是由于存在不同的分类等级。生物的分类也是一样的道理。教师提问：人们是如何对生物进行分类的呢？引出本节课的主题。

## （二）讲授新课

首先通过讲解，帮助学生理解生物分类的定义，使学生初步理解相关内容，利用多媒体以更直观的方式展示分类等级；随后继续展示几种动物的分类实例，帮助学生理解和熟悉生物的分类等级。在讲解的过程中强调怎样鉴定是否为同一个物种，以马和驴、狮子和老虎结合后的后代为例，帮助学生理解何为有繁殖能力的后代。教师提出问题：世界上所有人都是同一个物种吗？引发学生思考，促进知识的迁移运用。

利用多媒体向学生展示第五单元所学的内容，一边复习一边介绍此前所学动物都是属于什么门、什么纲。学生以小组合作学习的形式自主阅读课本，结合课下搜集的资料，一起将狼列入不同的分类等级。在此期间教师巡视各小组的讨论情况，必要时给予一定的指导和点拨。小组讨论结束后，各小组分别推举一名学生对自己组的讨论情况作总结发言，再由教师做好归纳总结。

## （三）总结提升

教师提问：哪个等级的生物共同特征最多？亲缘关系最近？包含的数量最多？引导学生在思考中逐渐弄清生物之间的亲缘关系和进化地位，理解对生物分类的意义。在学习完基础知识之后，学生共同学习教材中的"科学家的故事"栏目，了解林奈的故事以及"双名法"的物种命名方法。

## 五、说板书设计

本节课以提纲式板书为主，主要内容如下。

**从种到界**

1. 生物分类单位
   （1）从小到大：种、属、科、目、纲、门、界
   （2）意义
2. 双名法

## 第二十节

# 《认识生物的多样性》说课稿

本节说课的主题依托 2019 人教版生物学八年级上册第六单元第二章"认识生物的多样性"，说课的内容划分为五个部分：说教材、说学情、说教学法、说教学过程和说板书设计。

## 一、说教材

### （一）教材分析

从整体来看，本章属于总结性的一节内容，主要讲述生物多样性的内涵、特点等内容。教材内容繁多复杂且较为零碎，内容按照生物种类的多样性、基因的多样性和生态系统的多样性依次讲述，旨在通过三个层次来说明生物的多样性的基本含义，且侧重生物多样性的丰富度和独特性。我国生物资源丰富，拥有全球最不可替代的生物多样性保护区：三江源、四川大熊猫栖息地、云南三江并流保护区、雅鲁藏布大峡谷等。本节课内容可使学生了解大自然的魅力，为下一章乃至后续学习生物学的重要部分知识打下牢固的理论基础。本章在整本八年级上册教材中也起承上启下的作用。

### （二）教学目标

（1）知识目标：领会生物多样性的含义，能够列举出生物多样性的三个层次，并概述它们之间的关系，逐步形成进化与适应观，形成生物之间相互协调、相互制约的观点；了解我国生物多样性的丰富和独特性。

（2）能力目标：通过对资料的分析与处理，提高归纳与总结的能力。

（3）情感态度与价值观目标：认识多姿多彩的自然界；了解我国国情，激发民族自豪感；培养保护生物多样性的意识，逐步建立人与环境和谐共处的自然观。

### （三）教学重难点

（1）教学重点：生物种类多样性的实质是基因多样性；生物多样性的三个层次及它们之间的关系。

（2）教学难点：生物多样性三个层次之间的关系。

## 二、说学情

本节课内容位于八年级上册的末尾，经过一年多的生物学学习，学生的阅读分析、语言表达、合作交流等能力日渐成熟，学生逐渐学会自主学习，能够主动参与课堂活动，初步具备关注生物圈可持续发展的意识。

## 三、说教学法

### （一）说教法

本节主要采用启发式、谈话法等教学方法，配合多媒体的直观式教学，更生动形象地引导学生了解新知识，帮助他们将新知识纳入原有的认知结构中，逐步构建完整的知识体系。

## （二）说学法

学生通过阅读讨论、观察思考以及联系生活实际学习本节。

# 四、说教学过程

## （一）导入新课

由教材"想一想，议一议"引发学生思考：为什么树种单一的人工林比天然林更容易发生严重的虫害呢？学生根据前面所学知识纷纷提出自己的见解，教师对学生的答案进行总结，并引出生物多样性这一概念。随后利用多媒体播放一段视频，向学生展示生物多样性，使学生初步了解本节课的相关知识，理解生物多样性的内涵。

## （二）讲授新课

请学生阅读教材，明确本节课学习目标。只有明确了任务，才能确定学习的方向。

### 1. 生物种类多样性

利用多媒体展示教材表格，让学生思考问题：我国哪一类生物的物种数在世界上占比最高？哪一类相对较少？在教师的引导下，学生自主解读表格，提高分析问题和搜集信息的能力。由此学生了解我国是生物种类最丰富的国家之一，培养民族自豪感。通过小组讨论，探讨在动植物中除了表格中列出的类群，还有哪些类群？除了动物、植物，还有哪些类群？通过不断提问，引导学生步步深入，引领学生一边复习一边构建新的知识框架；随后通过与实际生活相结合，使学生明白生物种类多样性的意义。

### 2. 基因的多样性

讲述基因的本质，强化学生已有的知识，同时为高中知识的学习打下坚实基础。随后强调本节课重点：生物种类多样性的实质是基因多样性。通过实例，化抽象为具体。讲述美国大豆产量变化的事例和袁隆平通过杂交水稻培育高产水稻的事例，分析案例并思考：这两种植物为什么产量提高？小组成员相互交流意见，得出产量提高主要是杂交的结果，其根本原因是这两种生物基因的多样性，进而强化所学知识，促进知识的迁移运用，与生活实际相结合，使学生明白基因多样性的意义。

### 3. 生态系统多样性

利用多媒体展示一组图片，分别是森林、草原、荒漠、湖泊、海洋等各种生态系统。帮助学生回顾生态系统的含义，并加深印象。最后引导学生理解种类、基因及生态系统多样性之间的关系，培养学生爱护环境，保护生物多样性的科学精神。

## （三）总结提升

引导学生总结本节课的收获后梳理形成板书框架，同时思考：这节课你的困惑是什么？承上启下，引导学生预习下节课内容。

## 五、说板书设计

本节课以提纲式板书为主,主要内容如下。

认识生物的多样性
1. 生物种类多样性
2. 基因多样性(实质)
3. 生态系统多样性

# 第二十一节

## 《保护生物的多样性》说课稿

本节说课的主题依托 2019 人教版生物学八年级上册第六单元第三章"保护生物的多样性",说课的内容划分为五个部分:说教材、说学情、说教学法、说教学过程和说板书设计。

## 一、说教材

### (一)教材分析

"保护生物的多样性"是人教版生物学教材八年级上册最后一章的内容。第六单元主要讲的是生物的多样性及其保护:第一章是生物的特征分类,主要讲对生物进行分类;第二章是由分类认识到生物的多样性;第三章是生物的多样性被破坏的原因,以及我们应该采取的措施。整个认识过程以生物多样性为线索,介绍什么是生物多样性、生物多样性现状、现状发展原因,最后上升到挽救措施,是一个逐渐深化的认识过程,也是感情逐渐升华的过程。

### (二)教学目标

(1)知识目标:说出生物多样性面临的威胁及原因;了解我国生物多样性现状;说出保护生物多样性的措施。

(2)能力目标:通过浏览图片、观看视频,培养学生搜集信息、运用信息的能力;在小组合作的过程中提高学生交流合作的能力。

(3)情感态度与价值观目标:学生了解目前我国生物多样性所处的险境、造成险境的原因和保护生物多样性的措施,内心中会产生生态危机感、保护动物的决心责任感和尊重并善待地球生命的责任心。

### （三）教学重难点

（1）教学重点：生物多样性面临的威胁及其原因；保护生物多样性的主要措施。
（2）教学难点：生物多样性面临的威胁及其原因；保护生物多样性的主要措施。

## 二、说学情

保护生物多样性是当今全球的重要话题。在经过前面几章内容的学习，学生的阅读分析、语言表达、合作交流等能力日渐成熟，逐渐学会自主学习，能够主动参与课堂活动，对生物多样性有了更深的见解，明白生物多样性对人类、对自然界的重要作用。因此，本节课的学习能进一步强化学生保护环境、热爱大自然的社会责任，培养良好的学习习惯，为下学期的学习打下坚实基础。

## 三、说教学法

### （一）说教法

本节课主要采用启发式和谈话法，引导学生了解我国生物资源现状，培养保护生物多样性的意识。在此过程中配合直观式的教学方法，用栩栩如生的图片给学生带来视觉上的冲击，引起学生注意，提高学习兴趣。

### （二）说学法

采取小组合作学习的形式，引导学生通过所创设的情景获取知识，突出学生的主体地位，充分调动每一名学生的积极性，让他们主动参与课堂；培养学生的自学能力、思维能力、交流合作的能力，促使学生在交流中解决问题，培养学生的团结协作的精神。在学习的过程中要注重与生活实际相结合，培养学生爱护动物、保护自然的情感。

## 四、说教学过程

### （一）导入新课

以某网红直播吃鲨鱼被捕的新闻为导入点，教师提出：我国已经明令禁止非法买卖野生动物，不法分子因为利益依然铤而走险，鼓励学生讨论，激发学生的动物保护意识，引发学生广泛的思考和讨论。

### （二）讲授新课

教师播放视频介绍我国白鳍豚近几十年来数量骤减的现状，激起学生对白鳍豚的责任感和同情心，和保护生物的动机。介绍世界范围内各种动物生存现状，了解生物多样性正面临严重威胁。随后由世界范围内的各种生物生存现状引出我国范围内的现状，通过令人遗憾的实例来说明我国生物多样性正在减少，但是经过社会各界的共同努力，部分生物慢慢恢复了种群数量。

教师抛出问题：为什么我国生物多样性骤减？这其中的原因有哪些呢？引导学生分组讨论，每个小组选出自己的代表总结出本小组的观点，全班交流，教师和学生一起总结，得出结论：生物多样性面临威胁的原因，大体上分为环境污染物种入侵、森林覆盖率降低、生态环境改变、非法猎杀等。

最后从原因出发，寻找解决办法。教师组织学生探讨生物多样性的保护措施，最后由教师汇总，逐一讲解。

### （三）巩固提升

播放我国公安机关等有关部门关于保护生物多样性、打击非法捕猎售卖行为的相关视频，让学生看到我国对于保护生物多样性所做出的努力和决心，激发学生保护生物多样性的社会责任感。

### （四）布置作业

让学生写一篇主题为"我能为你做什么"的公益广告的广告词，呼吁人们保护野生动物和生物多样性。

## 五、说板书设计

本节课以提纲式板书为主，主要内容如下。

---

**保护生物的多样性**

1. 生物多样性面临的威胁：灭绝速度逐渐加快
2. 生物多样性面临威胁的原因
3. 保护生物多样性的主要措施：建立自然保护区、迁地保护、建立种质库、法制教育等

# 第四章

# 八年级下册

## 第一节

### 《植物的生殖》说课稿

本节说课的主题依托 2019 人教版生物学八年级下册第七单元第一章第一节"植物的生殖",说课的内容划分为五个部分:说教材、说学情、说教学法、说教学过程和说板书设计。

## 一、说教材

### (一)教材分析

第七单元的第一章主要讲述生物的生殖和发育,分为植物的生殖、昆虫的生殖和发育、两栖动物的生殖和发育及鸟的生殖和发育。而第一节的内容主要介绍植物的生殖,包括有性生殖和无性生殖。通过前面的学习,学生对有性生殖有了一定的了解,本节主要以被子植物的有性生殖为例,并以思维导图的方式,帮助学生回忆被子植物的花的结构和有性生殖过程;最后总结有性生殖的概念,以及有性生殖的后代特点。与有性生殖相对的是无性生殖,教材当中也介绍了一些以无性生殖方式生殖的植物种类、无性生殖的概念及无性生殖后代的特性。最后介绍无性生殖在生产实践当中的具体应用。

### (二)教学目标

(1)知识目标:描述并区分植物的有性生殖和无性生殖;了解无性生殖的应用。
(2)能力目标:通过观察、分析展示的图片和视频,培养学生自主学习和观察思考的能力。
(3)情感态度与价值观目标:通过对植物的观察,了解植物的生长发育,引发学生对大自然的热爱,培养学生爱护动植物、保护生态的社会责任。

### (三)教学重难点

(1)教学重点:植物的有性生殖和无性生殖;植物的无性生殖的常见类型;区分有性

生殖和无性生殖。

（2）教学难点：区分有性生殖和无性生殖；探究嫁接的过程。

## 二、说学情

本节课的教学对象是八年级学生。经过一年多的学习，学生在理解能力和学习能力上都有所提高，再加上新学期开始，学生的学习劲头足，对知识充满了好奇心和求知欲，因此能够更快地进入学习状态。

## 三、说教学法

### （一）说教法

本节内容有些抽象，主要采用启发式教学法和直观教学法以达成学习目标。

### （二）说学法

学生运用观察、分析、探究等学习方法，通过对图片的观察、分析和讨论，思考问题的答案，体验知识获得的过程，提高自身分析问题的能力，训练语言表达能力。

## 四、说教学过程

### （一）导入新课

教师提问学生：人、被子植物、细菌和真菌的生殖方式有哪些？课件上展示各种生物生殖的方式，并简单回忆各种生物的生殖方式。以竹子的繁殖方式为例，引发学生思考，让学生带着问题引入本节课的学习。

### （二）讲授新课

教师先介绍有性生殖方式的过程。在介绍有性生殖过程时，通过思维导图的方式帮助学生回忆花的结构，再列举几个典型的以有性生殖繁殖后代的植物来加深理解，如，介绍向日葵、花生、玉米等。这些植物都是通过有性生殖的方式产生种子，以种子作为新的繁殖体，繁殖后代。在介绍有性生殖过程之后，教师总结有性生殖的概念以及有性生殖的后代具有双亲的遗传特性。

和有性生殖相对的是植物的无性生殖，在讲解植物无性生殖过程中，教师主要以大量的实例向学生介绍。学生对无性生殖有直观的认识后，教师引出无性生殖的概念：不经过两性生殖细胞的结合，由母体直接产生新个体的生殖方式称为无性生殖，而无性生殖产生的后代只有母体的遗传特性。

教师引导学生将无性生殖的特点和有性生殖的特点作对比，并通过农业生产中的应用实例来说明无性生殖应用的广泛性和应用价值：利用无性生殖栽培农作物和园林植物，可以快速地繁殖具有优良特性的新品种，保证后代的遗传特性与亲代的遗传特性完全相同。

以扦插和嫁接两种常见的方式为例讲解无性生殖在农业上的应用。教师可以以生活中常见的扦插植物为例说明这种常见的方法。例如，月季花可以通过扦插茎的方式长出新的植物体，多肉可以通过扦插叶长出新的植物体等。适当展示多媒体图片来加深学生的理解。

教师在讲解嫁接时，注意与扦插作对比，说明两种方式的不同特点。在介绍嫁接的过程中，具体详细说明嫁接的方法、步骤以及注意事项，再辅以生活当中常见的实例，例如，以黑枣为砧木嫁接柿树。

**（三）布置作业**

课程最后留一个探究实验，鼓励学生探究扦插或者嫁接所需要的环境条件和植物自身的生长状况。

## 五、说板书设计

本节课以提纲式板书为主，主要内容如下。

**植物的生殖**

1. 有性生殖：过程、概念
2. 无性生殖
3. 在农业生产中的应用：嫁接

# 第二节

## 《昆虫的生殖和发育》说课稿

本节说课的主题依托 2019 人教版生物学八年级下册第七单元第一章第二节"昆虫的生殖和发育"，说课的内容划分为五个部分：说教材、说学情、说教学法、说教学过程和说板书设计。

## 一、说教材

**（一）教材分析**

教材将本节安排在植物的生殖之后，通过介绍家蚕的生殖和发育，讲解完全变态发育，通过蝗虫的发育过程，学习不完全变态发育；在学习中与学生学习讨论出完全变态发育与不完全变态发育各自的特点，以及两者的区别。最后，在技能训练中训练学生提出有探究价值问题的能力。本节最后展示了与生物学有关的职业，对拓宽学生视野、培养学生对生物学的兴趣有重要作用（左博 等，2020）。

### （二）教材目标

（1）知识目标：描述家蚕的生殖和发育过程；理解变态发育；理解并叙述不完全变态发育的过程；区分完全变态发育和不完全变态发育；举例说出昆虫在人类生活、生产中的作用。

（2）能力目标：学习并提高对提出的问题进行评价的能力；通过观察和浏览图片、视频，培养学生收集、整理、分析以及归纳整理的能力。

（3）情感态度与价值观目标：通过诗词进行教学，促进跨学科学习，培养人文情怀；通过了解与生物学相关的职业，培养对生物学的爱好和学习兴趣。

### （三）教学重难点

（1）教学重点：昆虫生殖和发育的特点和过程；昆虫的完全变态发育和不完全变态发育；昆虫在人类生活中的作用。

（2）教学难点：区分昆虫的完全变态发育和不完全变态发育。

## 二、说学情

八年级学生对大自然和小动物充满好奇心和求知欲，他们虽然在日常生活中见过蝴蝶、蚕、蝗虫等，初步了解这些动物，但还是缺乏系统和完整的科学知识的学习。同时，经过第一节内容的学习，学生逐渐熟悉了本章内容的学习方式，能够在教师的引导下快速进入课堂。

## 三、说教学法

### （一）说教法

本节课采用讲授法和实验演示法相结合的方式。

### （二）说学法

本节课学生可以通过观察思考、表达交流、合作探究等学习方式寻找新知，形成知识框架上的"生长点"，完善生物学知识体系。

## 四、说教学过程

### （一）导入新课

以我国悠久的丝绸之路文化作为切入点，引导学生探寻丝绸制作的秘密及其过程；通过讲述3000年前我国劳动人民养殖家蚕、生产蚕丝、制作绸缎的聪明才智，简单介绍制作丝绸的工艺，激发学生学习兴趣，导入新课。

### （二）讲授新课

课件展示家蚕生殖发育过程中各个阶段的形态图，并介绍家蚕在各阶段的行为。教师不断重复各个阶段的行为特点以加深学生的印象，最后在讲解完课件之后重新复述整个发育过程，然后选学生复述，加深完全变态发育过程的认识。根据以上的学习，学生总结出完全变态发育的特点是，幼体与成体的形态结构和生活习性差异很大。

教师提问学生，"春蚕到死丝方尽，蜡炬成灰泪始干"描述的家蚕的发育过程有一些不准确的地方，请学生将家蚕的发育过程和诗句含义对比，找出不准确的地方，然后根据正确的生物知识改写诗句，使诗句科学性和艺术性兼备。此时学生已知道春蚕在"丝尽"的时候并没有死，而是会成为蚕蛾。根据这一点，学生进行改动，教师适时鼓励。

在学习完全变态发育过程之后，继续学习不完全变态发育。此时以蝗虫的发育过程为例，讲解蝗虫发育过程中的各个环节和时期，教师注意总结各时期蝗虫的发育特点及发育行为。最后教师用课件完整展示蝗虫的卵、若虫和成虫这三个时期，串讲不完全变态发育的发育过程，并总结不完全变态发育最明显的特点：蝗虫在发育过程中，不经过蛹期，幼虫和成虫结构基本相同，但幼虫身体较小，生殖器官发育未成熟，仅有牙齿，称为若虫。

在学习完全变态发育和不完全变态发育之后，学生对这两种变态类型有了大体的了解，此时教师将完全变态发育和不完全变态发育进行对比，得出两者之间的区别和联系，使学生对昆虫的发育有较为宏观的认识。

### （三）布置作业

完成课后练习。

## 五、说板书设计

本节课以提纲式板书为主，主要内容如下。

| 昆虫的生殖和发育 |
|---|
| 1. 变态发育<br>2. 变态发育的类型<br>　（1）完全变态发育 |

（2）不完全变态发育

3. 昆虫对人类生活的影响

## 第三节

# 《两栖动物的生殖和发育》说课稿

本节说课的主题依托 2019 人教版生物学八年级下册第七单元第一章第三节"两栖动物的生殖和发育"，说课的内容划分为五个部分：说教材、说学情、说教学法、说教学过程和说板书设计。

## 一、说教材

### （一）教材分析

本节讲述两栖动物的生殖和发育。从教材整体上来看，第七单元了安排生物的生殖和发育、遗传和变异、生物的进化等内容，其中，两栖动物是生物进化链条上承上启下的重要一环。本节课以青蛙为例，帮助学生更直观地了解和学习两栖动物的生殖和发育。

### （二）教学目标

（1）知识目标：说出两栖动物生殖和发育的过程和特点。

（2）能力目标：通过观察和浏览图片、视频，培养学生收集、整理、分析以及归纳总结的能力。

（3）情感态度与价值观目标：通过诗词进行教学，促进跨学科学习，培养人文情怀；帮助学生树立爱护动物、保护自然的社会责任。

### （三）教学重难点

（1）教学重点：青蛙的生殖过程和发育特点；青蛙生殖和发育与环境的关系。

（2）教学难点：青蛙的生殖过程和发育特点。

## 二、说学情

本节课主要讲的是两栖动物的生殖和发育，这部分内容学生在日常生活中已经有了一定的接触和观察体会，但是可能没有从详细的生殖发育过程进行总结和了解，没有形成系统、完整的知识体系。因此，本节课旨在借助学生已有的生活经验和观察，植入生物学概念和观点，更为系统地说明两栖动物具体的生殖和发育过程。

## 三、说教学法

### （一）说教法

本节课主要采用讲授法。同时通过丰富多彩的图片和生动有趣的视频介绍两栖动物生殖与发育，为学生营造一个贴近自然环境的课堂氛围和教学情境。在与学生互动方面，教师将学生的生活经验与教材知识有机结合，在授课过程中联系学生生活经验和与自然接触的亲身体验，力求营造真实、自然的教学氛围。

### （二）说学法

学生运用观察、分析、探究等学习方法，通过对图片的观察、分析和讨论，思考问题的答案，体验知识获得的过程，提高自身分析问题的能力，训练语言表达能力。

## 四、说教学过程

### （一）导入新课

教师首先播放描绘江南梅雨季节蛙声此起彼伏的情景视频，为课堂植入更多的人文色彩和古诗情怀，如"黄梅时节家家雨，青草池塘处处蛙"等，激发学生兴趣。

### （二）讲授新课

教师提问学生：关于蛙声与青蛙，我们已经知道了很多非常有趣的诗句，那你知道青蛙是怎样生殖和发育的吗？学生小组讨论，讨论结束之后，教师进一步提问：青蛙在幼年的时候是什么样子的呢？学生根据刚刚的讨论结果回答：青蛙在幼年时是蝌蚪。教师追问：请问小小的蝌蚪是如何变成四肢发达的青蛙呢？

教师播放蝌蚪变成成体青蛙的视频，生动形象地向学生展示青蛙发育成熟的过程。视频展示完毕，教师分阶段向学生讲解发育过程：水中漂浮着的透明胶状物质就是青蛙产下的卵块，里面有许多受精卵；受精卵在水中发育为蝌蚪，蝌蚪再经过变态发育，长成幼蛙和成蛙。对比受精卵发育成的蝌蚪和蛙的各部分结构，得知蝌蚪和蛙的呼吸器官不同、外部形态不同，由此学生得知青蛙发育过程中身体变化巨大。教师设疑：两栖动物一般产出数十枚到数千枚的卵，这样数量巨大的卵对它们繁衍后代有什么重要的积极意义呢？学生分组讨论，并与老师共同探讨问题答案，最后得出：在缺少亲代保护的情况下，增加受精卵的数量可以提高成活率。

接下来是对两栖动物的生殖发育与环境条件的讲解。本环节主要是通过设置情景，根据所创设情景探讨情景当中的问题，得出两栖动物生殖发育与环境的关系。教师将资料分析中涉及的各种情景串联起来，引导学生理解两栖动物的生殖发育与环境的关系。此处需要阐明两个方面的内容：一是，环境条件的特点和变化会影响两栖动物的发展状况，也会影响两栖动物的生殖和发育过程；二是，两栖动物的生殖发育和活动也会影响环境条件。也就是说，动物的生命活动会影响环境的变化方向和进程。两栖动物的生殖发育与环境、温度息息相关，温热、潮湿都能使其更好地生长繁殖。如，青蛙的繁殖发育是在水中完成，直至其退去尾巴，长出腿来。这一过程与温度息息相关：温度太低，孵化出来的全是雌蛙；温度太高，孵化出来的全是雄蛙。教师列举教材上美国明尼苏达州的中学生发现畸形蛙的事例，和学生讨论环境对两栖动物生殖、发育的影响。通过这些讨论，学生不仅加深了对环境与生物相互关系的理解，还增强了保护环境的责任感和使命感。

最后，教师引出课堂讨论：怎样才能让两栖动物拥有良好的栖息环境？

### （三）布置作业

课后观察一种两栖动物的形态特征，并记录其成长的变化过程，形成观察日记。

## 五、说板书设计

本节课以提纲式板书为主，主要内容如下：

两栖动物的生殖和发育

1. 生殖：过程；特征
2. 发育：类型；过程；特征
3. 与环境的关系

## 第四节

# 《鸟的生殖和发育》说课稿

本节说课的主题依托 2019 人教版生物学八年级下册第七单元第一章第四节"鸟的生殖和发育"，说课的内容划分为五个部分：说教材、说学情、说教学法、说教学过程和说板书设计。

## 一、说教材

### （一）教材分析

本节在介绍植物和昆虫的生殖和发育的基础上，让学生进一步了解更高等的动物。鸟类作为重要的动物类别，有着特殊的生理结构特征和生殖方式，可以帮助学生深入了解生物的奥秘。在教材内容上，本节采用大量的图片，向学生展示丰富多彩的生物世界，帮助学生更好地理解鸟类的生殖和发育。本节也是第一章的最后一节，旨在使学生通过这一章的学习了解生物的生殖发育与人类及环境的关系。因此，本节在整个教材中占有重要地位。

## （二）教学目标

（1）知识目标：说出鸟卵适于在陆地上发育的结构特点；描述鸟的生殖和发育过程。

（2）能力目标：通过观察图片、视频，培养收集、整理、分析以及归纳整理的能力；理解鸟卵适应在陆地上发育的结构特点，形成生物体结构和功能相适应的观点。

（3）情感态度与价值观目标：通过了解参观养鸡场，明白科技发展的重要性，关注前沿科技的发展现状；了解鸟类生殖发育的过程，认同生命延续的艰辛，培养珍爱生命、爱护动物的情感。

## （三）教学重难点

（1）教学重点：鸟卵适于在陆地上发育的结构特点；鸟类的生殖发育过程。

（2）教学难点：鸟卵适于在陆地上发育的结构特点。

# 二、说学情

本节课的教学对象是八年级学生，他们具有一定的生活经验，在日常生活中接触过鸟类，也观察过鸡蛋，有属于自己的直接经验；再加上上学期已经学过鸟类的相关知识，经过前几节课的学习逐步熟悉了学习方法，能更好地进入课堂。

# 三、说教学法

## （一）说教法

为了达到教学目标，突破重难点，本节课采用活动探究法、启发式教学法和直观教学法，结合教材上丰富的图片，通过激发学生的学习兴趣，提高学生的主动性，活跃课堂气氛，鼓励并引导学生自主学习。

## （二）说学法

为了实现目标，以活动探究和小组合作学习为主，引导学生自主学习。

# 四、说教学过程

## （一）导入新课

以企鹅的生殖发育过程导入，教师向学生介绍鸟的生殖发育主要是通过卵来繁殖下一代，进而引出鸟类能产生具有壳的卵这一特点。

## （二）讲授新课

用实验的方式来说明卵的结构，为了取材方便，选用鸡卵作为实验材料。首先是外部观察，教师借用放大镜，引导学生观察软壳的表面质地。随后是内部观察，先将鸡卵敲出裂纹，观察壳下面的小空腔，师生共同讨论这个小空腔的生理作用。

学生讨论之后，教师汇总讨论结果。接着，教师用剪刀将小空腔下面的内壳膜剪破，使卵白和卵黄流入烧杯中，然后对照烧杯中的结构进行观察。学生通过观察和讨论，阐述壳膜内的物质结构及其各部分的功能。通过教师的讲解和学生的讨论，鸡蛋的结构特征和各部分的功能逐渐清晰，学生理解：卵黄是鸡卵的主要营养部分，卵黄表面中央有一盘状的小白点，称为胎盘，里面含有细胞核；卵黄外面的卵白含有营养物质和水分，满足胚胎发育的需要；卵壳和卵壳膜起保护作用；而卵壳上有许多肉眼看不见的气孔，使胚胎发育过程中能够与大气进行气体交换。教师设置一个实验探究，证明卵壳上有许多气孔。此处教师可引导学生分组讨论，根据讨论结果激发学生的实验探究思维。

接下来讲解鸟的生殖发育过程。教师播放相关视频，让学生对鸟类的生殖发育过程有一个大概的了解。视频结束之后，学生讨论鸟的生殖发育过程，主要包括求偶、交配、筑巢、产卵、孵化和育雏几个阶段。此处教师可以通过介绍一些有趣的繁殖行为，如孔雀开屏、家燕喂食小燕等，丰富学生对于鸟类及其发育过程的理解。教师设疑：一般来说，鸟类的生殖发育过程包括以上几个阶段，那有没有其他特殊的鸟类生殖发育阶段不太一样呢？这里教师以杜鹃的生殖行为为例，说明杜鹃只有求偶、交配和产卵这几个阶段。

### （三）拓展延伸

作为本节课的课外活动，教师可以设置爱鸟周活动，启发学生以护鸟爱鸟为主题设计活动方案。为了更好地将课堂知识与学生的生活相联系，在条件允许的情况下，教师可以带学生参观养鸡场，实地观察了解鸡的生殖发育过程以及孵化的相关管理知识。这样，学生在掌握教材知识的基础上，通过社会实践对鸟类的生殖发育过程建立完整、清晰、立体化的认识。

## 五、说板书设计

本节课以提纲式板书为主，主要内容如下。

| 鸟的生殖和发育 |
| --- |
| 1. 鸟的生殖和发育过程：求偶、交配、筑巢、产卵、孵化和育雏<br>2. 鸟卵的结构 |

# 第五节

# 《基因控制生物的性状》说课稿

本节说课的主题依托 2019 人教版生物学八年级下册第七单元第二章第一节"基因控制生物的性状"，说课的内容划分为五个部分：说教材、说教法、说学法、说教学过程和说板书设计。

## 一、说教材

### （一）教材分析

第二章主要讲生物的遗传与变异，本节课是第二章第一节的内容，介绍性状、相对性状等概念，以及本节的重难点：基因控制生物的性状。从整体来看，第二单元从基因到遗传再到变异，按照学生的认知发展，帮助学生形成以基因为核心概念的知识框架。本节课既复习前一章的内容，也为后面的学习作铺垫，起到承上启下的重要作用。

### （二）教学目标

（1）知识目标：理解生物的性状；能够举例说出生物的性状；区分性状和相对性状；理解生物性状与基因之间的关系。

（2）能力目标：通过观察图片、视频，培养收集、整理、分析以及归纳整理的能力。

（3）情感态度与价值观目标：了解转基因技术对人类社会带来的影响，培养良好的社会责任。

### （三）教学重难点

（1）教学重点：性状和相对性状；性状与环境之间的关系；性状与基因之间的关系。

（2）教学难点：性状不仅与基因有关，还与环境有关；生物的性状是基因和环境共同作用的结果。

## 二、说学情

从学生已有的知识基础看，他们已初步了解性状、基因、转基因遗传、变异等知识，可以让学生展开想象，去构建本节的知识；教师提供适当的引导，逐步设疑，使学生自己归纳出性状、基因控制性状的知识。

## 三、说教学法

### （一）说教法

以大量不同的生物性状为线索，从直观观察的角度，向学生说明基因是生物性状的根本控制者。这里要注意所列举的生物性状应该是日常生活中所常见的，同时也与学生的日常经验密切相关。在这些观察当中可以采用实验演示法。

### （二）说学法

学生运用观察、分析、探究等学习方法，通过对图片的观察、分析和讨论，思考问题的答案，体验知识获得的过程，提高自身分析问题的能力，训练语言表达能力。

## 四、说教学过程

### （一）导入新课

教师利用克隆牛和克隆羊的具体实例，向学生阐释克隆的含义，提问学生：为什么它们几乎一模一样？此处设疑旨在引出遗传的概念：遗传是指亲子之间的相似性；变异是指亲子间以及子代个体间的差异。可以用实际的例子促进对这两个概念的理解，例如，父亲、母亲与孩子之间有很多的相似之处，也有很多不相同的地方；子女之间也有很多不相同的地方；龙生九子，九子各不相同。这里需要对比克隆的生殖方式和亲子代间的遗传的异同。

### （二）讲授新课

教师借助实际例子，向学生清晰阐述生物性状及相对性状的概念。通过实例的佐证，学生能真正理解概念的含义，并且学会运用。在讲解性状和相对性状时，除了教师举例外，学生可以结合个人生活经验，积极动脑，列举他们所观察到的性状及相对性状。最终得出：性状就是生物体形态结构生理和行为等特征的统称。

"基因控制生物的性状"这一部分的学习以实验为引入，本实验主要介绍转基因鼠的实验。教师向学生说明基因和性状之间的相互关系，简单介绍转基因鼠的实验过程和实验结果。师生讨论实验的结论，明确生物性状与基因之间的紧密联系。教师应强调小鼠的基因主要位于细胞核内这一前提。

教师进一步讲解基因影响生物性状。教师提出问题：还有哪些因素可能影响生物的性状？教师以生活中随处可见的实例作为引入，例如，胡萝卜的地上部分和地下部分的颜色不一样；葱的葱白部分与其上部颜色不一样。最后教师总结：生物的性状是基因与环境共同作用的结果。其中，基因是决定性因素，而环境因素则起到重要的调节作用。

### （三）布置作业

布置课后作业，巩固提升。

## 五、说板书设计

本节课以提纲式板书为主，主要内容如下。

---

**基因控制生物的性状**

1. 生物的遗传和变异：遗传、变异
2. 生物的性状：性状、相对性状
3. 基因控制性状

## 第六节

# 《基因在亲子代间的传递》说课稿

本节说课的主题依托 2019 人教版生物学八年级下册第七单元第二章第二节"基因在亲子代间的传递"，说课的内容划分为五个部分：说教材、说教法、说学法、说教学过程和说板书设计。

## 一、说教材

### （一）教材分析

本节主要讲述亲代的基因如何传给子代的问题，使学生了解基因的位置和基因在亲子代间传递的途径。从本章整体来看，本节课的教学内容符合学生的认知发展规律，既是上一节"基因控制生物的性状"的延续和拓展，又是学习下一节"基因的显性和隐性"的基础，在本章中起到承上启下的重要作用。

### （二）教学目标

（1）知识目标：理解染色体、DNA 和基因之间的关系，描述生殖过程中染色体的变化；概述基因经生殖细胞在亲子代间的传递的过程。

（2）能力目标：通过观察分析资料，理解性状的遗传是基因在亲子代间传递的结果；把基因传递的复杂问题转化为研究染色体传递的简单问题，把抽象的问题具体化。

（3）情感态度与价值观目标：通过介绍科学家发现生殖细胞中染色体的科学史，对学生进行生物学科学的教育。

### （三）教学重难点

（1）教学重点：基因和染色体的关系和基因在亲子代间的传递。
（2）教学难点：基因和染色体的关系。

## 二、说学情

本节课的教学对象是八年级学生。这一阶段的学生具有较强的好奇心和求知欲，经过不断的学习，其逻辑抽象思维占据主导地位。本节课的内容有些抽象，与之相关的概念和理论不好理解，学生学起来有一定的困难。因此要注重对学生的引导，帮助学生构建知识体系。

## 三、说教学法

采用讨论法与直观体验法等多种教学方法，通过问题引导、学生活动、协作探究、直观体验，最终达到知识掌握、能力培养、情感态度建立的目的。

## 四、说教学过程

### （一）导入新课

课件上展示一组图片，内容是几对父子或母女的合照。教师提问：为什么亲子代之间会如此相似呢？性状遗传的实质是什么？接下来教师播放教学视频并配合讲解，向学生展示性状遗传的本质是亲代通过生殖过程把基因传递给子代。教师进一步设问：亲代的基因是怎样传递给后代的？从而引出本节课的内容。

### （二）讲授新课

教师首先通过一组图片展示基因、DNA 和染色体三者所处的位置，使学生初步了解三者之间的关系。接下来，利用多媒体，以填空的形式呈现有关染色体的内容，学生在阅读相关内容后，共同完成课件中需要填空的内容。通过这一环节不仅让学生初步了解染色体，还活跃课堂氛围，提高学生的学习兴趣，使课堂教学有序开展。继续展示另一组图片，包括正常人体细胞染色体示意图及 21 三体综合征患者及其染色体图，引导学生深入理解染色体的本质及其异常对生物体的影响。接着通过展示 DNA 双螺旋结构，教师向学生解释基因的概念：基因是具有遗传效应的 DNA 片段。

教师组织小组合作学习，引导学生生绘制细胞核、染色体、DNA、蛋白质、基因之间的包含关系图。给学生三分钟的时间进行思考和讨论，讨论结束后，各小组派一名代表上台展示，师生共同点评。

教师提出问题：精子或卵细胞中的染色体与体细胞的染色体数目一致吗？通过讲解受精卵的形成过程，进一步引导学生思考。教师设问：子代是如何保持与亲代的染色体数目保持一致的？教师展示比利时的胚胎学家比耐登对马蛔虫染色体的研究过程，得出生殖细胞中染色体数目减半的结论。

学生以小组合作的形式完成课件所展示的表格，通过对比分析体细胞、生殖细胞与受精卵中染色体、DNA、基因的存在形式及其异同，最终全面掌握染色体在亲子代间传递过程中的变化规律。

### （三）课堂小结

利用知识框架图，向学生逐一展示本节课所学知识，帮助学生构建和完善知识体系。

## 五、说板书设计

本节课以提纲式板书为主，主要内容如下：

> **基因在亲子代间的传递**
> 1. 基因、DNA 与染色体的关系
> 2. 基因经精子或卵细胞的传递

## 第七节

# 《基因的显性和隐性》说课稿

本节说课的主题依托 2019 人教版生物学八年级下册第七单元第二章第三节"基因的显性和隐性",说课的内容划分为五个部分:说教材、说学情、说教学法、说教学过程和说板书设计。

## 一、说教材

### (一)教材分析

从整体来看,本节是前面两节内容的拓展和延伸,也是本章学习的重难点。本节主要讲述孟德尔的豌豆杂交实验、了解近亲结婚的危害等,既是前面知识的综合,也为后续的学习打下基础,起到承上启下的关键作用。本节内容与高中知识联系紧密,能促进初高中的衔接,为高中生物遗传部分的学习打下良好基础。

### (二)教学目标

(1)知识目标:举例说出什么是显性性状和隐性性状;说明基因的显性和隐性;描述控制相对性状的一对基因的传递特点;了解近亲结婚的危害。

(2)能力目标:通过学习孟德尔的豌豆杂交实验过程,树立科学探究的精神,培养科学思维。

(3)情感态度与价值观目标:通过学习孟德尔的豌豆杂交实验进而学习科学家的良好品质;通过了解近亲结婚的危害,承担社会责任,关爱身边的遗传病病人。

### (三)教学重难点

(1)教学重点:相对性状与基因的关系;控制相对性状的一对基因的传递特点;禁止近亲结婚的原因。

(2)教学难点:相对性状与基因的关系。

## 二、说学情

本节课的教学对象是八年级学生,经过几个学期的学习,八年级学生已经具备一定的学习能力，能够在教师的引导下自主学习，积极主动地参与教学活动。同时，他们的抽象思维和逻辑思维能力逐渐成熟，有助于学习新知。本节内容较为抽象难懂，但是学生对自身和父母之间的继承关系充满了好奇心，且学生在学习本节课之前已经了解了基因、性状等相关知识，为本节课的学习打下了良好的基础（阳德忠，2018）。

## 三、说教学法

### （一）说教法

本节采用讲解法、直观式教学法以及问答法，打造一个以教师为主导、以学生为主体的课堂环境。

### （二）说学法

学生主要通过阅读自学法以及小组合作学习法进行学习。

## 四、说教学过程

### （一）导入新课

利用教材中的"想一想，议一议"作课堂导入，从学生自身的例子引出问题：能卷舌的人和不能卷舌的人结婚，其后代是否可以卷舌？引发学生思考，使其快速进入课堂。此时学生对问题产生疑惑和不解，教师继续提出几个类似问题，如，单眼皮和双眼皮的人结婚，后代是单眼皮还是双眼皮等，激起学生的好奇心和求知欲，导入新课。

### （二）讲授新课

教师先带领学生了解孟德尔，概述其主要事迹，随后播放相关视频，并提出一系列问题，要求学生带着问题观看视频。具体问题包括：孟德尔为什么选用豌豆作为杂交的实验材料？自然状态下豌豆能自己完成杂交吗？孟德尔是如何进行实验的？

通过层层设问，教师引导学生逐步深入孟德尔的实验过程，并理解显性性状及隐性性状的含义。在学生对性状遗传有了初步认识后，教师进一步讲解基因与性状之间的关系并解答导入部分的问题。最后，教师总结孟德尔能够获得成果的原因，培养学生严谨做事的精神，学习科学家的良好品质。

接下来是关于禁止近亲结婚的教学。学生以小组讨论的形式回答课件中的问题：如果隐性/显性基因是致病基因会怎样？一对健康的夫妇有没有可能生下有病的孩子，反之呢？讨论结束后，教师对各小组的回答进行总结，记录并整理存在的问题。随后，利用多媒体展示红绿色盲、白化病等常见隐性遗传病的图片，引发学生思考：什么样的婚配方式容易造成这样的结果？引导学生了解近亲结婚的危害。利用近亲与非近亲结婚后代发病率比较的表格，帮助学生了解近亲结婚的危害。最后通过展示现实生活中近亲结婚出现不良后果的例子，加强学生对有关知识的理解和认识。

## （三）总结提升

以搭建知识框架的形式带领学生回顾本节所学内容，帮助学生构建和完善知识体系，促进知识的理解和内化。

## 五、说板书设计

本节课以提纲式板书为主，主要内容如下。

---

**基因的显性与隐性**

1. 孟德尔豌豆实验
   （1）显性基因：控制显性性状的基因
   （2）显性性状：具有相对性状的亲本杂交，所产生的子一代中表现的那个亲本性状
   （3）隐性基因：控制隐性性状的基因
   （4）隐性性状：具有相对性状的亲本杂交，所产生的子一代中没有得到表现的那个亲本性状
2. 基因与性状的关系
3. 禁止近亲结婚

---

# 第八节

# 《人的性别遗传》说课稿

本节说课的主题依托 2019 人教版生物学八年级下册第七单元第二章第四节"人的性别遗传"，说课的内容划分为五个部分：说教材、说学情、说教学法、说教学过程和说板书设计。

## 一、说教材

### （一）教材分析

本节主要讲述男女染色体的差别、人的性别是由性染色体所决定以及生男生女的机会是均等的。从整体来看，本节内容是对前面三节所学知识的拓展和延伸，同时也为下一节"生物的变异"的学习打下基础，起到承上启下的关键作用。本节通过讲述生男生女机会均等的原理，破除封建迷信，培养科学的态度，增强学生的道德感，对学生了解自身奥

秘起到重要作用。

### （二）教学目标

（1）知识目标：了解人的性别差异是由性染色体决定的；理解生男生女机会均等的原理。

（2）能力目标：探究人类的性别决定和生男生女的比例，培养科学探究的精神和思维能力。

（3）情感态度与价值观目标：通过了解生男生女机会均等的原理，破除封建迷信，用科学的态度看待生男生女的问题，增强学生的社会道德感；关注我国性别比例失调的问题，认同男女性别比例平衡的重要性。

### （三）教学重难点

（1）教学重点：理解人的性别差异是由性染色体决定的。

（2）教学难点：理解生男生女机会均等的原理。

## 二、说学情

由于性别是一种特殊的性状，生男生女的奥秘又是一个十分敏感且重要的生物学问题，学生对此有浓厚的学习兴趣，教师需充分利用这个积极因素，激发学生的求知欲，以便更好地让学生掌握所学的知识。

## 三、说教学法

### （一）说教法

本节课主要利用讲授法、问答法、多媒体课件教学法等方法教学。

### （二）说学法

本节课主要倡导学生自主学习，采取小组合作学习的方式，充分体现学生在课堂上的主体地位。

## 四、说教学过程

### （一）导入新课

教师展示两张性别不同的宝宝图片，引起学生对生男生女的疑惑，随后提出问题：生男生女到底是怎么回事？由此引出新课的主题。

### （二）讲授新课

首先，教师对男女染色体差别进行讲解。通过回顾之前所学的知识，学生已了解基因在染色体上，教师设疑：那么决定人类性别的基因会出现在哪条染色体上？这样的染色体有什么特点？接着，教师利用多媒体向学生展示男、女的体细胞染色体排序图，并提出一系列问题串引导学生思考：

（1）在男性和女性的染色体中哪一对有较大差别？这对染色体的差别可能与什么因素有关？

（2）两幅图中，哪一幅展示的是男性的染色体，哪一幅是女性的染色体？

（3）哪些是常染色体，哪些是性染色体？

（4）图中哪条是 X 染色体，哪条是 Y 染色体，二者在形态上有何区别？

（5）就性染色体而言，在男性生产的精子和女性生产的卵细胞中，应该各包含几条性染色体？精子和卵细胞各有几种类型？

（6）男女体细胞、精子和卵细胞各自染色体的数量？

通过一系列精心设计的问题，引导教学步步深入，使学生逐步理解并构建有关男女性染色体的知识体系。

接下来教师讲解生男生女机会均等的原理。这部分教学内容将通过一个模拟实验来展开，即利用黑白围棋模拟精子和卵细胞的随机结合。这一探究过程旨在活跃课堂氛围，提高学生的学习兴趣，同时让学生在自主设置探究的过程中，培养科学思维和动手操作能力。

最后，教师提出与现实生活相关的问题，引发学生思考：我国现在的人口比例状况如何？人口比例的失衡会带来哪些问题？学生分小组讨论，各抒己见。讨论结束后，教师进行汇总和完善，并提出：现在社会上仍存在一些人持有重男轻女的观念，这容易导致男女性别比例的失调。因此我们应该破除封建迷信，培养科学的态度。

## （三）课堂小结

通过师生、生生交流，互相补充，对本节课的知识进行归纳梳理，形成知识网络。

## （四）巩固提升

利用多媒体进行随堂测验，对课程内容作拔高训练。

# 五、说板书设计

本节课以提纲式板书为主，主要内容如下。

人的性别遗传

1. 男女染色体的差别
   性染色体
2. 生男生女机会均等
   取决于男性的哪一种精子（X 或 Y）与卵细胞结合
3. 用科学的态度看待生男生女

## 第九节

## 《生物的变异》说课稿

本节说课的主题依托 2019 人教版生物学八年级下册第七单元第二章第五节"生物的变异",说课的内容划分为五个部分:说教材、说学情、说教学法、说教学过程和说板书设计。

## 一、说教材

### (一)教材分析

本节是本章的最后一节内容,内容主要为可遗传和不可遗传的变异、引起生物变异的原因以及遗传育种的主要方法。本节教学内容是在学习生物的遗传、了解生物性状的基础上进行的拓展和延伸,同时也为下一章"生命起源和生物进化"的学习奠定基础,起到承上启下的关键作用。

### (二)教学目标

(1)知识目标:区分可遗传变异和不可遗传变异,说出引起变异的原因;了解遗传变异在实际生活中的运用。

(2)能力目标:通过实验探究,提高学生处理和分析数据的能力。

(3)情感态度与价值观目标:通过学习、了解生物的变异及原因,认识到自然界的奇妙力量,认同生物的变异是普遍存在的;通过学习遗传育种的主要方法,了解更多与实际生活相结合的科学技术,认同遗传育种在实践中的应用。

### (三)教学重难点

(1)教学重点:了解生物变异的原因;举例说明遗传育种的主要方法。
(2)教学难点:探究花生的一种变异现象。

## 二、说学情

在心理方面,八年级学生活泼好动,思想活跃,好奇心强,具有强烈的求知欲。因此,教师在设计教学活动时,应充分调动学生的积极性,鼓励学生动手动脑,培育探究精神。在知识储备方面,八年级学生已对生物的生殖发育、生物的性状以及决定性状的因素有一定的了解,但对生物变异的知识还知之甚少,因此,教师应从生活实际出发,引导学生发现变异现象的存在，并进一步探究变异的缘由。

## 三、说教学法

### （一）说教法

本节采用多媒体教学法、讲授法和问答法。通过创设真实的教学情境，活跃课堂氛围，调动学生学习的积极性。教师在讲解过程中通过谈话或提出问题的方式，引导学习步步深入，使全体学生积极投入课堂。

### （二）说学法

本节中学生主要进行小组合作学习，在合作交流中探索知识的奥秘。

## 四、说教学过程

### （一）导入新课

教师展示教材"想一想，议一议"中的问题，询问学生金鱼身体颜色变化的原因，让学生产生疑惑；随后展示一组图片，并提出问题："一母生九子，连母十个样"描述的是什么生物现象？由此引出新课的主题。

### （二）讲授新课

教师利用多媒体展示不同种类的菊花图片和不同品种的玉米果穗，使学生进一步了解生物的变异现象，引出变异的含义。为了培养学生的探究能力，教师组织一次探究活动，引导学生亲自探究一种变异现象。在教师的引导下，师生共同设定本次探究需要解决的问题，例如：花生存在果实大小的变异吗？并做出相应假设，随后制定计划并实施。教师引导学生思考实验前有哪些准备工作，包括取样、测量、绘图和数据分析，并重点强调探究过程中的注意事项，如，随机取样时样品数量不能少于30粒等。最后进行结果分析和小组讨论，得出结论。学生通过亲自设置探究的过程，培养科学思维和收集信息、解决问题的能力。

探究结束后，教师提出一系列问题，引导学生进行小组讨论：

（1）如果将大花生的种子种在贫瘠的土壤中，小花生的种子种在肥沃的土壤中，它们结出的果实分别是什么样的？

（2）从大花生中选择一粒饱满粒大的种子种下去，所收获的果实一定都是大的吗？为什么？

学生分小组对这些问题进行探讨分析。在学生讨论的过程中，教师巡视各小组并记录每个小组的参与情况，倾听他们的观点。讨论结束后，各小组派代表发言，教师对各小组讨论结果进行总结和完善。为了加深学生的理解，教师利用遗传图解进一步解释题目中的现象，引导学生明白生物的变异既可能由遗传因素引起，也可能由环境因素引起，同时讲解可遗传变异和不可遗传变异。通过两个案例，帮助学生学以致用，促进知识的迁移和运用,加深对知识的理解。

接下来讲解人类如何利用遗传变异培育新品种。教师利用多媒体展示选择繁育高产奶牛示意图、小麦杂交示意图以及诱变出太空椒的示意图,总结出培育新品种的方法。

最后,教师提问:所有的变异都是有利的吗?变异在生物演进过程中有何意义?通过更深入的思考,促进本节课知识的迁移运用,加深学生的理解记忆,并为后续学习奠定基础。

### (三)巩固提升

新课讲授结束后,教师以知识框架的形式带领学生回顾本节内容,帮助学生构建和完善知识体系,促进知识的理解和内化。为了加强与实际生活的联系,教师布置课后作业,让学生在课下搜集利用遗传变异原理培育新品种的其他方法,培育学生自主学习的能力,开阔学生眼界,促进知识的运用。

## 五、说板书设计

本节课以提纲式板书为主,主要内容如下。

---

**生物的变异**

1. 变异的含义
2. 探究性试验:花生的一种变异现象
3. 变异的本质:(1)环境的改变;(2)遗传物质的改变
4. 遗传变异原理在培养新品种方面的运用

---

## 第十节

## 《地球上生命的起源》说课稿

本节说课的主题依托 2019 人教版生物学八年级下册第七单元第三章第一节"地球上生命的起源",说课的内容划分为五个部分:说教材、说学情、说教学法、说教学过程和说板书设计。

## 一、说教材

### (一)教材分析

本节主要是让学生理解生命起源的过程,了解不同的生命起源学说和观点,最后通过"科学·技术·社会"的教学模块,拓宽学生的眼界,提高学生的学习兴趣。从整体来看,本节不是全书教学的重难点，但是对帮助学生构建关于地球生物的知识体系、了解神奇的大自然具有非常重要的作用，也为后续学习生物的进化过程等相关知识奠定基础，起到承上启下的关键作用。

### （二）教学目标

（1）知识目标：说出生命起源的过程；关注生命起源的不同观点及新的研究进展。

（2）能力目标：通过对生命起源问题的探讨与资料分析，提升用证据和逻辑推理进行分析和推测的能力；通过分析米勒模拟实验，学习科学探究的基本思路、方法，提升解决生物学问题的能力。

（3）情感态度与价值观目标：通过生命起源的学习，认同生命进化之漫长，提升珍爱生命的责任感。

### （三）教学重难点

化学进化的过程；生命起源于非生命物质，生命起源是化学进化的结果。

## 二、说学情

八年级学生对地球上生命的起源了解较少，主要是对进化论、神创论等观点有所耳闻。他们对宇宙、太空和远古时代等抱有极大的好奇心和探索欲，因此会对本节课的学习内容产生浓厚兴趣。他们对于生命的起源有着各种各样奇怪的想法，这些想法大多缺乏实证与逻辑支撑，更多是基于无忧无虑的幻想。在教学过程中，教师需要特别注意引导他们学会科学地推测，鼓励他们在拥有一定证据和严密逻辑的基础上大胆想象。从思维特点来看，八年级学生正处于形象思维向抽象思维过渡的时期，教师应创造条件，在充分考虑学生已有知识与经验的基础上，提供形象化、多样化且层次分明的学习方案，以满足全体学生的学习需求。

## 三、说教学法

### （一）说教法

本节主要采用直观式教学法和启发式教学法。

### （二）说学法

学生主要采用小组合作学习法。

## 四、说教学过程

### （一）导入新课

首先，教师利用多媒体给学生介绍：地球的形成大约在46亿年前，而人类的祖先是在几百万年前出现，引导学生联想不同历史时期地球上的生物。教师提出问题：地球上最原始的生命从哪儿来呢？生命又是怎样发展的呢？由此导入本节新课的主题。

### （二）讲授新课

教师播放一段关于地球生命起源的纪录片，使学生初步了解相关知识。接下来，向学生科普有关生命起源的几种假说，如女娲造人、神创论以及达尔文的进化论等，开拓学生的眼界。其中，重点讲解进化论的观点，一方面为后续的学习奠定基础，另一方面使学生了解新的科学方法——推测。

教师利用多媒体逐一展示弗朗西斯科·雷迪、斯帕兰扎尼和巴斯德的实验探究过程，引导学生从实验类型、实验结果和实验结论三个方面进行思考和总结。在教师的引导下，学生得出结论：生命并非自然发生。以此推翻自然发生学说。

教师继续讲解海洋化学起源说。展示教材中的三段材料，让学生以小组合作的方式分析和思考课件展示的材料及相关问题，并给每个小组布置探究任务。

对资料1设置问题：地球的年龄是多少？原始地球的环境是怎样的？原始大气的成分是什么？原始大气与现在的大气成分最明显的区别是什么？你认为原始地球上是否存在生命，为什么？

对资料2设置问题：米勒实验中各装置的作用是什么？米勒实验证明了什么？根据这一结果，可以对生命的起源做出怎样的推测？

对资料3设置问题：什么是陨石？它来自哪里？科学家在陨石中发现了什么？由此可以做出什么推测？

小组讨论结束后，各小组派代表展示本组的学习成果，并将结论写在黑板上。师生共同学习探讨，最终在教师的引导下得出结论，理解生命起源的过程，并认识到原始生命诞生的场所是原始海洋。

最后，教师向学生展示宇生说的证据和推测过程以及热泉生态系统，加强学生的逻辑思维能力，培养实事求是的精神。

## 五、说板书设计

本节课以提纲式板书为主，主要内容如下。

**地球生命的起源**

1. 神创论
2. 自然发生学说
3. 海洋化学起源说
   （1）原始生命产生的条件
   （2）原始生命产生的过程
4. 宇生说、热泉生态系统

# 第十一节
## 《生物进化的历程》说课稿

本节说课的主题依托 2019 人教版生物学八年级下册第七单元第三章第二节"生物进化的历程"，说课的内容划分为五个部分：说教材、说学情、说教学法、说教学过程和说板书设计。

## 一、说教材

### （一）教材分析

本节属于"生物的多样性"主题。生物进化是一个极为漫长且复杂的过程，教材在讲述生物的生殖和发育、生物的遗传和变异以及生命的起源的基础上，自然过渡到生物的进化的相关内容。从知识的角度看，本节是前面所学知识的延伸和拓展，主要讲述研究生物进化的方法以及生物进化的大致历程，通过呈现多种资料，帮助学生理解生物进化的总体趋势，了解丰富多彩的生物世界，拓宽视野，在本章中具有承上启下的重要作用。

### （二）教学目标

（1）知识目标：了解并学习比较法来研究生物进化；概述生物进化的主要历程和基本规律。

（2）能力目标：通过比较法的应用和学习，培养学生的科学思维；通过资料分析和整理，提高学生分析问题、解决问题的能力，学会运用比较的科学方法。

（3）情感态度与价值观目标：通过资料分析，获得进化与适应观；在学习生物进化的历程后，提升敢于质疑的科学态度，认同生物进化的不易，提升珍爱生命的责任感。

### （三）教学重难点

（1）教学重点：了解并学习比较的科学方法；化石是生物进化的证据；生物进化的大致历程。

（2）教学难点：通过完成进化树，概述生物进化的主要历程。

## 二、说学情

八年级学生对生物进化的历程比较感兴趣，但对生物进化的顺序和判断依据却不甚清楚。尽管涉及的生物种类及其主要特征大多是学生之前学习过的内容，但由于时间间隔较长，部分学生可能已经有所遗忘。此外，还有一些动物是学生尚未接触过的，学生会感到比较陌生。所以，教师在授课时应注重结合生活实际，通过资料分析、讨论等方式，增强学生的感性认识，帮助他们进一步理解和掌握知识。

## 三、说教学法

### （一）说教法

本节课主要采用了启发式、直观法、情境式等教学方法，并以多媒体辅助教学，从而打造以教师为主导、以学生为主体的课堂。

### （二）说学法

倡导学生自主学习，采取小组合作学习的方式，充分体现学生的主体地位。

## 四、说教学过程

### （一）导入新课

教师设疑：原始生命产生后，生物是怎样演变成现在的万物的？科学家是怎样研究生物进化的历程的？有关生物进化的证据又是什么呢？通过提出逐渐深入的问题，激发学生的好奇心和求知欲，从而引导学生带着问题进入新课的学习。

### （二）讲授新课

教师首先讲解研究生物进化的方法。利用多媒体向学生展示化石图片，引出研究生物进化的证据——化石。通过讲解化石的形成原理及其在科学研究中的作用，拓宽学生眼界，激发其好奇心，展示多种生动逼真的化石图片，活跃课堂氛围。

学生以小组合作的形式教材相关内容并讨论，并教师对学生提出学习目标，让学生带着问题进行阅读。同时画出教材中的重点内容，最终实现对学习内容的整体感知。

回答以下三个问题。

问题一：上述资料中，科学家在研究生物进化问题时各采用了什么方法？

问题二：上述资料中，科学家采用的研究方法有什么共同之处？

问题三：根据上述资料，你能对生物进化的历程作出怎样的推测？

问题一的提出旨在激发学生的探索欲。化石是八年级学生还未接触过的生物标本，在生物研究上有着重要意义，认识、了解化石对学生以后从事生物研究有启发性的认知。这三个问题的设置，引导学生从资料中提取和分析信息，总结研究生物进化的核心方法——比较法。这种设疑学习方式有助于培养学生的自主学习和探究能力。问题三的提出则是有意制造学生的认知冲突。通过回顾先前所学内容，检查学生对知识的理解程度并运用到新的知识领域并理解新知识的过程，可使学生的思维远离平衡状态，经过"同化"和"顺应"的自我调节，达到更为有序的认知结构的新平衡。

接下来讲解生物进化的大致历程。教师设疑：从地球上最初的生命形式到现在形形色色的生物，地球究竟经历了哪些环节呢？教师要求各小组合作完成任务，包括补充教材中的空缺，并讨论生物进化的总体趋势。

这部分是学生学习的难点，小组合作学习不仅有助于体现学生的主体地位，还能提高他们的学习效率，同时增进学生间的情感交流，培养人际交往、自学和合作能力。

### （三）课堂小练

课堂练习来自教材的技能训练"评价证据与假说"。根据学生对本节知识的掌握情况，以小组讨论的方式完成技能训练，一方面使学生正确认识证据与假说之间的逻辑关系。加强学生对所学知识的巩固，另一方面增强知识的应用性。正可谓趁热打铁，一举两得。

### （四）总结提升

教师引导学生回顾课上所学内容，并结合板书进行总结。这样的总结能够加深学生对本节内容的理解，从整体上把握知识要点。

### （五）布置作业

布置课后练习册上的相关章节练习作为课后作业。写作业可以检查教学的效果和学生掌握知识的情况，加深学生对知识的理解和记忆，充分发挥学生的智慧和潜力；同时也有助于培养学生的思维能力，养成良好的学习态度和学习习惯。

## 五、说板书设计

本节课以提纲式板书为主，主要内容如下。

---

**生物进化的历程**

1. 学习研究生物进化的方法
   （1）化石
   （2）比较法
2. 生物进化的大致历程
   由简单到复杂、由低等到高等、由水生到陆生

---

## 第十二节

## 《生物进化的原因》说课稿

本节说课的主题依托 2019 人教版生物学八年级下册第七单元第三章第三节"生物进化的原因"，说课的内容划分为五个部分：说教材、说学情、说教学法、说教学过程和说

板书设计。

# 一、说教材

## （一）教材分析

本节是本章的最后一部分内容，旨在让学生在初步了解生命的起源与生物进化的历程后，进一步理解生物进化的原因，同时形成科学的进化论观点，因此本节内容既是对前面所学知识的总结和延伸，又是生物进化的核心内容，在本章中占有重要的地位。教材通过阐述桦尺蛾变异的真实事例以及设置模拟保护色形成过程的探究活动，引导内容逐渐深入，逐步剖析生物进化的原因。最后通过讲述达尔文的故事，开拓学生眼界，提高其学习兴趣。本节知识对学生形成科学的进化论观点、树立辩证唯物主义自然观具有重要意义。

## （二）教学目标

（1）知识目标：模拟保护色形成的过程，分析生物进化的原因；概述自然选择学说，认同生物进化的基本观点。

（2）能力目标：通过资料分析和探究活动，培养学生的自主学习能力，提高学生的思维能力及总结概括的能力，初步形成生物与环境相适应的生物学观点，提高科学素养；学会运用自然选择学说解释有关实例，培养学生对知识的迁移能力，养成运用生物知识分析生活中现象的能力。

（3）情感态度与价值观目标：通过桦尺蛾体色变化，认同保护环境的重要性，尊重自然，增强环保意识，促进各方面素质均衡发展；了解达尔文的进化论，培养科学的态度和实事求是的精神。

## （三）教学重难点

（1）教学重点：分析生物进化的原因；模拟保护色形成的过程，分析生物进化的原因；概述自然选择学说，认同生物进化的基本观点。

（2）教学难点：分析生物进化的原因。

# 二、说学情

本节课的授课对象是八年级学生，他们经过两年的学习已逐步具备科学思维和探究能力，能够在教师的引导下自主学习，完成学习目标。本节内容是在前几节的基础上进行的拓展和延伸，学生在学习前面的章节后对生物进化有所了解，但是对其原因还不太了解。所以在教学中，教师应注意多从生活实际出发，通过资料分析、游戏等活动，帮助他们学习本节知识，加强学生的感性认识，使学生进一步理解、掌握。

## 三、说教学法

### （一）说教法

教师注意从实际出发，创设真实情境，加强学生的感性认知，提高学生学习兴趣。通过启发式、谈话法等教学方法，引导教学步步深入，同时强调学生的主体地位。

### （二）说学法

通过让学生主动参与、合作探究、讨论分析、归纳总结，培养学生自主学习的习惯和能力。

## 四、说教学过程

### （一）导入新课

教师展示"生物进化树"，用一系列问题引导学生思考：在生物漫长的进化过程中，为什么有些生物种类会灭绝？新的物种又是怎样形成的？生物不断进化的原因是什么？由此引出本节课的主题。

### （二）讲授新课

教师首先分析生物进化的实例。利用多媒体向学生展示1850年和1950年树干上桦尺蛾的颜色图片，并引发学生思考：为何短短100年间，桦尺蛾的颜色会发生如此显著的变化？为了提升学生的兴趣和活跃课堂气氛，此处可以设置课堂小游戏：请学生分别数一数1850年和1950年的树干上各有几只桦尺蛾，思考并解释这种现象产生的原因。在学生对桦尺蛾的变异有了初步认识后，教师提出问题：短短100年，为什么桦尺蛾的体色比例会发生如此大的变化呢？从而引出"自然选择"这一重要概念，引导学生了解保护色的含义。

接下来教师展示几组动物图片，通过生动的实例帮助学生深入理解保护色的作用，并顺势发问：动物的保护色是如何形成的呢？引导学生进一步思考保护色的形成过程和作用。

在学习保护色的形成过程中，通过引导学生设计实验，探究生物进化的原因。教师首先明确实验目的，然后引导学生提出问题、做出假设，以此培养他们的科学思维能力。为了节约时间，教师播放一段教学视频，让学生全面了解实验过程。随后学生以小组合作的形式，完成教材中的表格，并在教师的引导下，理解生物进化的基础及其外在动力。

教师讲解达尔文的自然选择学说，通过展示两个资料（蟑螂极强的繁殖能力、大象的繁殖情况），引发学生思考：资料中提到的，750年后，一对象的后代可达1900万头（过度繁殖）这一情况是否会发生。在学生充满疑惑时，教师引出达尔文的自然选择学说，并说明该学说能够解释这一现象。接着，教师通过流程图的形式解释自然选择的发生过程：过度繁殖（基础）—遗传和变异（内因）—生存斗争（动力）—适者生存（结果）。

为了培养学生学以致用的能力，学生在教师的引导下用自然选择学说解释长颈鹿形成的原因。通过推理长颈鹿的进化过程，学生深入理解自然选择学说，培养迁移运用能力。

### （三）课堂总结

将本节的重点内容逐一展示，帮助学生回顾复习。

### （四）课外延伸

请学生课下阅读教材上的科学家的故事，结合课后练习，思考人工选择和自然选择的异同。

## 五、说板书设计

本节课以提纲式板书为主，主要内容如下。

生物进化的原因

1. 分析生物进化的原因
   （1）基础：遗传与变异
   （2）外在动力：环境的改变
2. 自然选择学说
   过度繁殖、生存斗争、遗传和变异、适者生存

# 第十三节

# 《传染病及其预防》说课稿

本节说课的主题依托 2019 人教版生物学八年级下册第八单元第一章第一节"传染病及其预防"，说课的内容划分为五个部分：说教材、说学情、说教学法、说教学过程和说板书设计。

## 一、说教材

### （一）教材分析

本章对于引导学生树立健康的生活理念、养成良好的生活习惯、实现健康成长具有非常重要的作用。虽然第四单元"生物圈中的人"中已经介绍了相关的知识，但总体来看还不够系统全面；同时新课标提到"现代文明病"等知识，建议学生通过系统地学习，树立

健康意识，实现健康生活。本节主要讲述传染病及其病因、传染病流行的基本环节及对传染病的预防，教材通过穿插资料分析和图片，与生活实际相结合，以更感性的方式引导学生认真思考，从而养成良好习惯。因此本节既是重要内容，同时也是对前面所学内容的拓展和延伸。

### （二）教学目标

（1）知识目标：说出传染病的病因、传染病流行的基本环节和预防措施；举例说出常见的寄生虫病、细菌性传染病和病毒性传染病；关注常见传染病的流行和预防及其与人体健康的关系，选择卫生、安全的生活方式。

（2）能力目标：通过资料分析，探究传染病流行的三个基本环节，培养科学思维和探究能力。

（3）情感态度与价值观目标：了解自己的身体健康状况及心理状态，养成良好的生活方式和健康的生活态度；通过了解传染病的传播途径和预防措施，建立正确的传染病的预防观点；通过对传染病的讨论，初步形成关注热点问题的习惯，了解艾滋病，培养社会责任。

### （三）教学重难点

（1）教学重点：传染病的概念、传染病流行的基本环节及预防措施。
（2）教学难点：传染病的概念及其流行的进本环节。

## 二、说学情

学生自身经历过或知晓身边的人患过一些常见疾病，特别是经历过疫情防疫，他们对传染病及其危害有一定的了解，通过日常的积累，学生们也知道诸如流感、艾滋病等其他传染病的相关知识。他们对于传染病的知识抱有强烈的好奇心，尤其关注传染病的预防措施，但难以就具体病例准确阐述传染病的几个关键环节及预防措施，也并不清楚传染病的分类。

## 三、说教学法

### （一）说教法

本节课从实际出发，创设情境，通过启发式、问答法等教学方式，采用开放式的学习活动，构建以教师为主导、以学生为主体的课堂学习环境。

### （二）说学法

学生主要通过阅读、讨论、分析去发现知识，逐渐培养自主学习的习惯和能力。

## 四、说教学过程

### （一）导入新课

首先利用多媒体向学生展示自全球传染病疫情情况的统计，通过分析和观察，学生可以发现该数据呈现出飞速上升的趋势，即疫情的传播速度极快。引出问题：为何传染病传播的如此之快，这与传染病的什么特征有关呢？并由此导入新课。

### （二）讲授新课

为了引导学生结合自身经验主动思考，教师展示一个表格，表格中列举流行性感冒、麻疹、水痘、肺结核等多种疾病，并引导学生思考这些疾病的病因及是否具有传染性。学生通过分析这些疾病是由什么引起的，来探讨传染病和不可传染的疾病之间的区别。在教师的引导下，学生得出：传染病是由病原体引起的，进而理解传染病的概念。同时，教师需要强调，传染不仅发生在人与人之间，人与动物之间也会发生。在学生初步了解传染病后，教师提问：为什么这些疾病能够在不同的个体之间传播？传播与什么有关？引导学生逐渐深入思考。通过讨论与讲解，学生了解到病原体能够在宿主个体之间转移、繁殖，从而总结出传染病的特点：传染性、流行性。

接下来学生以小组合作学习的形式，通过自主阅读教材中的资料分析，思考教师提出的几个问题：引起疾病的病原体是什么？疾病是从哪儿开始的？疾病是通过什么传播的？谁更容易被传染？

小组讨论后，学生总结资料中的传染病流行所经历的环节，从而得出传染病流行的三个基本环节：传染源、传播途径、易感人群。

随后，教师利用多媒体展示一段传染病防治的资料，请学生分析资料中政府采取的防控措施，如居家隔离、戴口罩、病毒消杀等，各是要达到什么目的。学生通过分析了解到，这些措施都是从控制传染源、切断传播途径以及保护易感人群这三个方面入手的。为了更深刻地理解这些措施，教师尽可能多地展示各种预防措施，实现与生活实际相结合，培养学生解决现实生活中问题的能力。

### （三）课堂小结

以流程图的形式，将传染病的特点、原因、基本环节及预防措施总结成知识网，帮助学生回顾并构建知识网络。

### （四）拓展延伸

教师提供给学生一些艾滋病的资料，并播放艾滋病的宣传短片，让学生充分认识艾滋病对人类健康的危害以及预防的重要性和紧迫性。让学生正确认识艾滋病，纠正谈艾滋病就色变的不正确看法，学会关爱艾滋病病人。

## 五、说板书设计

本节课以提纲式板书为主,主要内容如下。

**传染病及其预防**

1. 传染病特点:流行性、传染性
2. 传染病流行的基本环节
3. 传染病的预防措施

# 第十四节

# 《免疫与计划免疫》说课稿

本节说课的主题依托 2019 人教版生物学八年级下册第八单元第一章第二节"传染病及其预防",说课的内容划分为五个部分:说教材、说学情、说教法学法、说教学过程和说板书设计。

## 一、说教材

### (一)教材分析

本节主要讲述人体的三道防线、非特异性免疫与特异性免疫、计划免疫及艾滋病的相关内容,在学生认识传染病的基础上探究,能使学生更好地了解免疫和传染病之间的关系,进一步了解身体健康、预防疾病的重要性;同时,为下一章"用药和急救"的学习打下基础。因此,本节课起到承上启下的重要作用。

### (二)教学目标

(1)知识目标:通过分析,能够描述人体免疫系统的组成和功能;区别非特异性免疫与特异性;

了解计划免疫的意义;说出艾滋病的病因、传播途径及预防措施。

(2)能力目标:通过分析文字和图片资料,提高分析说明问题的能力及交流合作的能力。

(3)情感态度与价值观目标:结合打预防针的亲身经历,深刻认识到接种疫苗的重要性,能够自觉进行计划免疫;关爱艾滋病患者,消除偏见,培养社会责任。

### (三)教学重难点

(1)教学重点:人体的三道防线;区别非特异性免疫与特异性免疫。

（2）教学难点：区别非特异性免疫与特异性免疫。

## 二、说学情

本节课面向的是八年级学生，这个阶段的学生已经具备一定的自主学习能力与分析材料的能力，能够在教师的引导下主动思考，初步总结出相关知识内容。同时经过前面知识的学习，学生对疾病的预防和免疫等概念有一定的了解；通过本节内容的学习，可以加深对相关概念的理解，树立正确的生活态度和良好的生活习惯，逐步培养社会责任感。

## 三、说教学法

### （一）说教法

运用多媒体进行直观式教学和启发式教学。通过一些直观手段和启发性的问题，引导学生从感性认识上升到理性。

### （三）说学法

自主学习、观察图片和分析资料相结合，掌握人体三道防线的组成、功能、作用特点。

## 四、说教学过程

### （一）导入新课

教师利用多媒体展示资料，通过生活实际导入新课。自2019年以来，全球一直受到新冠病毒感染疫情的影响，随着时间的推移，我国也研制出了相关疫苗。2022年12月14日，国家卫健委官网发布了关于第二剂加强针接种的相关事宜，同时提出了第二剂加强免疫接种在现阶段的目标人群。教师在引导学生阅读后思考：为什么接种疫苗能对我们起到一定的保护作用呢？这一切都要从人体的三道防线开始说起。由此引出本节课的内容——免疫与计划免疫（蔡慧敏，2018）。

### （二）讲授新课

**1. 人体的三道防线**

教师利用多媒体展示资料分析一：有人曾经做过这样的试验，把一种致病的链球菌涂在健康人的清洁皮肤上，2小时以后再检查，发现90%以上的链球菌被消灭了。由此提出问题：为什么涂在清洁皮肤上的链球菌会很快死亡？这说明皮肤具有什么作用？引发学生思考。接着教师展示"皮肤的保护作用"的图片及动画，呼吸道黏膜上纤毛的清扫作用的图片，引导学生归纳第一道防线的组成和功能，即：皮肤的分泌物具有杀菌作用，黏膜的分泌物也可以吸附细菌并将其排出体外。

在学生了解第一道防线的作用后，教师紧接着提出问题：如果有病原体侥幸逃过了第一道防线该怎么办？此时展示资料分析二：当病菌侵入人体内时，吞噬细胞（一种具有吞噬能力的细胞）会赶到病菌入侵部位，将病菌包围、吞噬、消灭。随后教师提出问题：病菌在什么情况下能够侵入人体内？人体的哪些组织器官中分布有吞噬细胞？利用多媒体展示溶菌酶的图片及动画，吞噬细胞的图片及动画，引导学生归纳第二道防线的组成和功能。接着结合在日常生活中的实际情况，如，受伤了若不注意清洁和消毒，伤口会发生的变化，利用学生的感性经验，结合实例，帮助学生深度理解第二道防线的作用。

教师提问：第一、二道防线有什么共同点？师生共同总结：这两道防线的共同特点是人人生来都有，对多种病原体起作用，是非特异性免疫。

展示资料分析三：当水痘流行时，已经提前接种过水痘疫苗的人会安然无恙；而没有接种疫苗或没有出过水痘的人则往往患病。教师提出问题：为什么接种过水痘疫苗或出过水痘的人能够抵抗水痘病毒的侵袭呢？利用图片和动画展示第三道防线组成及天花病毒侵染人体的过程，归纳出第三道防线的作用特点和特异性免疫的概念。

在讲解完三道防线后，为了加深理解，教师请学生比较非特异性免疫与特异性免疫在作用范围、形成时间及特性上的区别，帮助学生构建知识体系。

2. 免疫的功能

教师引导学生阅读教材内容，并提出相关问题：人为什么能在许多病原体存在的情况下健康的生活？人体如何解决衰老、死亡的细胞？人体如何对付异常细胞？学生带着问题主动思考，培养自主学习的能力。教师展示免疫的功能示意图，根据图片引导学生总结免疫的功能：防御保护、自我稳定、免疫监视。

3. 计划免疫

在认识到人体的三道防线与免疫功能后，教师重新引出本节课开头提到的疫苗接种，并提出问题：为什么接种疫苗能够预防某些传染病呢？引导学生谈谈自己接种疫苗的时间和预防疾病的类型。在此基础上，组织学生讨论计划免疫的原理、概念，引导学生认识计划免疫的意义。

4. 艾滋病

教师提供给学生一些艾滋病的资料，并播放艾滋病的宣传短片，让学生充分认识艾滋病对人类健康的危害以及预防的重要性和紧迫性。通过视频和动画，结合上节课所学内容了解艾滋病的传染源、传播途径、易感人群以及应采取的预防措施，实现旧知的巩固与新知的延伸。最后，进行情感引导，引起学生的共鸣，培养关爱艾滋病患者和承担社会责任的意识。

（三）归纳总结

利用树状图，帮助学生回顾复习本节所学内容，重点强调人体的三道防线，帮助学生构建完整系统的知识体系。

## 五、说板书设计

本节课以提纲式板书为主，主要内容如下。

> 免疫与计划免疫
> 1. 人体的三道防线
> 2. 免疫的功能
> 3. 计划免疫
> 4. 艾滋病

## 第十五节

# 《用药与急救》说课稿

本节说课的主题依托 2019 人教版生物学八年级下册第八单元第二章"用药与急救"，说课的内容划分为五个部分：说教材、说学情、说教学法、说教学过程和说板书设计。

## 一、说教材

### （一）教材分析

此前学生学习了"传染病及其预防"和"免疫与计划免疫"，对健康生活有所了解，而本节内容则是对二者的拓展和延伸。本节作为一个独立章节，贴近学生的日常生活，具有较强的实用性，不仅能提高学生的医药、卫生常识，还能培养学生的实际应用能力，增强学生利用所学知识解决现实生活中的实际问题的能力。

### （二）教学目标

（1）知识目标：区别处方药和非处方药；了解安全用药的基本常识；认识常用药物的名称和作用。

（2）能力目标：学会一些基本的急救手段，如心肺复苏，培养学生对知识的实际应用能力及在紧急情况下处理和解决问题并采取急救措施的能力。

（3）情感态度与价值观目标：关注安全用药，树立学生对自己和他人健康负责的意识，培养社会责任。

### （三）教学重难点

（1）教学重点：安全用药的基本常识；认识常用药物的名称和作用。

（2）教学难点：区别处方药和非处方药。

## 二、说学情

经过两年的学习，八年级学生的材料分析能力与小组合作讨论的能力逐渐成熟，能够自主学习。学生在日常生活中都经历过感冒发烧，对用药有一定的了解，但是对于处方药与非处方药的分别、如何解读药物说明书以及急救措施等知识还不够了解。因此，本节的学习可以指导学生将所学知识运用到生活中去，避免遇到危机自身或他人生命问题时的束手无策。

## 三、说教学法

### （一）说教法

本节主要采用讨论教学法、情境教学。

### （二）说学法

现代教学思想尤其注重学生的主体作用。本节主要采用合作学习和探究学习的方法。

## 四、说教学过程

### （一）导入新课

利用教材中的漫画作为导入，教师询问学生是否赞同漫画中学生的做法，并与学生分享彼此的观点。随后，教师指出该学生的做法不当，其违背了安全用药的原则，并用"是药三分毒"来警示学生。通过构建真实的情境，激发学生的好奇心和求知欲，引导学生将感性经验转化为理性知识。

### （二）讲授新课

教师利用多媒体展示两份资料，供学生自主阅读。随后，教师强调安全用药关系到人一生的健康和家庭的幸福，进而引出安全用药的定义。为了帮助学生联系生活实际，教师提出以下几个问题：当自己或家人感冒时，你会采取哪些应对措施？是自行服药还是寻求医生的诊断与治疗？你是通过什么途径得到这些药物的？这些药物是处方药还是非处方药？

通过一系列问题串提高学生的好奇心，引导教学步步深入。教师利用表格形式对比处方药与非处方药的区别。为了加深学生的理解，用多媒体展示一组药物图片，请学生断哪些是处方药，哪些是非处方药，并说明理由。随后，教师引导学生总结出区分二者的关键。

接下来，学生拿出课前收集的药物说明书，分小组讨论并回答以下问题：药物说明书中有哪些信息对于安全用药十分重要？你能否从说明书中概括出一些药物保存的基本要求？哪些是中药，哪些是西药？小组讨论结束后，各组展示说明书与讨论结果，教师进行总结和完善。

在对药物有一定了解后，教师指导学生设计家庭小药箱，涵盖医疗用具、外敷药、内服药和急救药四个方面。

播放一段路人对心脏骤停游客实施心肺复苏的视频，引出急救的知识。教师向学生普及正确拨打 120 急救电话及心肺复苏等急救措施的知识。

最后，教师询问学生是否有过摔倒导致膝盖出血的经历，引导学生认识内出血与外出血，学习包扎和止血方法。

### （三）拓展延伸

教师向学生科普当出现触电、中暑、煤气中毒、骨折或农药中毒时的应对措施，提高其急救和自救的能力。

## 五、说板书设计

本节课以提纲式板书为主，主要内容如下。

用药与急救
1. 安全用药
　（1）处方药与非处方药
　（2）中药与西药
2. 急救
　（1）拨打"120"
　（2）心肺复苏
　（3）出血与止血

## 第十六节

## 《评价自己的健康状况》说课稿

本节说课的主题依托 2019 人教版生物学八年级下册第八单元第三章第一节"评价自己的健康状况"，说课的内容划分为五个部分：说教材、说学情、说教学法、说教学过程和说板书设计。

## 一、说教材

### （一）教材分析

本章是八年级下册第八单元的最后一章，同时也是生物学初中阶段的最后一部分内容，意在希望学生通过两年生物学的学习，把关注的重点放在了解自己的健康状况，建立健康的行为方式上，深刻体现了"学校教育要贯彻健康第一的指导思想"。本节主要讲述健康的含义、学会调节情绪的方法等，帮助学生树立健康的生活态度，正视自身健康状况，理解身心健康及社会适应在人体健康方面的重要意义。

### （二）教学目标

（1）知识目标：尝试综合评价自己的健康状况，关注人体健康问题；概述什么是健康；学会调节情绪的技能，学会保持心理健康。

（2）能力目标：通过阅读文本、课件及相关资料，提高分析问题、解决问题的能力。

（3）情感态度与价值观目标：正视自身和他人的情绪，学会调节情绪的技能；理解健康的含义，养成良好的健康生活。

### （三）教学重难点

（1）教学重点：尝试评价自己的健康状况；学会保持愉快心情的方法。

（2）教学难点：理解健康的含义，学会调节情绪，保持身体健康。

## 二、说学情

八年级学生正逐渐步入青春期，在心理和生理上都产生了巨大的变化，再加上来自学业和同龄人的压力及人际关系的复杂性，许多学生会感到焦躁和迷茫，逐渐产生严重的健康问题。因此，本节内容不仅帮助学生学会调节自身情绪，也可引导学生养成健康的生活习惯，树立积极健康的生活态度，保持身心健康。

## 三、说教学法

### （一）说教法

本节课主要采用互动式情境教学法、讨论、谈话等教学方法，教师努力成为一个组织者、引导者、促进者。

### （二）说学法

课堂教学要体现学生的主体地位，通过课堂互动、讨论的形式，充分调动学生的积极性，引导学会主动参与课堂。

## 四、说教学过程

### （一）导入新课

以向学生提问题的形式进入课堂，询问学生：你理解的健康是什么？有的学生结合自身情况回答：身体不生病就是健康。教师设疑：大家是否都赞同这个观点？由此引出本节课的主题。

## （二）讲授新课

首先，学生结合教材的表格，用 3 分钟的时间，尝试给自己的健康情况进行打分。这一环节旨在提高学生的学习兴趣，集中他们的注意力，带动课堂气氛。打分结束后，教师逐一解析每个问题所涵盖的健康维度，并无论分数高低，都不应倨傲或自卑，应该正视自身情况，学会合理调整情绪。

接着，教师利用多媒体展示人们对健康概念的常见误解，强调在理解健康时往往忽视了心理状态以及作为社会成员对社会的适应能力。在学生认识到自己对健康的含义理解有误后，教师进而讲解世界卫生组织对健康的定义，加深学生的理解。教师介绍世界卫生组织提出的"健康应具备的 10 条准则"，帮助学生树立良好的健康观，引导学生健康生活；强调身体健康与心理健康的关系，使学生明白保持心情的愉悦至关重要。

最后，教师再次提问：当你心情不佳的时候，会通过什么方式调节自身情绪呢？学生结合自身情况展开讨论并发言，教师对正确的方法表示认可和鼓励，对不当方法进行适当引导和纠正。在此基础上，教师进行总结和梳理，提出几种有效的情绪调节方法，帮助学生树立正确的健康生活理念。

## 五、说板书设计

本节课以提纲式板书为主，主要内容如下。

```
                    评价自己的健康状况
    1. 健康的定义
       （1）身体方面
       （2）心理方面
       （3）社会适应方面
    2. 保持愉快的心情
       （1）转移注意力
       （2）宣泄烦恼
       （3）自我安慰
```

# 第十七节

## 《选择健康的生活方式》说课稿

本节说课的主题依托 2019 人教版生物学八年级下册第八单元第三章第二节"选择健康的生活方式"，说课的内容划分为五个部分：说教材、说学情、说教学法、说教学过程和说板书设计。

# 一、说教材

## （一）教材分析

新课标指出重要概念：个人的生活习惯与行为选择能对一生的健康产生积极或消极的影响。本节是整个初中生物学教材的最后一节，从整体而言，本节起到总结和升华的作用。本节内容不难，但很重要，对于树立健康生活的观念，养成良好的生活习惯等具有重要作用，也为学生的学业发展和终身学习观念的形成打下基础。

## （二）教学目标

（1）知识目标：举例说出生活方式对健康的影响；说明酗酒和吸烟对人体健康的影响；懂得选择健康的生活方式。

（2）能力目标：通过探究酒精或烟草浸出液对水蚤心率的影响，培养科学思维和探究能力；通过对材料和生活实例的分析，提高分析和归纳的能力。

（3）情感态度与价值观目标：养成珍爱生命、关注健康的积极生活态度。

## （三）教学重难点

（1）教学重点：探究酒精和烟草浸出液对水蚤心率的影响。

（2）教学难点：探究酒精和烟草浸出液对水蚤心率的影响。

# 二、说学情

八年级正是学生养成良好的生活习惯的关键时期，通过了解不健康的生活习惯对身体的危害，可以帮助学生转变思想，树立健康生活的观念。

# 三、说教学法

## （一）说教法

主要采用情景教学法、实验探究、讲授法、任务驱动教学法。

## （二）说学法

学生通过小组合作、科学探究、观察法，了解并认识疾病与生活方式的关系。

# 四、说教学过程

## （一）导入新课

利用多媒体设备向学生展示某位学生全天的作息时间安排，并引导学生思考：这位学生的计划中涵盖了生活的哪些方面？有哪些是不符合健康标准的呢？由此自然过渡到本节课的主题——生活方式。教师提问：生活方式对健康究竟有着怎样的影响？

### （二）讲授新课

**1. 生活方式对健康的影响**

首先，教师展示 1957 年与 2009 年我国死亡原因与死亡率的对比表格，并组织学生分组讨论：过去 50 多年间，我国城市居民的主要致死疾病类型发生了哪些转变？哪些疾病的死亡率下降可以归功于医疗技术和药物研究的进步？为什么在医疗水平提高的情况下，恶性肿瘤、心脏病、脑血管疾病等死亡率反而上升了呢？这与人们的生活方式有关系吗？讨论后总结：不健康的生活方式会加速疾病的发生。

为了进一步证实不健康生活方式对健康的影响，教师接下来引导学生开展一项探究实验，即探究酒精或烟草浸出液对水蚤心率的影响。教师详细介绍实验步骤，包括提出问题、建立假设、制定并实施方案、小组讨论以及结果表达与交流，引导学生以小组的形式设置探究实验。在实施计划过程中，教师播放实验视频，并确保探究有序进行。最终，学生得出结论：吸烟或酗酒确实对健康构成危害。随后，教师询问学生是否还了解其他不健康的生活方式，并鼓励学生展开讨论，起到警醒学生的作用。

**2. 健康的生活方式**

教师向学生强调以下几点健康生活方式的重要性：合理营养、平衡膳食；坚持体育锻炼；按时作息；不抽烟、不喝酒、拒绝毒品；合理安排上网、看电视的时间；积极参加集体活动等。帮助学生认识生活方式对健康的重要性。

### （三）拓展延伸

设置一个课后活动，请学生在课下设计健康的一周，并付诸行动，写下心得体会。

## 五、说板书设计

本节课以提纲式板书为主，主要内容如下。

| 选择健康的生活方式 |
|---|
| 1. 生活方式对健康的影响 |
| 2. 健康的生活方式 |
| 　　不沾烟酒、拒绝毒品、科学作息、合理膳食、坚持锻炼、洁身自好 |

# 第五章

# 高中必修 1

## 第一节

### 《细胞是生命活动的基本单位》说课稿

本节说课的主题依托 2019 人教版高中生物学必修 1 第一章第一节"细胞是生命活动的基本单位",说课的内容划分为五个部分:说教材、说学情、说教学法、说教学过程和说板书设计。

### 一、说教材

#### (一)教材分析

本节是高中生物必修 1 第一章第一节的内容,主要阐述生命系统的结构层次与细胞学说的内容与发展,是生物学的基础;同时,作为第一课,本节内容比较简单,趣味性较强,有助于培养学生学习生物的兴趣。

#### (二)教学目标

根据素质教育的要求和新课改的精神(赵占良,2019),教学目标如下。

(1)生命观念:认同生命活动建立在细胞的基础上,认同细胞是基本的生命系统并列举实例。

(2)科学思维:能举例说明生命系统的结构层次。

(3)科学探究:认同细胞学说的建立是个开拓、继承、修正和发展的过程。

(4)社会责任:了解生物的基本特征,保护我们唯一的家园——生物圈。

#### (三)教学重难点

(1)教学重点:细胞学说的内容;生命系统的结构层次。

(2)教学难点:生命系统的结构层次。

## 二、说学情

初中生在学习细胞方面有一定的基础，但对于细胞与生命活动关系的理解不够系统。他们掌握细胞、组织、器官等结构的概念，但缺乏对生命系统结构层次的深入理解。在初中阶段，学生已学习有关细胞结构、病毒结构和繁殖、动植物体结构层次、生物圈以及生态系统的基本知识，为本节课的学习奠定了基础。

## 三、说教学法

在本节课的教学中主要采取的教学方法有引导启发法、讲授法，主要渗透自主探究法、小组讨论法等。

## 四、说教学过程

### （一）导入新课

由熊猫吃竹子这一现象引入讨论分析，教师引导学生探讨动植物都由细胞组成的证据，进而引出细胞学说的建立过程、内容及意义。由此导入新课。

### （二）讲授新课

**1. 细胞学说及其建立过程**

教师指导学生阅读教材，小组思考讨论问题：通过分析细胞学说建立过程，你领悟到科学发现具有哪些特点？细胞学说主要阐明细胞的多样性还是生物界的统一性？恩格斯将细胞学说、能量转化和守恒定律、达尔文进化论并列为19世纪自然科学的三大发现。细胞学说的地位和意义为何如此重要？请学生分享自己的理解。

随后，课件展示细胞学说的创建年份与创始人，教师请学生大声朗读细胞学说的具体内容。

**2. 生命系统的结构层次**

教师设疑：多细胞生物的生命活动是如何实现的呢？课件展示熊猫的结构层次图，并提出问题引导学生思考：生命系统分为哪几个层次？它们从小到大的排列顺序是什么？学生观察图片并分组讨论，回答问题。回答完毕后，教师进一步引导学生阐述每个生命层次的概念，并举例说明。

最后，教师总结：通过分析可知，生物的生命活动都离不开细胞，即细胞是生物体的结构和功能的基本单位。多细胞生物必须依赖各种分化的细胞密切合作，共同完成一系列复杂的生命活动。构成生命系统的结构具有层次性、复杂性和多样性。它们从小到大的排列顺序是细胞、组织、器官、系统、个体、种群、群落、生态系统、生物圈。从最小的细胞到最大的系统生物圈，尽管生命系统复杂多样、大小不同，但它们层层相依、紧密联系，都离不开细胞这一最基本的生命系统。

### （三）随堂小练

教师展示三道有代表性的例题，请学生踊跃回答。

### （四）课堂小结

教师带领学生回忆总结本节课的主要知识点。

### （五）布置作业

完成课后练习，并将本节课的知识点绘制成思维导图。

## 五、说板书设计

本节课采用提纲式板书形式，这样的板书提纲挈领、层次分明，能够很好地说明本节课的教学内容。

# 第二节
# 《细胞的多样性与统一性》说课稿

本节说课的主题依托2019人教版高中生物学必修1第一章第二节"细胞的多样性与统一性"，说课的内容划分为五个部分：说教材、说学情、说教学法、说教学过程和说板书设计。

## 一、说教材

### （一）教材分析

学生在初中阶段已经学习过本节相关内容，通过回顾巩固记忆，可以更好地完成教学任务。在第一节中，学生已学习细胞的概念，对细胞有了初步了解。本节课将进一步引导学生深入学习细胞，这是今后学习的基础，具有非常重要的意义。

### （二）教学目标

根据素质教育的要求和新课改的精神，确定教学目标如下。
（1）生命观念：知道真核细胞与原核细胞结构上的差异。
（2）科学思维：说出细胞的结构与功能相适应的具体事例，并根据真核细胞与原核细胞的比较，分析细胞的多样性和统一性的表现。

（3）科学探究：通过操作显微镜对比真核细胞与原核细胞的异同，证明细胞的统一性；通过分析水华与赤潮的成因以及采集发菜对生态环境的破坏，培养学生爱护环境保护环境的理念。

（4）社会责任：认同不同细胞有各自的作用，就像每个人有自己的特长与优势，培养自信心与社会责任感。

### （三）教学重难点

（1）教学重点：用高倍显微镜观察几种细胞，比较不同细胞的异同点；真核细胞与原核细胞的异同。

（2）教学难点：真核细胞与原核细胞的异同。

## 二、说学情

从学生的学习状况来看，他们在初中阶段已经掌握了细胞的基础知识，包括细胞的基本结构、动植物细胞的区别与联系，以及显微镜的各部分结构和功能他们已经练习了低倍显微镜的使用，并学习了制作临时装片的方法和流程，因此具备动手实践操作和初步整合知识的能力。在心理方面，学生刚步入高中学习阶段，对高中学习抱有极大的热情和期待，他们勇于提问、善于思考，思维敏捷且活跃，展现出较强的发散性思维特点。在价值观层面，学生开始关注社会问题，具有一定的社会责任感，已经认识到社会的文明进步与生物息息相关（冯卫华 等，2023）。

## 三、说教学方法

本节课的教学采用以教师为主导、学生自主合作和交流讨论相结合的方法，以多媒体辅助教学。

## 四、说教学过程

### （一）导入新课

课件首先展示教材中的"问题探讨"部分，随后请学生辨别并统计出图中细胞的种类，尝试说出它们的名称，并探讨这些细胞共有的特点。由此导入新课。

### （二）讲授新课

**1. 高倍镜的使用步骤与要求**

师生共同讨论归纳正确使用显微镜的方法步骤，并分组练习使用显微镜。在练习过程中，学生总结使用显微镜时的注意事项。接着，教师利用多媒体展示制作临时装片的步骤，各小组成员分别采用不同的材料制作临时装片,并合作讨论教材中的思考题。学生在此过程中不仅能够学习高倍显微镜的使用方法,而且还能认识到细胞的多样性和统一性。

**2. 原核细胞和真核细胞的异同**

教师提示学生,从字面意义出发,这两类生物的最主要区别在于细胞核。随后,利用多媒体展示细菌细胞和蓝藻细胞的模式图,使学生对原核细胞形成直观的印象。教师引导学生观察和思考细胞核和拟核的区别。课件继续展示洋葱表皮细胞,教师引导学生观察、讨论真核细胞与原核细胞的异同。从细胞大小、细胞核、细胞质和细胞器等方面列表总结原核细胞与真核细胞的区别和联系。

### (三)课堂小练

让学生完成课后小题,检测自己对知识点的掌握情况。

### (四)课堂小结

教师带领学生回忆总结本节课的主要知识点。

### (五)布置作业

阅读教材有关生物科技进展部分的内容介绍,并将本节课的知识点绘制成思维导图。

## 五、说板书设计

本节课采用提纲式板书形式,这样的板书提纲挈领、层次分明,能够很好地说明本节课的教学内容。

# 第三节

# 《细胞中的元素和化合物》说课稿

本节说课的主题依托 2019 人教版高中生物学必修 1 第二章第一节"细胞中的元素和化合物",说课的内容划分为五个部分:说教材、说学情、说教学法、说教学过程和说板书设计。

## 一、说教材

### (一)教材分析

本节在初中生物学的基础上,从分子的水平角度学习细胞,使学生对细胞有全新的认识,也为后续探究细胞的各项生命活动奠定基础。本节是学习本章节乃至整个高中生物的基础。教材深入浅出,从组成细胞最基本的元素层层深入到化合物,符合学生的认知过程(张述秋 等,2020)。

### (二)教学目标

根据素质教育的要求和新课改的精神,确定教学目标如下。

(1)生命观念:组成生物体的元素都是从无机环境获取的,同一元素在生物界与无机环境含量差异巨大。

(2)科学思维:科学地选择实验材料,保证实验材料不影响实验结果的观察与检测。

(3)科学探究:探究碳会成为生物体的最基本元素的原因。

(4)社会责任:认同生命的物质性,培养保护环境的观念。

### (三)教学重难点

(1)教学重点:组成细胞的主要元素和化合物;检测生物组织中的糖类、蛋白质、脂肪。

(2)教学难点:碳是构成细胞的基本元素;检测生物组织中的糖类、蛋白质、脂肪。

## 二、说学情

本节课的授课对象是高中一年级的学生,他们在初中已经学习过一些化学知识,具有一定的实验能力,为学习本节课的重点和难点知识奠定了基础。此年龄段的学生对探究细胞充满好奇心,具有一定的问题分析和信息获取能力。

## 三、说教学法

### (一)说教法

本节课的教学采用教师主导,学生自主合作和交流讨论相结合的方法。

### (二)说学法

本节课学生采用分析归纳法、自主探究法、总结反思法等方法学习。

## 四、说教学过程

### (一)导入新课

课件展示问题探讨部分的内容,请学生观察表格,由此引入新课。

## （二）讲授新课

### 1. 组成细胞的元素

通过对比玉米与人体细胞元素种类与含量的差异，引导学生思考：元素在各种细胞中的含量是怎样的？玉米细胞与人体细胞含量最多元素种类是否相同，为什么会出现这种现象？一些含量较少的元素是否并不重要？比较玉米与人体细胞元素种类与含量，还可以得出哪些结论？

通过对比，师生共同得出结论：组成生物体的化学元素主要有 20 多种；组成玉米和人体的、含量较高的元素有 C、H、O、N 四种；不同生物体的组成元素大体相同，但各种元素的含量相差很大。最终由教师归纳得出结论：组成细胞的基本元素是 C；主要元素包括 C、H、O、N、P、S；大量元素包括 C、H、O、N、P、S、K、Ca、Mg；微量元素有 Fe、Mn、B、Zn、Cu、Mo 等。

教师注意补充说明各种元素本身对生命活动的作用，及元素含量出现差异的原因。

### 2. 组成细胞的化合物

教师组织学生开展小组讨论：作为生命的细胞是由化学元素组成的，组成生物体的元素在生物体内是以什么形式存在的？以此过程引导学生分析组成生物体的化学元素在体内的存在形式（单质还是化合态），参考教材的表格分析、总结归纳出构成细胞的化合物。

### 3. 检测生物组织中的糖类、脂肪和蛋白质

课件展示检测实验可溶性还原糖、脂肪、蛋白质的鉴定的实验原理、方法、步骤和现象后，每组学生从教师提供的材料中选取两种进行鉴定，并记录交流实验结果。每一组实验选取一名学生代表介绍实验情况，分析实验成败的得失。

## （三）随堂小练

课件展示具有代表性的试题，检测学生对知识点的掌握情况并及时调整教学。

## （四）课堂小结

教师带领学生回忆总结本节课的主要知识点。

## （五）布置作业

完成课后习题并预习下一节。

# 五、说板书设计

本节课采用提纲式板书形式，这样的板书提纲挈领、层次分明，能够很好地说明本节课的教学内容。

## 第四节

# 《细胞中的无机物》说课稿

本节说课的主题依托 2019 人教版高中生物学必修 1 第二章第二节"细胞中的无机物",说课的内容划分为五个部分:说教材、说学情、说教学法、说教学过程和说板书设计。

## 一、说教材

### (一)教材分析

本节通过学习水和无机盐的作用,学生可以了解到,虽然生命体是有机体,但是无机物在生命体中仍然具有巨大的作用。同时,本节进一步明确元素在体内的存在形式。虽然本节内容相对简单,但是对于学生理解细胞的组成和生命活动的重要性具有一定的帮助。

### (二)教学目标

根据素质教育的要求和新课改的精神,确定教学目标如下。
(1)生命观念:能说出水和无机盐的存在形式与功能。
(2)科学思维:理解组成生物体的无机化合物是生命活动的基础之一。
(3)科学探究:运用所学的相关知识,解释生活中发生的一些具体现象。
(4)社会责任:了解水的重要性,唤醒爱护水资源的意识。

### (三)教学重难点

(1)教学重点:水和无机盐在细胞中的作用。
(2)教学难点:结合水的概念;无机盐的作用。

## 二、说学情

本节课的授课对象是高中一年级的学生。在前几节课中,学生已经学习了细胞中的元素以及细胞中的蛋白质、核酸、糖类等有机物。本节的主要内容是水和无机盐在细胞中的存在形式和生理作用。由于学生的生活经验丰富,教师可以通过提问和对话的方式,引导学生自己说出现象,分析所反映的知识点;但学生资料分析能力较为薄弱,教师可以提供锻炼机会,帮助学生提升分析能力。

## 三、说教学法

### （一）说教法

配合多媒体教学，采用例证引导学生发现问题，解决问题。

### （二）说学法

学生通过阅读讨论、观察思考以及联系生活实际学习本节。

## 四、说教学过程

### （一）导入新课

课件展示 2004 年 1 月 24 日美国"勇气号"登陆火星表面寻找水的踪迹。经过认真分析拍摄的照片，美国宇航局声称火星上曾被水淹没过。教师提问：为何科学家不遗余力地寻找火星上的水？找到了水又能说明什么呢？引出水是生命之源的话题。

### （二）讲授新课

**1. 水**

教师通过分析多个实例，如不同化合物、不同生物体、不同性别与年龄个体以及同一个体内不同器官中水的比例差异，让学生明确水的重要性以及水在生物体内含量的差异。学生通过阅读资料，完成相关表格的填写，以巩固对水的认识。

**2. 无机盐**

教师直接展示无机盐在生物体内的存在形式，并通过分析血红蛋白、叶绿素、食盐加碘等实例，突显无机盐对生命活动的重要作用。同时，介绍钙对人体健康的影响，以及氮、磷、钾对植物生长的作用，进一步强化记忆。最后，教师利用输液过程中使用的生理盐水与碳酸氢盐调节 pH 的实例，分析说明无机盐的另外两条用途，完成本节知识内容讲解。

### （三）随堂小练

课件展示具有代表性的试题，检测学生对知识点的掌握情况，及时调整教学。

### （四）课堂小结

教师带领学生回忆总结本节课的主要知识点。

### （五）布置作业

完成课后习题并预习下一节。

## 五、说板书设计

本节课采用提纲式板书形式，这样的板书提纲挈领、层次分明，能够很好地说明本节课的教学内容。

# 第五节
# 《细胞中的糖类和脂质》说课稿

本节说课的主题依托 2019 人教版高中生物学必修 1 第二章第三节"细胞中的糖类和脂质"，说课的内容划分为五个部分：说教材、说学情、说教学法、说教学过程和说板书设计。

## 一、说教材

### （一）教材分析

本节主要介绍糖类的种类和作用，明确指出糖类既是细胞的重要结构，也是生命活动的主要能源。此外，本节阐述脂质对生物体和细胞的重要作用，最后说明蛋白质、糖类、核酸这三类生物大分子都是以碳链为骨架的多聚体；碳是生命的核心元素。这些内容与前面学习的细胞中的元素、蛋白质、核酸等知识密切相关，也为后面学习细胞结构代谢、血糖平衡的调节等知识奠定基础。

### （二）教学目标

根据素质教育的要求和新课改的精神，确定教学目标如下。
（1）生命观念：细胞内的糖类与脂质有不同的种类与不同的用途。
（2）科学思维：脂肪相对于多糖是更理想的储能物质的原因。
（3）科学探究：不同的糖类在生物细胞中的分布及作用。
（4）社会责任：合理膳食，拒绝肥胖。

### （三）教学重难点

（1）教学重点：糖类的分类与作用；脂质的分类与作用。
（2）教学难点：糖类的分类与作用。

## 二、说学情

在前两节课中，学生学习了细胞中的蛋白质和核酸。这两种生物大分子都具有一定的结构层次，包括元素、基本单位、长链、大分子。了解这些结构层次让学生能够更好地理解单糖、二糖、多糖的区别以及多糖的大分子性质，从而培养知识迁移的学习方法。学完本节课后，学生加深对生命是物质的本质的认识，理解生命是建立在碳的基础上这一重要概念。

## 三、说教学法

本节课主要采用讲授法、多媒体展示法、小组讨论法、提问设疑法等。

## 四、说教学过程

### （一）导入新课

课件展示生活中常见的食物，请学生思考：人体在消耗了大量体力时，食用什么食物能够尽快补充体力？以此激发学生学习兴趣，引入新课。

### （二）讲授新课

**1. 细胞中的糖类**

学生自主阅读教材内容，整体了解本节课将学习的内容，初步在心中构建起知识框架。教师通过提问的方式，引导学生共同总结糖类分为单糖、二糖、多糖，请学生根据自己的理解和生活经验，分别举出相关实例进行说明。在此过程中，教师需要给予学生鼓励与补充，同时利用课件展示图片，加强学生的认识。

**2. 细胞中的脂类**

脂质的内容与糖类的结构安排相似，因此，教师需要大胆放手，允许学生讨论总结。讨论结束后，教师邀请小组代表汇报总结。脂质分为脂肪、磷脂、固醇三大类，同样请各小组举例，师生共同提出意见完善。

### （三）随堂小练

课件展示具有代表性的试题，检测学生对知识点的掌握情况，及时调整教学。

### （四）课堂小结

将本节课的主要知识以填空的形式展现出来，请学生完成填空。

### （五）布置作业

完成课后习题并预习下一节。

## 五、说板书设计

本节课采用提纲式板书形式，这样的板书提纲挈领、层次分明，能够很好地说明本节课的教学内容。

# 第六节
# 《蛋白质是生命活动的主要承担者》说课稿

本节说课的主题依托 2019 人教版高中生物学必修 1 第二章第四节"蛋白质是生命活动的主要承担者"，说课的内容划分为五个部分：说教材、说学情、说教学法、说教学过程和说板书设计。

## 一、说教材

### （一）教材分析

本节主要包括蛋白质的功能、基本组成单位、结构组成及其多样性的原因三部分。在第二章第一节的学习中，学生已经了解蛋白质是细胞内含量最多的有机化合物；接下来，学生将会学习载体和酶等相关知识。因此，本节课的深入学习将会在之前的知识基础上，帮助学生更深入地了解蛋白质，并将学生的认识由宏观转向微观，为后续学习打下理论和思维基础（牛凤芝 等，2023）。

### （二）教学目标

根据素质教育的要求和新课改的精神，确定教学目标如下。
（1）生命观念：能说明氨基酸的结构特点；理解氨基酸如何构成蛋白质；知道蛋白质的各种作用。
（2）科学思维：分析蛋白质具有多样性的原因。
（3）科学探究：尝试探究氨基酸组成的多肽链的种类。
（4）社会责任：认同蛋白质是生命活动的主要承担者。

### （三）教学重难点

（1）教学重点：氨基酸的结构特点以及氨基酸通过脱水缩合的方式形成多肽链、蛋白质的过程。
（2）教学难点：蛋白质的结构和功能；蛋白质的结构多样性的原因。

## 二、说学情

在之前的学习中,学生已经对组成细胞的化合物有了基本的认识,知道蛋白质是细胞中重要的化合物,了解蛋白质的检测方法。在这个基础上,本节将深入浅出地进行教学,逐渐加深学生对蛋白质的理解。高一学生已经具备初中阶段的生物学基础,已经初步掌握生物学的学习方法,同时也认同生物结构决定功能的理念。高一学生思维线性化、简单化,形象思维比较发达,而抽象思维能力和空间想象能力略显不足;但其求知欲和表现欲强,对课上的生生互动和师生互动充满期待。因此,本节课通过学生在校的生活情境引入主题"蛋白质及其功能",加深学生的直观认识和理解,提升学生的生命观念和社会责任感;通过物理模型、数学模型、概念模型的构建,提升学生的科学探究和科学思维能力(姚南南,2022)。

## 三、说教学方法

本节课主要采用讲授法、多媒体展示法、小组讨论法、提问设疑法等。

## 四、说教学过程

### (一)导入新课

教师提出问题:如何检测蛋白质?并引导学生深入思考生物组织中蛋白质的含量、哪些食物富含蛋白质以及为何某些食品中需要添加特定氨基酸。以此激发学生学习兴趣,引入新课。

### (二)讲授新课

**1. 蛋白质的功能**

蛋白质的结构多种多样,其承担的功能也是多种多样的。教师组织学生分组讨论,自主探究蛋白质的常见功能,引导学生理解蛋白质功能多样的原因是结构决定功能。

**2. 蛋白质的基本组成单位——氨基酸**

教师讲解不同类型的氨基酸结构式,引导学生思考:氨基酸的结构具有哪些共同特点?"氨基酸"这一名词与其分子结构有对应关系吗?通过比较分析,学生能够归纳总结氨基酸的分子结构通式。在此基础上,教师给学生讲解必需氨基酸和非必需氨基酸的概念。本部分的学习为学生进一步学习蛋白质结构及其多样性打下基础。

**3. 蛋白质的结构及其多样性**

教师利用视频资料详细讲解氨基酸通过脱水缩合形成二肽的过程。在讲解过程中,教师结合氨基酸的结构通式,阐述脱水缩合过程中肽键、氨基、羧基以及形成水分子的数量等。这是本节课的教学重点,同时也是难点。接着,教师组织学生讨论,共同总结得出蛋白质分子结构多样的原因：氨基酸在形成肽链时，不同种类的氨基酸排列顺序千变万化；肽链的盘曲折叠方式及其形成的空间结构也千差万别。

### （三）随堂小练

课件展示具有代表性的试题，检测学生对知识点的掌握情况，及时调整教学。

### （四）课堂小结

以填空的形式呈现本节课的主要知识，请学生完成填空。

### （五）布置作业

完成课后习题并预习下一节。

## 五、说板书设计

本节课采用提纲式板书形式，可以清晰直观地展示本节课的教学重点，解决教学难点，加深学生对重要知识掌握和理解。

# 第七节

# 《核酸是遗传信息的携带者》说课稿

本节说课的主题依托2019人教版高中生物学必修1第二章第五节"核酸是遗传信息的携带者"，说课的内容划分为五个部分：说教材、说学情、说教学法、说教学过程和说板书设计。

## 一、说教材

### （一）教材分析

本节首先简要概述核酸的概念，重点介绍核酸的两种类型：DNA和RNA，以及核酸在细胞中的分布、结构和功能等三个方面。这些内容是在之前学习的细胞中元素和化合物以及蛋白质的基础上探究的，同时为今后学习"遗传与进化"这一主题奠定基础（杨永亮，2023）。

### （二）教学目标

根据素质教育的要求和新课改的精神，确定教学目标如下。

（1）生命观念：认同核酸是一切生物遗传信息的携带者；能说出核酸的种类、结构和功能。

（2）科学思维：理解 DNA 与 RNA 的基本组成单位在五碳糖与含氮碱基上具有差异。

（3）科学探究：碳元素是生物大分子的骨架，可以由单体组成多聚体。

（4）社会责任：普及生物学与遗传学相关知识，预防诈骗；通过对核酸的了解，认识人类的遗传物质在维持物种延续中起的作用。

### （三）教学重难点

（1）教学重点：核酸的结构和功能；核苷酸的种类；遗传物质的种类。

（2）教学难点：原核生物、真核生物与病毒中核酸的分布；核苷酸、碱基的种类。

## 二、说学情

高一学生具有一定的抽象思维和综合思维能力，也具有一定的实验操作能力，他们对生命本质的探究有着浓厚的兴趣，且对核酸是遗传信息的载体有一定的了解，但不深入。

## 三、说教学法

本节课主要采用讲授法、多媒体（DNA 物理模型）展示法、小组讨论法、提问设疑法等。

## 四、说教学过程

### （一）导入新课

课件展示问题探讨部分：DNA 指纹法在案件侦破中具有重要用途，为什么 DNA 能够提供犯罪嫌疑人的信息？什么是 DNA 呢？以此激发学生学习兴趣，引入新课。

### （二）讲授新课

**1. 核酸的种类及其分布**

教师利用课件详细介绍核酸分为脱氧核糖核酸（DNA）与核糖核酸（RNA）两大类，并阐述其分布特点：真核细胞的 DNA 主要集中于细胞核，线粒体和叶绿体内也含有微量 DNA；而 RNA 则主要分布在细胞质中。

**2. 核酸是由核苷酸连接而成的长链**

教师提示学生，核酸由更小的分子单位——核苷酸构成，引导学生自主阅读教材相关内容，小组讨论后认识并理解核苷酸的基本构成及分类。随后，教师引导学生再次思考 DNA 能存储信息的原因，学生经过阅读与思考，能够回答出根本原因在于生物的遗传信息储存在 DNA 分子中。

教师提示学生：DNA 中的脱氧核苷酸数量庞大，且在连成长链时排列顺序是极其多样的，信息容量自然就非常大；让学生理解核酸是细胞内携带遗传信息的物质，在生物体遗传、变异和蛋白质合成中具有重要作用。

教师在课件中展示文字：在细胞生物体内，无论是原核还是真核细胞，DNA 与 RNA 均共存，且 DNA 被确认为遗传物质；病毒仅含有 DNA 或 RNA 中的一种，该存在的核酸即为其遗传物质。常见的 RNA 病毒有 HIV 病毒与 SARS 病毒等。

**3. 生物大分子以碳链为骨架**

教师引导学生回顾蛋白质、核酸以及多糖的结构，引导学生发现三者的共同点：都是由小分子构成的大分子物质；教师进而引入单体、多聚体的概念，从而让学生更加清楚地理解生物大分子以碳链为骨架。

### （三）随堂小练

课件展示具有代表性的试题，检测学生对知识点的掌握情况并及时调整教学。

### （四）课堂小结

教师带领学生一起回顾本节课所学到的知识。

### （五）布置作业

完成课后习题并预习下一节。

## 五、说板书设计

本节课采用提纲式板书形式，可以清晰直观地展示本节课的教学重点，解决教学难点，加深学生对重要知识掌握和理解。

# 第八节

# 《细胞膜的结构和功能》说课稿

本节说课的主题依托 2019 人教版高中生物学必修 1 第三章第一节"细胞膜的结构和功能"，说课的内容划分为五个部分：说教材、说学情、说教学法、说教学过程和说板书设计。

## 一、说教材

### （一）教材分析

在前一章中，学生已经学习了组成生物体细胞的各种化学元素组成和化合物，而接下来学生将要学习细胞内部的代谢活动，所以本节在教材中起到承上启下的作用，教师做好教学内容的前后衔接至关重要。本节内容从细胞膜的功能引入，通过思考讨论细胞膜成分与结构，引发学生的兴趣，提高其探究能力，最终总结出细胞膜流动镶嵌模型的结构与特点。

### （二）教学目标

根据素质教育的要求和新课改的精神，确定教学目标如下。

（1）生命观念：认同细胞膜对于生命的诞生具有重要作用。

（2）科学思维：通过对比细胞膜成分结构探究过程中各个实验，推导结论。

（3）科学探究：分析细胞膜结构与功能的适应性，探究各结构具体的作用。

（4）社会责任：科技发展使人类对生物的认识更加深入，也可以解决更多的实际问题，我们需要学以致用，回馈社会。

### （三）教学重难点

（1）教学重点：细胞膜的流动镶嵌模型，细胞膜的作用。

（2）教学难点：细胞膜的流动镶嵌模型。

## 二、说学情

高一学生已具备一定的自学能力和分析方法，在学习本节之前，学生已知道组成细胞的物质种类，初步掌握显微镜的使用，且在初中学习细胞的基本结构时，也对细胞膜已经有了初步了解，但不够深入。

## 三、说教学法

本节课采用了启发式、合作式的教学方法。教师课前认真备课，处理教材，保证学生能在课堂中获得充分有效的学习资料。课堂教学过程中教师以问题引导学生，步步带领学生做出假设、构建模型、设计实验、相互评价，培养和提高学生探究与合作、自主学习等能力。

## 四、说教学过程

### （一）导入新课

上课一开始，教师提问：什么是生物体结构和生命活动的基本单位？你认为细胞的最外层结构是什么？以此问题引出本节课的主题，导入新课。

## （二）讲授新课

**1. 细胞膜的功能**

学生自主阅读教材内容，理解记忆细胞膜的功能。教师引导学生举出细胞膜发挥不同功能的例子，加深理解。

**2. 对细胞膜结构的探索**

教师带领学生学习科学家欧文顿的科学探究历程，包括化学物质对细胞膜通透性的影响、细胞膜的磷脂在水相自发形成单分子层以及磷脂分子的结构与分布。磷脂分子头部亲水、尾部疏水的结构特征，教师帮助学生理解磷脂分子的排列规律，进而理解磷脂双分子层的结构特点。

教师介绍罗伯特森在电镜下观察到的图像，以及他提出的"蛋白质—脂质—蛋白质"三层静态统一结构（三明治模型）的假说。然而，这一假说由于不能解释细胞的生长与变形虫的吞噬作用被质疑。后来人们利用冰冻蚀刻电子显微法，确定细胞膜的真实结构：蛋白质在膜两侧的分布并不对称，而是镶嵌并贯穿于膜中。1970年，细胞融合实验进一步证明了细胞膜上的蛋白质是可移动的。

最终，科学家们提出了生物膜的流动镶嵌模型，即磷脂双分子层构成膜的骨架，蛋白质镶嵌并贯穿于膜上，且大多数蛋白质是可动的。因此，生物膜的结构特点在于其具有一定的流动性。

**3. 流动镶嵌模型的基本内容**

教师讲解细胞膜的流动镶嵌模型的基本内容，总结细胞膜具有流动性的原因，并帮助学生区分细胞膜的结构特点与功能特点，让学生可以根据流动镶嵌模型的基本内容理解并解释细胞膜的功能。

## （三）随堂小练

课件展示具有代表性的试题，检测学生对知识点的掌握情况，及时调整教学。

## （四）课堂小结

教师带领学生一起回顾本节课所学到的知识。

## （五）布置作业

要求学生完成课后习题，课下动动脑筋利用废旧物品制作出生物膜的模型，并向教师与学生展示。

# 五、说板书设计

本节课主要采用提纲式板书形式，可以清晰直观地展示本节课的教学重点，解决教学难点，加深学生对重要知识掌握和理解的程度。此外，用图画帮助学生更加直观地认识流动镶嵌模型。

## 第九节

# 《细胞器之间的分工合作》说课稿

本节说课的主题依托 2019 人教版高中生物学必修 1 第三章第二节"细胞器之间的分工合作",说课的内容划分为五个部分:说教材、说学情、说教学法、说教学过程和说板书设计。

## 一、说教材

### (一)教材分析

本节课程是一个重要的学习环节,旨在帮助学生更好地了解动植物细胞的差异,以及它们的形态结构和功能之间的关系。通过学习细胞器的分布和功能,学生将能够更深入地理解这些概念。此外,本节还介绍生物膜系统,为学生后续学习物质跨膜运输相关知识打下基础。

### (二)教学目标

根据素质教育的要求和新课改的精神,确定教学目标如下。
(1)生命观念:举例说明几种细胞器的结构和功能。
(2)科学思维:了解分离细胞器的科学方法;了解动植物细胞的区别。
(3)科学探究:学生分组,每组负责查找一种细胞器的相关知识;利用插图模型,形象地理解细胞器的结构。
(4)社会责任:细胞是一个基本的生命系统,其生命活动是通过各组成成分的协调配合完成的。

### (三)教学重难点

(1)教学重点:细胞器的结构和功能;各种生物膜结构和功能上的联系;生物膜系统的重要作用。
(2)教学难点:细胞器的结构和功能;各种生物膜结构和功能上的联系。

## 二、说学情

学生学习本节课前已具备一定的认识细胞器基础。但学生的实验操作水平比较低,细胞器过于微小,使用高倍显微镜在短时间内可能较难观察,教师课前应准备好示范。

## 三、说教学法

制作精美的多媒体课件以创设生动活泼的教学情境，同时应用实验探究法、讲授法、谈话法、指导读书法等，引导学生思考回答问题串进而课堂。学生在获取知识的同时，培养动手观察、对比总结的能力。

## 四、说教学过程

### （一）导入新课

课件展示问题探讨部分的内容，请学生思考讨论：若缺少其中某个部门，飞机还能否成功创造？细胞中是否也具有多种不同的"部门"？这些"部门"也存在类似的分工与合作吗？以此问题引入本节课主题。

### （二）讲授新课

**1. 细胞器之间的分工**

教师首先介绍细胞器的概念，随后利用课件展示不同细胞器的形态结构与功能的图片，以帮助学生认识各大细胞器及其"分工"。最后，组织学生使用高倍显微镜观察叶绿体和细胞质的流动，使学生了解叶绿体的形态与分布情况，并理解植物细胞质持续流动对于活细胞完成生命活动的重要意义。

**2. 细胞器之间的协调配合**

播放分泌蛋白的合成与运输视频，教师组织学生分组讨论以下问题：分泌蛋白是在哪里合成的？分泌蛋白从合成至分泌到细胞外，经过了哪些细胞器或细胞结构？尝试描述分泌蛋白合成和运输的过程。分泌蛋白合成和分泌的过程中需要能量吗？如果需要，能量由哪里提供？

讨论结束后，教师请学生代表回答上述问题，再请另一名学生单独阐述分泌蛋白合成与运输的过程，其他学生进行点评与补充。

**3. 细胞的生物膜系统**

教师讲解细胞的生物膜系统的概念，与学生一起总结生物膜系统的作用。

### （三）拓展延伸

教师介绍教材中展示的两种科学方法：差速离心法与同位素标记法。

### （四）课堂小结

教师带领学生一起回顾本节课所学到的知识。

### （五）布置作业

完成课后习题，预习下一节内容。

## 五、说板书设计

本节课主要采用提纲式板书形式，可以清晰直观地展示本节课的教学重点，解决教学难点，加深学生对重要知识掌握和理解的程度。

# 第十节

# 《细胞核的结构和功能》说课稿

本节说课的主题依托 2019 人教版高中生物学必修 1 第三章第三节"细胞核的结构和功能"，说课的内容划分为五个部分：说教材、说学情、说教学法、说教学过程和说板书设计。

## 一、说教材

### （一）教材分析

本节是细胞学习的重要环节，它延续了前面的课程，深入探讨了细胞的亚显微结构和功能，让学生对细胞有更完整的认识。同时，本节为后续学习染色质和染色体的关系、细胞有丝分裂时染色体变化等知识打下基础；学习细胞核的结构和功能，也为以后学习遗传打下基础。此外，本节课突出"结构和功能相统一"的观念，让学生进一步认识结构和功能之间的关系。最后，通过资料分析，学生还能够体验生物学研究的一般方法和过程，从而培养科学研究能力。

### （二）教学目标

根据素质教育的要求和新课改的精神，确定教学目标如下。
（1）生命观念：阐明细胞核的结构与功能以及结构和功能相适应的关系。
（2）科学思维：描述染色质的组成及与染色体的关系。
（3）科学探究：通过资料分析，提高分析实验结果得出结论的能力，尝试制作真核细胞的三维结构模型。
（4）社会责任：认同细胞核是细胞生命系统的控制中心；树立结构和功能相适应的生物学科学观。

### （三）教学重难点

（1）教学重点：细胞核的结构与功能。
（2）教学难点：理解细胞核是细胞生命系统的控制中心；通过细胞核结构的教学，让学生领悟细胞核是遗传信息库。

## 二、说学情

本节主要面向高一年级的学生。在初中阶段，他们对细胞膜、细胞质、细胞核均已经有了初步的认识，但实际掌握的知识相对薄弱，也存在学生已经遗忘的可能性。由于本节课所涉及的内容比较抽象，学生难以通过直接感知形成深刻印象。不过好在高中学生的思维比较活跃，具有一定的观察分析与总结能力，好奇心比较重，对微观世界求知欲望比较强烈，在教师课堂教学的指导下，学生完全有能力去掌握本节课的知识。

## 三、说教学法

### （一）说教法

本节主要采用讲授法、情景教学法、集体讨论法、直观演示法。

### （二）说学法

学生主要使用自主学习法、探究学习法、合作学习法。

## 四、说教学过程

### （一）导入新课

课件展示问题探讨部分，引导学生思考讨论：克隆羊的性状与母羊几乎是一模一样的，这说明了什么？以此问题引入本节课主题。

### （二）讲授新课

#### 1. 细胞核的功能

课件展示教材思考讨论部分的内容，学生以小组为单位，针对多媒体上的问题展开讨论。

资料1　美西螈实验：利用多媒体呈现美西螈图片，吸引学生注意，并介绍它是一种体外受精的两栖动物，存在黑、白两种体色。科学家曾尝试利用白色美西螈的卵细胞（在不受精的情况下），探索繁殖出黑色美西螈的可能性。

请学生思考并回答问题：（1）请用自己的语言描述美西螈核移植实验的过程。（2）本实验说明什么结论？（3）你能否设计对照实验，使该结论更有说服力？

资料2　蝾螈受精卵的横缢实验：

请学生思考并回答问题：（1）请用自己的语言描述蝾螈受精卵的横缢实验过程。（2）该实验哪些地方体现了对照原则？（3）本实验说明什么结论？

资料3　变形虫实验：变形虫是单细胞动物，单个细胞就能完成各种生命活动，如运动、摄食、对外界刺激反应等。

请学生思考并回答问题:(1)如何探究变形虫的生命活动是否与细胞核有关?(2)本实验说明什么结论?

资料4　伞藻实验:伞藻是一种大型单细胞藻类,具有很强再生能力,由"帽""柄""假根"三部分组成,细胞核在基部。

请学生思考并回答问题:(1)请设计实验探究,伞藻的帽形是与"柄"还是与"假根"有关。(2)该实验能否说明伞藻帽形由细胞核控制,为什么?(3)本实验说明什么结论?

教师最后以表格形式总结归纳四个实验的结论,学生据此归纳出细胞核的功能:细胞核控制着细胞的遗传和代谢。

### 2. 细胞核的结构

学生阅读教材中关于细胞核结构的内容,并尝试在纸上绘制细胞核的平面结构图,标注各部分结构的名称及功能。随后,教师进行详细讲解。

(1)介绍细胞核结构。

核膜:双层膜,将核内物质与细胞质分隔开。

核仁:与某种 RNA 的合成及核糖体的形成有关。

染色质:主要由 DNA 和蛋白质组成,其中 DNA 是遗传信息的载体。

核孔:实现核质之间频繁的物质交换和信息交流。

(2)展示染色质与染色体的关系图,通过概念图小结二者之间的联系。

(3)分析细胞核结构中,哪部分结构对控制细胞的代谢和遗传最为关键?为什么?(教师讲解:因为细胞核中含有 DNA,DNA 上储存着遗传信息,这些信息如同细胞生命活动的"蓝图",细胞依据这个"蓝图"进行物质合成、能量转化和信息交流,从而完成生长、发育、衰老和凋亡等过程。)

师生共同得出结论:细胞核的功能应更全面地阐述为,细胞核是遗传信息库,同时也是细胞代谢和遗传的控制中心。

### (三)拓展延伸

教师介绍教材中展示的科学方法:构建模型。

### (四)课堂小结

教师带领学生一起回顾本节课所学到的知识。

### (五)布置作业

完成课后习题,预习下一节内容。

## 五、说板书设计

本节课主要采用提纲式板书形式,可以清晰直观地展示本节课的教学重点,解决教学难点,加深学生对重要知识掌握和理解的程度。

# 第十一节

## 《被动运输》说课稿

本节说课的主题依托 2019 人教版高中生物学必修 1 第四章第一节"被动运输",说课的内容划分为五个部分:说教材、说学情、说教学法、说教学过程和说板书设计。

## 一、说教材

### (一)教材分析

分析教材可知,本节将物质跨膜运输的实例与被动运输的知识放在一起,内容比较多,需要分两个课时。虽然内容很多,但是知识彼此之间联系紧密,符合学生认知发展特点和接受能力的发展,学生容易理解质壁分离的具体过程。2019 版教材在讲述协助扩散这一环节中,增加了有关离子通道的内容。

### (二)教学目标

根据素质教育的要求和新课改的精神,确定教学目标如下。
(1)生命观念:细胞要通过物质交换维持自身代谢。
(2)科学思维:物质交换有不同的方式与特征。
(3)科学探究:质壁分离的条件分内因与外因两部分。
(4)社会责任:针对盐碱地等恶劣环境,需要培育像海水稻这样适应不同条件的作物。

### (三)教学重难点

(1)教学重点:渗透作用;细胞是一个渗透系统;细胞膜不仅是半透膜,还是选择透过性膜;分析植物吸水失水的现象;自由扩散与协助扩散的特点。
(2)教学难点:细胞膜不仅是半透膜,还是选择透过性膜;分析植物吸水失水的现象。

## 二、说学情

学生已经掌握细胞膜的功能特征和结构特性,也理解不是所有物质都可以自由进出细胞。此外,这一阶段的学生思维比较活跃,具有一定的观察分析与总结能力,求知欲望强烈,能够在教师的指导下掌握本节课知识。

## 三、说教学法

### （一）说教法

本节主要采用讲授法、情景教学法、集体讨论法、直观演示法。

### （二）说学法

学生主要使用自主合作与探究学习法等。

## 四、说教学过程

### （一）导入新课

课件展示问题探讨部分的内容，请学生思考并讨论教材中的三个问题，以此引入本节课主题。

### （二）讲授新课

**1. 水进出细胞的原理**

教师引导学生回顾红细胞制备细胞膜的实验，并围绕以下问题进行讨论分析：（1）图中所示的红细胞出现了什么现象，为什么？（2）当外界溶液的浓度低时，红细胞一定会由于吸水而涨破吗？（3）红细胞内的血红蛋白等有机物能透过细胞膜吗？这说明红细胞的细胞膜相当于"渗透装置"中的哪个部分？（4）你认为红细胞的吸水和失水多少取决于什么条件？

经过小组讨论与分析，学生总结出红细胞吸水和失水的条件，并认识到红细胞细胞膜的功能类似于半透膜，动物细胞相当于一个渗透装置。

教师在探究活动植物细胞的失水和吸水中，实物演示"萝卜条的吸水和失水现象"，并引导学生思考萝卜条软硬变化的原因。学生观察现象后，思考教师所提出的问题，交流动植物细胞吸水和失水的相关实例及其原因，尝试从生活实例中提炼问题、形成假设。教师进一步提问：植物细胞在什么情况下失水和吸水？失水和吸水的条件是什么？水分子是如何进出细胞的？

通过实验，师生共同得出结论：像水分子这样，以扩散方式进出细胞，不依赖细胞内化学反应释放的能量，这种物质跨膜运输方式被称为被动运输。被动运输又分为自由扩散和协助扩散两类。

**2. 探究自由扩散和协助扩散**

通过课件展示的自由扩散与协助扩散的比较表格及演示视频，学生理解并能够说出自由扩散和协助扩散的概念及特点，并列举出属于这两种扩散方式的物质实例。

### （三）课堂小结

教师带领学生一起回顾本节课所学到的知识。

### （四）布置作业

阅读教材"生物科学史话"并完成课后习题，提前预习下一节内容。

## 五、说板书设计

本节课主要采用提纲式板书形式，可以清晰直观地展示本节课的教学重点，解决教学难点，加深学生对重要知识掌握和理解；表格的板书可帮助学生区分自由扩散与协助扩散。

# 第十二节

# 《主动运输与胞吞、胞吐》说课稿

本节说课的主题依托 2019 人教版高中生物学必修 1 第四章第二节"主动运输与胞吞、胞吐"，说课的内容划分为五个部分：说教材、说学情、说教学法、说教学过程和说板书设计。

## 一、说教材

### （一）教材分析

本节的重点是介绍小分子物质逆浓度运输以及大分子物质进出细胞的方式。该内容是对上一节顺浓度运输的补充，为物质跨膜运输的模型构建提供完整的基础。此外，本节课的内容与之前所学的"分泌蛋白的合成和运输"有关，可以帮助学生更好地理解生物膜的流动性。对于理解细胞作为基本生命系统的重要性，本节课程也有着重要的意义（何扬建，2021）。

### （二）教学目标

根据素质教育的要求和新课改的精神，确定教学目标如下。

（1）生命观念：说明物质主动运输进入细胞的方式及特点。

（2）科学思维：学会根据现象提出问题、分析原理、归纳概念的方法。

（3）科学探究：提高学生对图表数据的解读能力，探索使用图表描述生理活动的方法。

（4）社会责任：明确主动运输与被动运输的区别及对细胞生活的意义。

### （三）教学重难点

（1）教学重点：小分子物质和离子主动运输的特点与过程；大分子物质进出细胞的方式：胞吞和胞吐。

（2）教学难点：主动运输的特点与过程。

## 二、说学情

本节课面向的是高一学生，他们在初中阶段已经接触过物质交换的相关知识，具备一定的认知能力，这为新知识的学习奠定了基础。同时，经过前阶段课程的学习，他们已经具备群体讨论、大胆说出自己的想法和理论依据的能力。他们对事物的探究充满激情，但在探究活动的目的性、过程管理以及结论的推导方面，缺乏科学思维和方法，需要在教师指导下进行科学研究和思维的培养。

## 三、说教学法

### （一）说教法

本节课主要采用讲授法、情景教学法、集体讨论法、直观演示法。

### （二）说学法

本节课学生主要使用自主学习法、探究学习法、合作学习法。

## 四、说教学过程

### （一）导入新课

通过复习上一节所学的知识引入本节课主题。

### （二）讲授新课

**1. 主动运输**

在上一节的学习中，学生已经了解 $O_2$、$CO_2$ 等物质能通过被动运输进出细胞，但只能从高浓度向低浓度运输。教师提问：细胞内外，物质能不能从低浓度向高浓度跨膜运输呢？教师展示物质逆浓度运输的图表，请学生讨论：通过解读图表数据，你能得到什么信息？结合教材对应内容猜测细胞逆浓度梯度吸收 $K^+$、$Cl^-$ 等离子需要的条件。

然后得出结论：物质逆浓度梯度进行跨膜运输，需要载体蛋白的协助，同时还需要消耗细胞内的化学反应所释放的能量。

介绍囊性纤维病成因：支气管上皮细胞表面转运 $Cl^-$ 的载体蛋白功能异常，导致支气管中黏液增多，容易发生细菌感染。

**2. 胞吞与胞吐**

教师引导学生思考：跨膜运输的物质都是小分子，蛋白质等大分子以及病毒等颗粒状物质是怎样进出细胞的呢？学生观看胞吞和胞吐的动画模型，然后结合教材对应内容，描述胞吞和胞吐的过程，并思考讨论以下问题：胞吞、胞吐是物质跨膜运输的方式吗？需要消耗能量吗？

学生在教师的引导下，讨论出结论：大分子进出细胞时，需要膜结构形成囊泡进行运输，这是一种不跨膜的运输方式，称为胞吞或胞吐；胞吞和胞吐过程也需要消耗细胞内化学反应释放的能量。教师继续设疑：胞吞、胞吐体现出细胞膜具有什么结构特性？学生结合细胞膜的结构特性，理解分泌蛋白正是借助了细胞膜的流动性这一特性，在细胞内合成后通过胞吐将在细胞外起作用的蛋白质运出细胞。

最后介绍阿米巴痢疾成因：痢疾内变形虫通过胞吞作用吞噬肠壁组织。这种病通过饮食传播，因此教师需要提醒学生加强个人饮食卫生。

### （三）课堂小结

教师带领学生一起回顾本节课所学到的知识，板书绘制区分胞吞胞吐、主动运输、被动运输的表格。

### （四）布置作业

完成课后习题，提前预习下一节内容。

## 五、说板书设计

本节课主要采用提纲式板书形式，可以清晰直观地展示本节课的教学重点，解决教学难点，加深学生对重要知识掌握和理解的程度；搭配表格式板书帮助学生区分被动运输、主动运输及胞吞胞吐。

# 第十三节
## 《降低化学反应活化能的酶》说课稿

本节说课的主题依托 2019 人教版高中生物学必修 1 第五章第一节"降低化学反应活化能的酶"，说课的内容划分为五个部分：说教材、说学情、说教学法、说教学过程和说板书设计。

## 一、说教材

### （一）教材分析

本节以实验设计为载体，通过联系生活帮助学生认识酶，内容包括酶在细胞代谢中的作用、酶的本质以及酶的特性。本节的学习既能够帮助学生建立"生物学实验设计原则"的思想，又为后面学习细胞代谢打好基础，尤其是对第三节呼吸作用和第四节光合作用的学习具有积极的意义。

### （二）教学目标

根据素质教育的要求和新课改的精神，确定教学目标如下。

（1）生命观念：明确细胞代谢、活化能、自变量、因变量、无关变量等概念。

（2）科学思维：通过图表比较、动画演示、动手游戏，以及教材上形象、直观的图解和文字说明，让学生明确催化剂可降低化学反应的活化能。

（3）科学探究：通过合作探究"比较过氧化氢酶在不同条件下的分解"实验，学会通过控制自变量观察和分析因变量以及设置对照组和实验组。

（4）社会责任：通过小组间的讨论、合作与交流，培养学生的合作互助精神；通过图表、动画、游戏等形式，并感受学习的快乐和分享的喜悦。

### （三）教学重难点

（1）教学重点：酶降低化学反应活化能的原理。

（2）教学难点：控制变量的科学方法；酶降低化学反应活化能的原理。

## 二、说学情

本节课程的受众对象为高一学生，他们对细胞内的化学反应了解较少，而接触过较多的是无机化学反应和加快化学反应的方法。他们的思维活跃、求知欲强，具有一定的分析问题的能力，但缺乏探究经验，比较习惯演绎式的教学模式。

## 三、说教学方法

### （一）说教法

本节课主要采用讲授法、启发式教学、直观式教学、实验探究法。

### （二）说学法

本节课学生主要使用自主学习法、探究学习法、合作学习法。

## 四、说教学过程

本节课分为两个课时，第一课时为酶在细胞中的作用和酶的本质，第二课时为酶的特性。

## 第一课时　酶的作用和本质

### （一）导入新课

教师以斯帕兰扎尼实验导入，引导学生思考：为什么肉块要放入金属笼？什么物质使肉块消失了？胃内起消化作用的主要是什么物质？

### （二）讲授新课

**1. 酶在细胞代谢中的作用**

教师讲授过氧化氢在不同条件下的分解速率，并介绍控制变量与对照实验的基本概念。

自变量：实验中人为控制改变的变量。

因变量：随自变量而变化的变量。

无关变量：除自变量外，实验过程中可能还会存在的一些可变因素，会对实验结果造成影响。

实验中要遵守的原则：对照性原则、单因子变量原则、等量性原则、科学性原则。

结合上述实验基本概念，再次分析过氧化氢分解实验，通过1组与2组对比，分析活化能的概念；3组与4组并未提供能量，但反应速度加快了，是由于酶降低了反应活化能。教师需要用图解展示酶如何降低反应活化能。

**2. 探究酶的本质**

教师指导学生阅读教材，提炼巴斯德、李毕希、毕希纳、萨姆纳、切赫和奥特曼等科学家的观点，并总结酶的本质：酶主要由活细胞产生，多为蛋白质，少数为RNA，具有催化作用。

### （三）课堂小结

教师带领学生一起回顾本节课所学到的知识，教师提示学生：科学在前进的道路中并不是一帆风顺的；进行情感升华。

### （四）布置作业

完成课后习题，提前预习酶的特性。

## 第二课时　酶的特性

### （一）导入新课

复习上一课时所学的知识，导入新课。

### （二）讲授新课

**1. 酶的高效性**

回顾上节中的过氧化氢分解实验，说明酶相对于无机催化剂具有高效性；作为催化剂，酶只改变反应速率，并不影响反应最终结果。

**2. 酶的专一性**

教师组织学生进行小组活动，通过探究淀粉酶、蔗糖酶对淀粉和蔗糖的水解作用，完成相关表格，验证酶的专一性，即一种酶仅催化一种或一类化学反应。教师利用图解深入阐释酶专一性的原理。

**3. 酶的作用条件温和**

教师引导学生探究酶的作用条件，理解温度和 pH 对酶活性的影响。

### （三）拓展延伸

教师举例说明酶促反应在现实中的应用：人在发烧时食欲下降，是因为温度过高，消化酶的活性降低；治疗糖尿病的药物——胰岛素制剂之所以只能注射不能口服，是因为胰岛素的化学本质是蛋白质，易被消化道内的蛋白酶水解。

### （四）小结与随堂检测

教师利用思维导图的形式帮助学生理解知识，并出示三道典型例题检测学生的掌握情况。

### （五）布置作业

阅读"科学·技术·社会"部分的有关酶为生活添色彩的内容，并完成课后习题。

## 五、说板书设计

本节课主要采用提纲式板书形式，可以清晰直观地展示本节课的教学重点，解决教学难点，加深学生对重要知识掌握和理解的程度。

# 第十四节

# 《细胞的能量"货币"ATP》说课稿

本节说课的主题依托 2019 人教版高中生物学必修 1 第五章第二节"细胞的能量'货币'ATP"，说课的内容划分为五个部分：说教材、说学情、说教学法、说教学过程、说板书设计。

## 一、说教材

### （一）教材分析

本节主要介绍了 ATP 的结构、ATP 与 ADP 的转化以及 ATP 的利用。本节的学习有利于学生理解本章第三节"细胞呼吸的原理和应用"以及第四节"光合作用与能量转化"，在教材中起着重要的作用。

### （二）教学目标

根据素质教育的要求和新课改的精神，确定教学目标如下。

（1）生命观念：理解 ATP 的化学组成和特点；写出 ATP 的分子简式。

（2）科学思维：分析 ATP 在能量代谢中的作用。

（3）科学探究：ATP 与 ADP 的相互转化。

（4）社会责任：通过宏观现象理解微观现象，培养抽象思维。

### （三）教学重难点

（1）教学重点：ATP 化学组成的特点及其在能量代谢中的作用；ATP 与 ADP 的相互转化。

（2）教学难点：ATP 化学组成的特点及其在能量代谢中的作用；ATP 与 ADP 的相互转化；ATP 与 ADP 相互转化过程中的能量来源和去路。

## 二、说学情

本节的受众为高一学生，他们已经具备了一定的知识水平，抽象思维和学习能力也有所提高。在学习本节内容之前，他们已经学习了三大能源物质的功能及与能量代谢有关的细胞结构；但学生对抽象知识的理解存在一定的障碍，对问题的本质分析和协作交流方面还有待加强。教师要在课堂上多加引导学生克服难点，提高学生的学习效果。

## 三、说教学法

### （一）说教法

本节主要采用讲授法、情景教学法、集体讨论法、直观演示法。

### （二）说学法

本节学生主要使用自主学习法、探究学习法、合作学习法。

## 四、说教学过程

### （一）导入新课

教师通过多媒体播放萤火虫在黑暗里发光的动画，并提问：萤火虫为什么能发光呢？这种发光的过程需要能量吗，由什么提供能量呢？进而引出本节课的主题。

## （二）讲授新课

### 1. ATP 是一种高能磷酸化合物

教师首先进行讲解：萤火虫发光需要能量，但这种能量并非直接来源于之前学过的糖和脂肪，而是由另一种有机物——ATP，直接为我们的生命活动提供能量。随后，教师利用多媒体展示 ATP 的结构式，并用红、绿、紫三种颜色分别标记不同的基团，提问：ATP 包含了哪些结构呢？学生观察后得出，ATP 包括一分子碱基、一分子核糖以及三分子磷酸基团。教师对此进行解释和补充：ATP 是三磷酸腺苷的英文缩写，其中 A 代表腺苷，由一分子腺嘌呤和一分子核糖组成；T 是英文 tri- 的首字母，表示三个；P 代表磷酸基团。腺苷和磷酸基团通过普通化学键连接，用"—"表示；而磷酸基团之间通过特殊的化学键相连，用"~"表示。教师提问：如何用简洁的方式表示 ATP 的结构？学生同桌两人一组讨论，得出 ATP 的结构可简写为 A—P~P~P。教师展示特殊化学键的资料卡片，并设疑：这种化学键特殊在哪里？学生可了解到，由于相邻磷酸基团的排斥作用，这种化学键不稳定，具有较高的转移势能，因此比普通键更易断裂。

在播放 ATP 水解释放能量的微观动画前，教师提问：ATP 是如何释放能量的？它发生了怎样的变化？断裂的是哪个特殊化学键？断裂后释放了多少能量？学生观看完动画后，教师补充讲解：最远离 A 的的化学键最易断裂，释放能量，使 ATP 失去一个磷酸基团；1 mol 的 ATP 水解断裂一个高能磷酸键能释放 30.54 kJ 能量。水解时释放的能量在 20.92 kJ/mol 以上的磷酸化合物称为高能磷酸化合物，因此 ATP 也被称为高能磷酸化合物。

### 2. ATP 和 ADP 可以相互转化

教师通过连环设疑，结合视频教学，引导学生一步步探索理解 ATP 与 ADP 可以相互转化这一命题。疑问包括：

通过前面的动画已知 ATP 水解放能的过程，那么失去了一个磷酸基团的物质是什么？

根据 ATP 的命名原则，你能说出这个物质的中文名称吗？

人体激烈运动时，每分钟消耗 0.5 kg 的 ATP，但成人体内 ATP 含量一般只有 2~10 mg。我们每天所需的大量能量都由 ATP 提供，那么生物体内如何补充这些能量？ATP 是如何合成的？

ATP 和 ADP 可以相互转化，不断进行水解和合成。那么，ATP 的合成反应和水解反应可逆吗？为什么？

## （三）课堂小结

教师带领学生一起回顾本节课所学到的知识，并说出自己在课堂上的收获。

## （四）布置作业

完成课后习题，预习下一节内容。

# 五、说板书设计

本节课主要采用提纲式板书形式，可以清晰直观地展示本节课的教学重点，解决教学难点，加深学生对重要知识掌握和理解的程度。

# 第十五节

## 《细胞呼吸的原理与应用》说课稿

本节说课的主题依托 2019 人教版高中生物学必修 1 第五章第三节"细胞呼吸的原理与应用"说课的内容划分为五个部分：说教材、说学情、说教学法、说教学过程和说板书设计。

## 一、说教材

### （一）教材分析

本节主要学习细胞呼吸的原理和应用。本节及本章其他小节均是对细胞的能量供应和利用的学习，是学习细胞能量利用的基础。

### （二）教学目标

根据素质教育的要求和新课改的精神，确定教学目标如下。
（1）生命观念：通过对细胞呼吸过程的学习，形成物质与能量的生命观念。
（2）科学思维：通过对有氧呼吸和无氧呼吸的场所和过程的学习，养成分类与比较的科学思维方式。
（3）科学探究：通过实验探究酵母菌细胞呼吸方式，提高实验设计和实验结果分析的能力。
（4）社会责任：能够运用细胞呼吸的原理解释生产生活中的一些现象。

### （三）教学重难点

（1）教学重点：理解细胞呼吸的原理在生产和生活中的应用。
（2）教学难点：探究酵母菌细胞呼吸的方式，比较有氧、无氧呼吸的过程及其特点。

## 二、说学情

本节课程的受众为高一学生，他们在初中阶段已经接触过细胞呼吸的相关知识，具备一定的认知水平，这为新知识的学习奠定了基础。同时，经过前阶段的课程学习，他们已经具备群体讨论和大胆说出自己的想法和理论依据的能力，他们对事物的探究充满激情，但在明确探究目的、规划探究过程以及形成科学结论方面，缺乏科学思维和方法。因此，教师需要引导学生培养科学思维。

## 三、说教学法

### （一）说教法

本节主要采用讲授法、情景教学法、集体讨论法、启发诱导法、直观演示法。

### （二）说学法

本节学生主要使用自主学习法、探究学习法、合作学习法。

## 四、说教学过程

### （一）导入新课

让学生带着问题探讨部分的讨论题观看有关利用酵母菌酿酒的视频，引入本节课主题。

### （二）讲授新课

**1. 细胞呼吸的方式**

教师通过讲解探究酵母菌细胞呼吸方式的实验，引导学生理解细胞呼吸可分为有氧呼吸和无氧呼吸两种类型（冯明新，2022）。

**2. 有氧呼吸**

教师向学生介绍有氧呼吸的概念，并与学生共同总结有氧呼吸的总反应式。接下来师生共同突破本节课的难点内容——有氧呼吸的过程。教师从有氧呼吸的场所出发，引导学生回顾线粒体的结构和功能。为了直观展示有氧呼吸过程，教师利用多媒体展示其动态过程，并提出问题串：有氧呼吸三个阶段的场所分别在哪儿？每个场所中有哪些物质变化？三个阶段能量的释放有什么区别？能量的去向有哪些？学生以小组形式合作回答以上问题。此举是通过问题的形式剖析有氧呼吸的过程，分解难点，同时提升学生的合作与归纳总结能力。

教师继续设疑：有氧呼吸的实质是什么？反应物中的水与生成物中的水是否可以消去？将重点知识进行巩固，达到突破难点的目的。

**3. 无氧呼吸**

在有氧呼吸学习的基础上，学生已掌握分析呼吸过程的方法。因此，教师采用对比教学法，引导学生对比有氧呼吸与无氧呼吸，总结出无氧呼吸的总反应式以及两者的异同。在此过程中，教师主要起引导作用，使学生成为课堂的主体。

**4. 细胞呼吸的影响因素及原理的应用**

在讲解影响细胞呼吸的外界因素时，教师可以结合曲线图进行讲解，注重引导学生分析温度、氧气和二氧化碳分别如何影响细胞呼吸以及产生何种影响。

最后，教师引导学生结合所有呼吸作用的过程及特点，自主阅读教材，以达到学会应用知识的目的。在此过程中，教师需要加强指导，充分发挥主导作用。

### （三）课堂小结

教师带领学生一起回顾本节课所学到的知识，将本节课内容系统化。

### （四）布置作业

完成课后习题，思考教材中思维训练部分的内容，查阅相关资料并相互交流。

## 五、说板书设计

本节课主要采用提纲式板书，可以清晰直观地展示本节课的教学重点。此外，板书中绘制线粒体模式图，书写有氧呼吸三个阶段的反应物和生成物，有助于学生对有氧呼吸过程产生清晰、直观的整体印象；另外，板书总结有氧呼吸和无氧呼吸的总反应式，帮助学生对比记忆。

# 第十六节

# 《光合作用与能量转化》说课稿

本节说课的主题依托 2019 人教版高中生物学必修 1 第五章第四节"光合作用与能量转化"，说课的内容划分为五个部分：说教材、说学情、说教学法、说教学过程和说板书设计。

## 一、说教材

### （一）教材分析

本节介绍"光合作用"在绿色植物的代谢以及整个生态系统的物质循环和能量流动中的重要作用。教材通过引用鲁宾、卡尔文等科学家的实验，介绍同位素标记法这一生物学中经常使用的研究方法。该方法具有很高的可靠性和实用性，可以帮助学生更好地理解光合作用的过程，从而深入了解生态系统的运行机制。

### （二）教学目标

根据素质教育的要求和新课改的精神，确定教学目标如下。
（1）生命观念：通过对光合作用原理的学习，形成物质与能量的生命观念。

（2）科学思维：通过对光反应与暗反应的学习，养成分类与比较的科学思维方式。

（3）科学探究：通过探究环境因素对光合作用影响的实验，提高制定并实施实验方案的科学探究能力。

（4）社会责任：通过对光合作用原理的应用，提高解决生产和生活问题的能力和担当。

### （三）教学重难点

（1）教学重点：阐明光合作用的原理和实质；说出光合作用原理中的物质和能量变化；探究环境因素对光合作用的影响；理解光合作用原理在生产实践中的应用。

（2）教学难点：掌握科学探究的思路和方法；阐明光合作用的原理和实质。

## 二、说学情

本节课程的受众为高一学生，他们在初中阶段已经接触过光合作用的相关知识，具备一定的认知水平；同时，经过前阶段的课程学习，他们已经具备合作讨论及语言表达能力，对事物的探究充满激情，但缺乏科学思维和方法，因此，需要教师指导学生培养科学的思维。根据让·皮亚杰的认知发展理论，高一学生对于抽象概念的理解不够深入，在学习光合作用过程（微观、分子水平）时会有一定的困难，无法将知识灵活地迁移运用，因此需要教师在教学中从生活实例入手，由浅入深引导学生，使其达到对概念的深度学习与灵活运用（刘欣彤 等，2022）。

## 三、说教学法

### （一）说教法

本节主要采用讲授法、情景教学法、集体讨论法、直观演示法。

### （二）说学法

本节学生主要使用自主学习法、探究学习法、合作学习法。

## 四、说教学过程

本节课分为两个课时，第一课时为捕获光能的色素和结构，第二课时为光合作用的原理和应用。

### 第一课时 捕获光能的色素和结构

#### （一）导入新课

上课一开始教师先利用一张叶绿体结构模式图帮助学生回忆叶绿体的相关知识点，与本节课光合作用与能量转化相联系，引入本节课的主题。

## （二）讲授新课

### 1. 捕获光能的色素

教师首先介绍教材上的探究实践实验，详细阐述实验的目的要求、材料用具、方法步骤后，在播放实验视频的同时，进行同步讲解。

教师在黑板上绘制实验结果：滤纸条从上往下依次是胡萝卜素、叶黄素、叶绿素 a、叶绿素 b。教师引导学生思考：滤纸条上为什么会出现这一现象？

教师继续提问：这四种色素分别主要吸收哪些类型的光？它们在细胞中的哪些部位存在？学生阅读教材相关内容回答问题。

### 2. 叶绿体的结构适于进行光合作用

教师利用课件展示叶绿体在电镜下的结构，并引导学生仔细观察；根据教材内容，邀请学生上台绘制叶绿体的结构简图。教师进一步引导学生思考：叶绿体具有哪些功能。教师通过展示恩格尔曼的水绵实验资料，以及类囊体膜与叶绿体基质中含有多种光合作用所需的酶，鼓励学生以小组为单位，结合资料思考并讨论恩格尔曼实验的结论，进而总结归纳叶绿体的主要功能。

## （三）课堂小结

教师利用思维导图带领学生一起回顾本节课所学到的知识。

## （四）布置作业

完成课后习题，提前预习下一节内容。

## 第二课时　光合作用的原理和应用

## （一）导入新课

复习上一节课的内容，引入本节课的主题。

## （二）讲授新课

### 1. 光合作用的原理

课件展示有关光合作用原理的部分实验，学生以小组形式展开讨论，分析这些实验各自揭示了哪些科学事实。在学生讨论回答的基础上，教师进一步阐述光合作用可大致分为光反应和暗反应两个阶段。光反应和暗反应阶段是本节课教学的重点内容，教师需要借助图解，帮助学生梳理清楚反应过程中涉及的主要变化，要求学生以列表形式记录下光反应与暗反应之间的联系，并尝试利用结构简式来概括表达光反应与暗反应阶段的主要变化。

### 2. 光合作用原理的应用

教师引导学生根据光合作用的反应式，思考并指出影响光合作用的各种因素及其作用过程。课件展示温度、光照强度、二氧化碳浓度等对光合作用影响的曲线图，教师逐一进行讲解说明。

## （三）拓展延伸

教师拓展讲解自然界中除了光合作用，还有另外一种制造有机物的方式。存在少数种类的细菌，其细胞中不含叶绿素，不能进行光合作用，但能够利用体外环境中的某些无机物氧化时所释放的能量来制造有机物，如硝化细菌。

## （四）课堂小结

学生以"开火车"的形式，每人回答一条本节课的收获，以此方式回顾本节课所学到的知识。

## （五）布置作业

完成课后习题，绘制光合作用的思维导图。

# 五、说板书设计

本节课主要采用提纲式板书形式，可以清晰直观地展示本节课的教学重点，解决教学难点，加深学生对重要知识掌握和理解；辅助以表格式板书帮助学生理解光合作用的原理及过程。

# 第十七节
# 《细胞的增殖》说课稿

本节说课的主题依托 2019 人教版高中生物学必修 1 第六章第一节"细胞的增殖"，说课的内容划分为五个部分：说教材、说学情、说教学法、说教学过程和说板书设计。

# 一、说教材

## （一）教材分析

学生在前面几章已经学习过细胞生命系统的物质组成、结构和功能，为学习细胞的产生、发展和消亡等过程奠定了基础。另外，细胞增殖、细胞分裂、细胞周期、有丝分裂等概念与高中生物学必修 2 中减数分裂的内容联系很密切。有丝分裂作为细胞分裂的一种基本方式，是学生接续学习减数分裂和遗传定律的基础，也是学习 DNA 复制及遗传信息传递的重要基础。

本节内容主要讲述细胞周期的概念，并以图文的结合形式重点介绍植物有丝分裂各时期的典型特征，让学生对细胞的增殖有一个直观的印象；通过让学生比较动植物细胞增殖过程的异同，明确动植物细胞有丝分裂的共性，从而认清细胞有丝分裂的意义。最后让学生亲自动手制作植物根尖分生区细胞有丝分裂的装片并进行观察，真实地认识到细胞增殖的客观存在。

### （二）教学目标

根据素质教育的要求和新课改的精神，确定教学目标如下。
（1）生命观念：由于物质交换的限制，细胞不能无限长大；细胞增殖的方式和意义。
（2）科学思维：理解植物细胞有丝分裂过程中染色体、DNA的变化规律。
（3）科学探究：运用细胞不能无限长大的原理解释某些生命现象。
（4）社会责任：形成结构与功能、局部与整体相统一的生物学思想。

### （三）教学重难点

（1）教学重点：细胞周期及植物细胞有丝分裂的过程。
（2）教学难点：细胞分裂期中各时期的变化。

## 二、说学情

学生初中时已学过"细胞通过分裂产生新细胞"，但对细胞分裂的了解还非常浅显。考虑到高一学生对于生物基础知识的掌握较少，为了提高学生的学习效果，教师应该充分利用前五章的学习基础。在教学过程中，可以从培养学生对生物学的兴趣出发，调动学生的积极性，帮助学生更好地理解和掌握细胞增殖的过程。

## 三、说教学法

### （一）说教法

本节主要采用讲授法、情景教学法、集体讨论法、启发诱导法等。

### （二）说学法

本节学生主要使用自主学习法、探究学习法、合作学习法。

## 四、说教学过程

### （一）导入新课

上课一开始，教师展示大象和小鼠的图片，引导学生猜测大象与小鼠相应器官或组织的细胞大小是否存在显著差异，并进一步启发学生思考：生物体的成长是依赖于细胞数量的增加还是细胞体积的扩大？通过这一问题情境，自然引入本节课的主题。

## （二）讲授新课

### 1. 细胞增殖

教师引导学生阅读教材，找出有关细胞增殖的概念及意义的语句，并尝试用自己的话概括。教师设疑：细胞分裂是不是简单的一个变成两个呢？试想一下，在受精卵发育为个体的过程中，如果细胞分裂只是简单地一分为二，细胞中的遗传物质不是越分越少吗？细胞分裂是通过怎样的机制保证子细胞的遗传物质与亲代细胞相同的呢？

学生思考讨论后，教师总结：细胞在分裂之前，必须进行充分的物质准备，特别是遗传物质的复制。细胞增殖包括物质准备和细胞分裂两个相连续的过程，即"物质准备—分裂—物质准备—再分裂……"，可见细胞增殖具有周期性。由此引出本节课第二个知识点。

### 2. 细胞周期

教师板书细胞周期的示意简图，引导学生自主理解细胞周期的概念及特征。师生共同分析教材表格，总结不同细胞的细胞周期持续时间存在差异等特点。

### 3. 有丝分裂

教师首先播放植物有丝分裂过程的视频，让学生带着问题观看：有丝分裂分为哪些时期？观看结束后你能尝试回忆总结几个不同时期的特点吗？在此基础上，教师详细讲解有丝分裂不同时期细胞发生的变化，并使用表格形式列举出各时期的特点，以帮助学生区分与辨别，强化理解与记忆。

接着，教师引导学生自主阅读教材，小组探究并讨论动物细胞有丝分裂所具有的特征、动物细胞与植物细胞的有丝分裂的异同点、有丝分裂的意义。在学生代表回答的基础上，教师总结动物细胞与植物细胞的有丝分裂的异同点，以表格形式展现给学生。

### 4. 观察根尖分生区组织细胞的有丝分裂

在播放该探究实验的视频之前，教师先详细讲解本实验目的要求、材料用具、方法步骤等，帮助学生形成初步的实验认知。在讲解过程中，教师需要解决学生可能存在的疑问。

## （三）拓展延伸

教师介绍有关细胞无丝分裂的概念、特征及意义。

## （四）课堂小结

教师带领学生一起回顾本节课所学到的知识，完成几道例题。

## （五）布置作业

完成课后习题，提前预习下一节内容。

# 五、说板书设计

本节课主要采用提纲式板书形式，可以清晰直观地展示本节课的教学重点，解决教学难点，加深学生对重要知识掌握和理解。

## 第十八节

## 《细胞的分化》说课稿

本节说课的主题依托 2019 人教版高中生物学必修 1 第六章第二节 "细胞的分化",说课的内容划分为五个部分:说教材、说学情、说教学法、说教学过程和说板书设计。

## 一、说教材

### (一) 教材分析

在细胞的生命历程中,细胞分化是一个非常重要的阶段,尤其在个体发育过程中发挥着至关重要的作用。学习细胞分化不仅可以拓展和延伸对于细胞结构、功能和分裂等知识的理解,还为学习必修 2 "遗传和变异"提供了重要的基础。本节在必修 1 和必修 2 中扮演着承上启下的重要角色,因此,让学生能够深入理解这部分内容非常必要。

### (二) 教学目标

根据素质教育的要求和新课改的精神,确定教学目标如下。
(1) 生命观念:理解细胞分化的概念和意义、特点。
(2) 科学思维:举例说明细胞的全能性概念及应用。
(3) 科学探究:探究克隆技术的得失。
(4) 社会责任:运用所学的干细胞的知识,联系生活实际,解释白血病等热点问题。

### (三) 教学重难点

(1) 教学重点:细胞分化的概念、特点和意义;细胞的全能性概念及应用。
(2) 教学难点:理解细胞分化和全能性的对立统一。

## 二、说学情

在初中阶段,学生对于细胞的分化的例子有一些感性的认识,能较好理解细胞分化的意义;但由于学生还没有学习基因的表达,所以理解细胞分化的本质有些难度(李燕,2022)。教材中涉及的细胞全能性实验、干细胞与现实中的联系会激发学生强烈的求知欲望。

## 三、说教学法

### （一）说教法

本节主要采用讲授法、情景教学法、读书指导法、直观演示法。

### （二）说学法

本节学生主要使用自主学习法、探究学习法、合作学习法。

## 四、说教学过程

### （一）导入新课

通过问题探讨部分的内容引入本节课的主题。

### （二）讲授新课

**1. 细胞分化及其意义**

课件展示构成人体组织的细胞及植物体的不同细胞，引导学生理解性总结细胞分化的概念及意义。

**2. 细胞的全能性**

教师利用课件呈现以下两份资料。

资料1：1958年，美国科学家斯图尔德从胡萝卜韧皮部取得一些细胞，放入含有植物激素、无机盐和糖类等营养物质的培养液中培养。结果这些细胞旺盛地分裂和生长，形成一个细胞团块，继而分化出根、茎和叶。移栽到花盆后，这些细胞团块长成了一株新的植株。

资料2：科学家曾用非洲爪蟾的蝌蚪做实验，将其肠上皮细胞的核移植到去核的卵细胞中，结果成功获得了新的个体。

在展示完资料后，教师引导学生完成相关的讨论题，并通过小组讨论得出细胞全能性的概念。在此基础上，教师继续讲解细胞全能性的应用实例。

### （三）拓展延伸

教师根据教材中干细胞的介绍，通过视频继续讲解干细胞的特点及应用。

### （四）课堂小结

教师带领学生一起回顾本节课所学到的知识。

### （五）布置作业

完成课后习题，阅读"科学·技术·社会"部分的内容并查阅相关资料。

## 五、说板书设计

本节课主要采用提纲式板书形式，可以清晰直观地展示本节课的教学重点，解决教学难点，加深学生对重要知识掌握和理解。

# 第十九节

# 《细胞的衰老和死亡》说课稿

本节说课的主题依托 2019 人教版高中生物学必修 1 第六章第三节"细胞的衰老和死亡"，说课的内容划分为五个部分：说教材、说学情、说教学法、说教学过程和说板书设计。

## 一、说教材

### （一）教材分析

本节主要探讨个体衰老与细胞衰老的关系，以及细胞衰老的特征和原因等。通过学习本节课，学生可以更深入地从分子水平上理解细胞的生命历程。同时，本节为后续学习细胞凋亡和癌变等知识打下基础，在教材中扮演着承上启下的重要角色。

### （二）教学目标

根据素质教育的要求和新课改的精神，确定教学目标如下。

（1）生命观念：描述个体衰老与细胞衰老的关系；描述细胞衰老的特征；理解细胞凋亡概念、意义。

（2）科学思维：了解细胞衰老的主要因素，简述细胞凋亡与细胞坏死的区别。

（3）科学探究：能针对具体问题开展讨论，培养合作、交流、讨论的能力；提高推理、识图、判断以及语言表达能力。

（4）社会责任：突出"选择健康的生活方式""关爱老年人"等情感教育。

### （三）教学重难点

（1）教学重点：掌握衰老细胞的主要特征；理解细胞凋亡概念；区别细胞坏死与细胞凋亡。

（2）教学难点：描述细胞衰老与凋亡的区别。

## 二、说学情

高一学生已经具备一定认知能力和逻辑思维能力,对细胞的结构和代谢也有初步的了解,有能力学习本节课的内容。在教学过程中,教师需要对其进行引导和鼓励,帮助学生更好地理解和掌握细胞的生命历程。

## 三、说教学方法

### (一)说教法

本节主要采用讲授法、启发诱导法、讨论法、直观演示法等。

### (二)说学法

本节学生主要使用自主学习法、探究学习法、合作学习法。

## 四、说教学过程

### (一)导入新课

教师利用课件展示婴儿期、青年期、老年期三张图片,引导学生观察后总结时光易逝、岁月不饶人的道理,引入本节课的主题。

### (二)讲授新课

**1. 细胞衰老的特征**

教师引导学生以小组为单位,阅读教材并讨论问题:人体衰老都有什么特征?老年人体内有没有幼嫩的细胞?年轻人体内有没有衰老的细胞?在学生充分讨论的基础上,教师利用课件归纳细胞衰老的特征。

**2. 细胞衰老的原因**

教师引导学生观看有关细胞衰老学说的视频解说,随后教师利用课件,带领学生一起完成两个有关细胞衰老原因的分析与总结。

**3. 细胞衰老与个体衰老的关系**

教师引导学生分类比较单细胞生物和多细胞生物的细胞衰老与个体的关系,随后提供资料:有人做过这样的实验,在体外培养人体的某种细胞,细胞最多分裂50次左右就停止分裂了,并且丧失了正常的功能。引导学生理解细胞是有一定寿命的,会随着分裂的次数增多而逐渐衰老。

**4. 细胞的死亡**

教师首先讲解细胞凋亡和细胞死亡的概念,并通过实例进行说明。随后引导学生通过列表对比分析这两个生物学概念的特征、意义及过程等。

### （三）课堂小结

教师带领学生一起回顾本节课所学到的知识，在黑板上绘制细胞凋亡与细胞死亡的分析比较表格。

### （四）布置作业

完成课后习题，阅读教材有关生物科技进展及与生物学有关的职业部分的内容。

## 五、说板书设计

本节课主要采用提纲式板书形式，可以清晰直观地展示本节课的教学重点，解决教学难点，加深学生对重要知识掌握和理解。板书中插入表格有助于学生辨别不同概念之间的区别与联系。

# 第六章

# 高中必修 2

## 第一节

### 《孟德尔的豌豆杂交实验（一）》说课稿

本节说课的主题依托 2019 人教版高中生物学必修 2 第一章第一节"孟德尔的豌豆杂交实验（一）"，说课的内容划分为五个部分：说教材、说学情、说教学法、说教学过程和说板书设计。

## 一、说教材

### （一）教材分析

本节是学生学习孟德尔的豌豆杂交实验（二）的基础，同时也是第二章"减数分裂和受精作用"这节的重要知识基础；本节还为后续学习生物变异与生物进化提供了基础。因此，在教材中，本节扮演着承上启下的重要角色。本节的教学按照孟德尔的探索过程展开，首先介绍孟德尔的杂交实验方法和观察到的实验现象，接着介绍孟德尔对实验现象的分析，然后介绍对分离现象解释的验证，最后归纳总结出分离定律。本节教学内容的组织，体现了学科内在逻辑性与学生认识规律的统一，能帮助学生更好地理解和掌握孟德尔的遗传规律。

### （二）教学目标

根据素质教育的要求和新课改的精神，确定教学目标如下。

（1）生命观念：区别性状分离、显性性状、隐性性状、杂合子和纯合子等基本概念。

（2）科学思维：理解孟德尔一对相对性状的杂交实验及其解释和验证；通过学习孟德尔一对相对性状的杂交实验过程，体验科学研究的一般过程。

（3）科学探究：阐明分离定律并能运用分离定律解释和预测一些遗传现象，并尝试杂交实验的设计；通过课前的调查实验和课堂模拟实验培养动手能力和观察、分析、整理归纳能力，学会科学的思维方法。

（4）社会责任：通过科学家的事迹，进行热爱科学、献身科学的教育；体验孟德尔遗传实验的科学方法和创新思维，逐渐养成敢于质疑、勇于创新、勇于实践以及严谨求实的科学态度和科学精神。

### （三）教学重难点

（1）教学重点：解释分离现象，阐明分离定律；以孟德尔的遗传实验为素材，进行科学方法教育；运用分离定律解释一些遗传现象。

（2）教学难点：对分离现象的解释；假说—演绎法。

## 二、说学情

遗传这一概念在学生的日常生活中并不鲜见，学生能够较为容易地理解孟德尔豌豆杂交实验中展现的遗传与变异现象。此外，学生在初中已经学习了生物的遗传和变异，知道生物的性状有显隐性之分，掌握基因控制生物的性状、基因通过亲代产生的生殖细胞传递给子代等知识，虽然只是知其然而不知其所以然，但这些知识可以帮助学生更好地理解和掌握遗传的相关概念。此外，学生具备了学习本章必不可少的数学知识，比如有关比和比例的知识。这些数学知识可以帮助学生更好地理解遗传的相关规律和概念，为后续的学习打下坚实的基础。

## 三、说教学法

### （一）说教法

本节的教学方式以讨论为主，在充分准备实物、图片和各种有关资料的情况下利用多媒体技术来组织和引导学生进行观察、分析、讨论、归纳和总结，发展学生的科学思维，落实核心素养。

### （二）说学法

新课程改革倡导自主学习、合作学习、探究学习。学生通过观察、资料分析等提高科学探究能力，发展科学思维。学生以小组为单位进行合作学习，培养自主学习的精神，发挥自身在课堂中的主体地位。

## 四、说教学过程

### （一）导入新课

以"问题探讨"引入："龙生龙，凤生凤，老鼠生仔会打洞"这体现了一种什么现象？

学生阅读教材，思考并讨论。教师设疑：为什么用豌豆做遗传实验容易取得成功？结合挂图、课件及学生的回答，教师详细阐述豌豆的结构特点，并引导学生逐步理解性状、相对性状、自交、杂交、正交和反交等核心概念。

### （二）讲授新课

**1. 一对相对性状的实验**

教师提问：孟德尔是如何设计一对相对性状的杂交实验的？并利用挂图辅助讲解，让学生边思考边学习。在此过程中，教师介绍显性性状、隐性性状、性状分离等概念。教师进一步提问：子二代中出现 3∶1 的性状分离比是偶然的吗？教师讲解：孟德尔经过 8 年的努力，对多种性状进行了深入研究，其中 7 对相对性状的研究成果尤为显著。他发现显性和隐性的表现并非偶然，而是具有一定的必然性和普遍性。而且子二代还带有特定的比例，大致都在 3∶1 左右。

**2. 解释分离现象**

教师设疑：为什么会出现这种现象呢？结合一对相对性状的遗传图解，引导学生分析以下问题：孟德尔是如何解释子一代只出现显性性状的？为什么子二代会出现性状分离，且分离比为 3∶1？在此过程中，教师结合教材图示讲解孟德尔的解释，引出纯合子和杂合子的概念。

课上进行模拟实验环节：教师指导学生明确实验目的和要求，随后组织学生阅读实验材料并进行实验操作。完成后，学生汇报实验结果，教师统计全班数据并进行比较。通过比较，引导学生理解实验结果所包含的规律。

**3. 对分离现象的解释的验证**

教师讲解孟德尔的测交实验，给出测交的概念，并指导学生通过绘制遗传图解，预测测交实验的结果。图解绘制过程中，教师巡视检查学生的完成情况并给予指导。最后，引导学生分析实验结果与预测结果的一致性，并探讨孟德尔设计测交实验的巧妙之处。同时，介绍假说—演绎法。

**4. 分离定律**

基于一对相对性状的遗传实验，教师引导学生总结归纳分离定律。

### （三）布置作业

完成教材上的课后习题。

## 五、说板书设计

本节课板书采用提纲式形式，提纲挈领、层次分明，能够很好地说明本节课的教学内容。

## 第二节

# 《孟德尔的豌豆杂交实验（二）》说课稿

本节说课的主题依托 2019 人教版高中生物学必修 2 第一章第二节"孟德尔的豌豆杂交实验（二）"，说课的内容划分为五个部分：说教材、说学情、说教学法、说教学过程和说板书设计。

## 一、说教材

### （一）教材分析

"遗传因子的发现"属于模块 2 "遗传与进化"下的大概念 3 "遗传信息控制生物性状并代代相传"这一内容，聚焦重要概念 3.2 "有性生殖中基因的分离和重组导致双亲后代的基因组合有多种可能"。本节则指向次位概念 3.2.3 "阐明有性生殖中基因的分离和自由组合使得子代的基因型和表型有多种可能，并可由此预测子代的遗传性状"。（黎娇华，2023）

本节主要讲述控制不同性状的遗传因子的传递规律。按照从现象到本质的顺序，教材先介绍孟德尔在两对相对性状遗传实验中发现的自由组合现象，接着讲述孟德尔对自由组合现象的解释，以及对自由组合现象解释的验证——测交实验，最后归纳自由组合定律。通过学习该节，学生能够明白自由组合定律进而灵活应用该定律。

### （二）教学目标

根据素质教育的要求和新课改的精神，确定教学目标如下。

（1）生命观念：通过对基因的自由组合定律的实质分析，从细胞水平阐述生命的延续性，建立起进化与适应的观点。

（2）科学思维：进一步理解孟德尔一对相对性状的杂交实验及其解释和验证；通过学习孟德尔一对相对性状的杂交实验过程，体验科学研究的一般过程。

（3）科学探究：通过个体基因型的探究与自由组合定律的验证实验，掌握实验操作的方法，培养实验设计及结果分析的能力。

（4）社会责任：通过对自由组合定律的学习，认同遗传在生命孕育过程中的重要作用；通过对孟德尔研究过程的分析，认同孟德尔在遗传学中的重要作用。

### （三）教学重难点

（1）教学重点：阐明基因的自由组合定律；分析孟德尔遗传实验获得成功的原因。

（2）教学难点：理解基因的自由组合定律并能用于解决实际问题。

## 二、说学情

在本节课之前,学生已经学习了孟德尔的豌豆杂交实验(一),掌握一些基因分离定律的知识,对孟德尔的思维方式有了简单的了解。在学习过程中,学生对自由组合定律产生浓厚的兴趣,这种兴趣将驱使他们进一步探究和分析自由组合定律,从而在思考的过程中提高应用知识的能力。

## 三、说教学法

### (一)说教法

本节主要采用问答法、讲授法及情境教学法。

### (二)说学法

本节主要倡导自主学习、合作学习、探究学习,让学生通过观察、资料分析等,培养学生的科学探究能力,落实核心素养。

## 四、说教学过程

### (一)导入新课

简单回顾上节课所学的一对相对性状的实验,教师设疑:为什么有的孩子既表现父亲的特征,又有与母亲相似的性状?在遗传过程中,亲代的多种多样的性状又是遵循着什么规律传给后代的?创设问题情境,引导学生探究,从而引入新课。

### (二)讲授新课

**1. 两对相对性状的杂交实验**

教师设疑:一对相对实验性状的杂交实验中,孟德尔选择的一对相对性状是豌豆的高茎和矮茎。如果进行两对相对性状的杂交实验,应该怎么选择实验对象呢?学生阅读教材了解到,孟德尔选择了黄色圆形的豌豆(简称黄圆)和绿色带皱纹的豌豆(简称绿皱)。实验过程中,孟德尔对这两对相对性状进行探究,了解它们的表现形式和比例。

教师提出问题:(1)如何实施两对相对性状的杂交实验?(2)如果对每一对相对性状独立分析,能得出哪些结论?(3)实验过程中出现了什么现象?学生阅读教材并总结:黄色和圆粒是显性性状。黄色和圆粒是显性性状。$F_1$代自交后,$F_2$代中出现了新的性状组合,即黄色皱粒和绿色圆粒。且统计结果显示,$F_2$代中四种表型的数量比接近9:3:3:1。

**2. 解释实验现象**

教师利用课件展示问题:(1)如果独立分析每一对相对性状,能获得哪些结论?(2)两对相对性状实验中$F_2$的性状分离比9:3:3:1与一对相对性状实验中$F_2$的3:1

的性状分离比有什么关系？（3）两对相对性状的遗传与一对相对性状遗传的关系是什么？

学生分小组讨论分析上述问题并提出假说：控制同一性状的遗传因子分离，不同对的遗传因子随机结合。教师带领学生用棋盘法演示 $F_1$ 自交的遗传图解。

**3. 对自由组合现象的解释的验证**

教师设疑：利用假说，孟德尔已经可以解释 $F_1$ 自交的实验结果。但如何确定假设是否正确？孟德尔用测交实验对假说进行了验证。你能推测出测交的实验结果吗？

教师邀请三位学生上台写出 $F_1$ 代测交的遗传图解，再请另外三位学生对这些遗传图解进行评价。最后，师生共同写出正确的遗传图解。学生通过书写测交实验图解发现，测交结果与预测相符，验证了 $F_1$ 代产生四种配子，且在产生配子时，控制同一性状的遗传因子发生分离，不同对的遗传因子则随机结合。

**4. 自由组合定律**

师生共同总结自由组合定律：控制不同性状的遗传因子的分离和组合是互不干扰的；在形成配子时，决定同一性状的成对的遗传因子彼此分离，决定不同性状的遗传因子则自由组合。这就是孟德尔的第二定律——自由组合定律。

**5. 基因、表型、基因型、等位基因**

教师介绍丹麦生物学家约翰逊将孟德尔的"遗传因子"命名为基因，并讲解表型、基因型、等位基因与非等位基因的概念。学生在理解了上述概念后，试用新的术语重新阐述自由组合定律：在形成配子时，等位基因发生分离，非等位基因则自由组合。

### （三）课堂小结

学生阐述本节课的收获，教师加以点评与总结。

### （四）布置作业

预习第二章第一节，完成教材上的课后习题与自我检测部分。

## 五、说板书设计

本节课板书采用提纲式形式，这样提纲挈领、层次分明，重点部分用不同颜色进行标记，清晰说明本节课的教学内容。

# 第三节

# 《减数分裂和受精作用》说课稿

本节说课的主题依托 2019 人教版高中生物学必修 2 第二章第一节"减数分裂和受精作用"，说课的内容划分为五个部分：说教材、说学情、说教学法、说教学过程和说板书设计。

## 一、说教材

### （一）教材分析

本节不仅是第二章的重点内容，也是整本书的重点之一，它是必修1的细胞学知识、染色体知识、有丝分裂知识和初中生殖种类知识的拓展与拔高。通过学习，学生可以全面地理解细胞分裂的种类、实质和意义，为后续学习遗传和变异、生物进化打下细胞学基础。因此，本节课的内容非常重要，需要认真学习和理解。

### （二）教学目标

根据素质教育的要求和新课改的精神，确定教学目标如下。

（1）生命观念：理解减数分裂过程中同源染色体的行为和数量变化。

（2）科学思维：通过比较精子形成过程和卵细胞形成过程的异同，理解减数分裂的特征；通过对减数分裂过程中染色体行为、数目变化的分析，联系受精作用，由此理解减数分裂和受精作用在维持有性生殖后代遗传的稳定性中的作用。

（3）科学探究：通过观察减数分裂过程中染色体的行为变化，培养识图、绘图能力以及比较分析和归纳总结的能力。

（4）社会责任：通过学习减数分裂和受精作用的意义，加深对事物自身变化规律性的认识，培养对立统一和发展变化的观点。

### （三）教学重难点

（1）教学重点：减数分裂概念和精子的形成过程。

（2）教学难点：模拟减数分裂过程中染色体的变化；比较精子和卵细胞形成过程的异同；观察蝗虫精母细胞的减数分裂。

## 二、说学情

在初中阶段，学生已经接触过减数分裂的相关知识，并且对生物生殖部分内容相当感兴趣。在此基础上学习本节课的内容，学生并不会感到完全陌生和难以接受。此外，学生在高一第一学期已经详细地学习有丝分裂的整个过程，有一定的知识储备；然而，由于减数分裂与有丝分裂有一定的相似点，容易混淆，它们的区别更是难点，需要学生在学习的过程中加以注意。

## 三、说教学法

### （一）说教法

本节主要采用问答法、讲授与直观相结合法、启发诱导法、读书指导法等。

### （二）说学法

本节学生主要使用合作探究学习法、自主学习法、阅读法等。

## 四、说教学过程

### （一）导入新课

教师引导学生根据本节题图比较果蝇体细胞与配子细胞染色体组成及数目的不同，引导学生根据此图提出相关问题。教师设疑：图中的配子是通过有丝分裂产生的吗？有丝分裂的特征是什么？借此机会，教师带领学生复习细胞有丝分裂的知识，并引导学生猜想配子可能是经过何种分裂形成的。接着，教师介绍减数分裂的发展史，以激发学生的学习兴趣。

### （二）讲授新课

**1. 减数分裂的概念**

教师提问：什么是减数分裂？减数分裂有何特点？学生自行阅读教材，尝试回答减数分裂的概念并指出其特点。教师结合哺乳动物精子形成的过程，帮助学生理解减数分裂的实质。教师讲解：高等动植物的减数分裂发生在生殖器官内，人和其他哺乳动物的精子是在睾丸中形成的。

**2. 精子形成的过程**

教师完整播放减数分裂全过程的动画，并引导学生注意观察减数分裂过程中两次分裂各时期的细胞名称、数量变化以及染色体的行为变化。教师设疑：减数分裂过程中，染色体发生了哪些行为变化？

（1）教师播放精原细胞形成初级精母细胞的动画，引导学生观察分析减数第一次分裂间期精原细胞变为初级精母细胞时染色体的行为变化、细胞体积的变化。

（2）教师播放同源染色体联会和四分体形成的动画，并提问：减数第一次分裂前期初级精母细胞中染色体最显著的变化是什么？配对的是怎样的染色体？图中有几个四分体？通过学生的回答和教师的点拨，学生总结出同源染色体联会和四分体的特点，并学习同源染色体和四分体的概念，理解交叉互换在遗传学上的重要意义。

（3）教师播放减Ⅰ中期四分体排列在赤道板上，和减Ⅰ后期同源体分离的动画，并提问：减Ⅰ中期和后期染色体发生了怎样的行为变化？同源染色体能否有另一种分离情况？

（4）教师播放同源染色体分离，非同源染色体自由组合的动画，并讲解一个精原细胞分分裂只能产生其中一种情形的精子，形成两种类型的精子；而多个精原细胞分裂时，各种情形都能发生，因此产生的精子具有多样性。

（5）教师播放次级精母细胞形成的动画，提问：与初级精母细胞相比，次级精母细胞中染色体数发生了怎样的变化？变化的原因是什么？染色体数是如何减少一半的？引导学生分析次级精母细胞染色体变化特点（无同源染色体，有染色单体），并继续提问：次级精母细胞会以怎样的方式进行减数第二次分裂？染色体数还会再减半吗？

（6）教师播放次级精母细胞形成精子的动画，引导学生分析总结减数第二次分裂的过程，指出，其类似有丝分裂，但染色体数不再减半；同时，精细胞会变形为精子。

（7）教师再次完整播放减数分裂全过程的动画，引导学生总结减数分裂的过程。

### 3. 卵细胞形成的过程

在学习完精子形成过程后，教师继续引导学生学习卵细胞形成的过程。最后，教师列出表格比较卵细胞与精子形成过程中的差异，并指导学生画出卵细胞形成过程的图像。

### 4. 受精作用

教师播放受精作用的录像，帮助学生理解受精作用的过程、实质和意义。看完录像后，学生基本能够总结出受精作用的过程，但对于其实质的理解还处于比较肤浅的状态。教师展示生命环进行形象的说明：假设亲代性原细胞的细胞核中有4条染色体——2对同源染色体，那么减数分裂后形成的雌雄配子各从亲代获得了2条染色体。经受精作用后，精子和卵细胞的核会融合，同时各自细胞核内的染色体也会合并，染色体数就恢复为4条。因此，受精作用的实质就在于精子与卵细胞核的融合，使来自双亲的染色体会合在一起。其意义在于恢复了染色体数目，对生物的遗传和变异具有重要的作用。

## （三）课堂小结

学生阐述本节课的收获，教师加以点评与总结。

## （四）布置作业

绘制精子和卵细胞形成过程中发生的主要行为变化图。

# 五、说板书设计

本节课板书采用提纲式形式，这样提纲挈领、层次分明，重点部分用不同颜色进行标记，清晰说明本节课的教学内容。

# 第四节

# 《基因在染色体上》说课稿

本节说课的主题依托2019人教版高中生物学必修2第二章第二节"基因在染色体上"，说课的内容划分为五个部分：说教材、说学情、说教学法、说教学过程和说板书设计。

# 一、说教材

## （一）教材分析

本节介绍基因在染色体上的位置与分布，这一知识点是理解性状的遗传规律与减数分裂形成配子的过程的重要环节。通过将基因和染色体联系起来，有助于学生深入理解遗传规律的本质，为后续学习基因表达等内容奠定基础。本节知识点在第二章中扮演着重要的纽带作用，将不同内容有机结合在一起，促进学生对遗传学的全面理解（周潜英 等，2022）。

### （二）教学目标

根据素质教育的要求和新课改的精神，确定教学目标如下。

（1）生命观念：运用孟德尔遗传规律和减数分裂的有关知识，比较基因与染色体行为的异同；根据基因和染色体行为之间的平行关系，推断基因位于染色体上；运用有关基因和染色体的知识阐明孟德尔遗传规律的实质。

（2）科学思维：推导染色体与基因的关系，论证基因在染色体上，领悟类比推理的研究方法；运用假说—演绎法，模拟遗传学家摩尔根证明基因在染色体上的实验过程，培养实验探究能力及分析推理能力。

（3）科学探究：运用假说—演绎法，模拟遗传学家摩尔根证明基因在染色体上的实验过程，培养实验探究能力及分析推理能力。

（4）社会责任：通过学习摩尔根最初由质疑孟德尔的遗传规律转化为坚定支持者的科学史，认同科学研究需要敢于质疑，追求实证的科学态度，培养批判性思维。

### （三）教学重难点

（1）教学重点：基因位于染色体上的理论假说和实验证据；孟德尔遗传规律的现代解释。

（2）教学难点：运用类比推理的方法，解释基因位于染色体上；基因位于染色体上的实验证据。

## 二、说学情

学生已经具备有丝分裂、减数分裂和受精作用等细胞学基础，掌握生物的生殖过程、孟德尔遗传规律等相关知识，为新知识的学习奠定了认知基础。

## 三、说教学法

### （一）说教法

本节主要采用问答法、讲授与直观相结合法、启发诱导法、读书指导法等。

### （二）说学法

学生通过类比推理、提出问题并关注染色体和基因的关系、画减数分裂示意图、通过活动探究法发现基因与染色体的平行关系，运用类比推理的方法推断基因与 DNA 长链的关系。

## 四、说教学过程

### （一）导入新课

教师引导学生阅读"问题探讨"一栏的内容，进行思考和讨论。教师提示：这个替换似乎可行。由此联想孟德尔分离定律中成对的遗传因子的行为与同源染色体在减数分裂过程中的行为很相似，一条染色体上可能有许多个基因。由此引出本节课的主题。

### （二）讲授新课

**1. 萨顿的假说**

教师首先通过课件展示了孟德尔分离定律的核心内容，随后引导学生深入阅读"问题探讨"部分，并利用课件展示萨顿的照片和实验材料——蝗虫。在此基础上，教师提出四个问题：萨顿假说的内容是什么？萨顿假说的依据是什么？萨顿假说的提出运用的是什么研究方法？得出的结论一定是正确的吗？

学生自主学习教材相关知识，回忆基因分离定律和基因自由组合定律以及减数分裂相关过程，分组进行讨论并动手画相关示意图，通过解释孟德尔杂交实验，体会基因和染色体行为存在平行关系。教师指导学生进行自学和探究，并对学生的合作学习作出适当的评价，鼓励学生对问题作出大胆的假设，启发学生体会类比推理的研究方法，最后师生共同总结萨顿假说及其内容，并列表比较减数分裂过程中基因和染色体的行为，强化认知基因与染色体存在平行关系；再以此介绍类比推理法，强调类比推理得出的结论并不具有逻辑的必然性，其正确与否，还需要观察和实验的检验，从而引出基因在染色体上的实验证据。

**2. 基因位于染色体的实验证据**

教师通过课件介绍美国生物学家摩尔根质疑萨顿假说，然而，摩尔根后来通过潜心研究果蝇的遗传行为，最终用实验证明了基因确实位于染色体上。

**3. 孟德尔遗传规律的现代解释**

教师给学生详细讲解和对比分离定律与自由组合定律：在杂合体的细胞中，位于一对同源染色体上的等位基因，具有一定的独立性；在减数分裂形成配子的过程中，等位基因随同源染色体的分开而分离，独立地随配子遗传给后代，称为分离定律。位于非同源染色体上的非等位基因的分离或组合是互不干扰的；在减数分裂过程中，同源染色体的等位基因彼此分离的同时，非同源染色体上的非等位基因自由组合，称为自由组合定律。

### （三）课堂小结

以"开火车"的形式请学生讲解本节课的收获，师生共同点评。

### （四）布置作业

预习下一章节并完成课后练习，自行阅读教材中的科学家故事，并交流自己的阅读感受。

## 五、说板书设计

本节课采用提纲式板书形式，这样提纲挈领、层次分明，重点部分用不同颜色进行标记，清晰说明本节课的教学内容。

# 第五节

# 《伴性遗传》说课稿

本节说课的主题依托 2019 人教版高中生物学必修 2 第二章第三节"伴性遗传"，说课的内容划分为五个部分：说教材、说学情、说教学法、说教学过程和说板书设计。

## 一、说教材

### （一）教材分析

本节涵盖伴性遗传的概念、人类红绿色盲症、抗维生素 D 佝偻病以及伴性遗传在实践中的应用等四个教学知识点，以初中八年级下册的"人的性别遗传"和上一节课的"果蝇的杂交实验"中有关性染色体的知识为基础，借鉴基因的分离定律，将研究伴性遗传传递规律作为对遗传定律的应用和深化。通过对人类红绿色盲症和抗维生素 D 佝偻病的分析和讨论，进一步明确基因与性染色体的关系以及基因分离定律的实质，为今后学习第五章第三节"人类遗传病"打下基础。本节课的内容丰富，旨在帮助学生深入理解遗传规律的应用和实践，为今后的学习奠定坚实的基础（王静 等，2018）。

### （二）教学目标

根据素质教育的要求和新课改的精神，确定教学目标如下。

（1）生命观念：通过基因在染色体上与伴性遗传特点分析，从分子水平、细胞水平阐述生命的延续性，建立起进化与适应的观点。

（2）科学思维：基于对伴性遗传的认识，运用演绎推理，对位于性染色体上的显性和隐性基因的遗传特点进行分析；对常见的由一对等位基因决定的伴性遗传病，能够根据双亲的表型对后代的患病概率做出科学的预测。

（3）科学探究：实验设计与实验结果分析，分析基因所在染色体的位置及遗传方式，探究不同对基因在染色体的位置关系。

（4）社会责任：认同优生优育的价值观念。

### （三）教学重难点

（1）教学重点：伴性遗传的特点。
（2）教学难点：分析人类红绿色盲的遗传。

## 二、说学情

学生已经学习了孟德尔的两大遗传定律以及这些定律的细胞学基础，已经具备一定的遗传学基础知识。在教师的引导和讲解下，学生将进一步了解人类红绿色盲的主要遗传方式，并总结伴性遗传的特点。同时，学生还能够将所学的知识应用到生产实践中，提高他们的实践能力。通过这些学习的过程，学生将更好地理解遗传规律的应用和实践，并具备应用所学知识的能力（胡丽君，2022）。

## 三、说教学法

### （一）说教法

本节主要采用问答法、讲授与直观相结合法、启发诱导法、读书指导法等。

### （二）说学法

以情境（任务）驱动学习引导学生自主探究和合作学习。

## 四、说教学过程

### （一）导入新课

首先教师利用多媒体讲述道尔顿发现色盲症的故事，引导学生思考：从道尔顿发现红绿色盲的过程中获得什么启示？师生共同总结，获得启示：道尔顿不放过身边的小事，对心中的疑惑进行认真的分析和研究，这种认真态度是学习科学的重要品质之一；道尔顿勇于承认自己是色盲患者，并将自己的发现公之于众，这种献身科学、尊重科学的精神也是科学工作者的重要品质之一。

简要介绍红绿色盲对人类的危害，展示红绿色盲检查图，让学生识图辨认，以此激发他们学习探究的兴趣。通过展示相关资料，教师指出红绿色盲患病男性多于女性，而另一种遗传病抗维生素 D 佝偻病则女性多于男性。

教师设疑：为什么上述两种病在遗传表现上总是和性别相联系？为什么这两种遗传病与性别关联的表现又不相同呢？学生开展小组讨论，并派代表汇报本组讨论结果。师生共同得出结论：这两种遗传病与性染色体上的基因有关。以此导入新课。

## （二）讲授新课

教师通过课件展示男女染色体显微图片，引导学生观察分析相同点和不同点，突出常染色体间的相似性和性染色体的不同。教师图示男女性染色体的构成，让学生认识 X 和 Y 的同源段和非同源段。通过联想类比孟德尔分离定律和人类白化病的情况（子代发病男女概率均等，控制发病的基因位于常染色体上），与性染色体的同源段和非同源段作对比，教师引导学生得出色盲基因及其等位基因应位于非同源段的结论，并设疑：这两种遗传病的控制基因是位于 X 染色体还是 Y 染色体上？

教师展示教材资料中的人类红绿色盲症的系谱图，提出问题：如果致病基因在 Y 染色体上会有什么表现？Ⅰ代中的 1 号是色盲患者，其色盲基因传给了Ⅱ代中的几号？Ⅰ代 1 号是否将自己的色盲基因传给了Ⅱ代 2 号？这说明红绿色盲基因位于 X 染色体上还是 Y 染色体上？为什么Ⅱ代 3 号和 5 号有色盲基因而没有表现出色盲症？

通过质疑过渡，教师引导学生思考：只有男性才表现为红绿色盲吗？有没有其他的情况？教师板画男女性染色体对应图，并标注色盲基因及其等位基因的位置。学生根据图示推出男女基因型及表型后填写表格。教师提出问题链，引导学生思考：（1）XY 是一对同源染色体，其上的色盲基因及等位基因应遵循孟德尔的什么定律？（2）就表格而然，男女有几种婚配方式？（3）各种婚配方式中所生子女的基因型、表型及比例如何？

由教师结合基因分离定律和减数分裂知识完成男性正常与女性正常婚配、男性色盲与女性色盲婚配的遗传图解，作为示例，再将学生分四组，每组书写一个婚配的遗传图解，并选派代表说明子女表型。

教师利用"遗传图解"结合"问题链"继续探讨，引导学生归纳出色盲遗传的特点，问题包括：（1）观察图解，色盲基因在不同性别间是如何传递的呢？（2）为什么不能由男性传给男性？男性的色盲基因怎样才能传给男性呢？（3）从图解看色盲在男女中的发病情况怎样？（4）从社会调查也是这样，你是否能从基因和染色体的角度加以解释？学生在教师的指导下，理解、归纳出色盲基因遗传的特点，进而归纳出 X 染色体隐性遗传的特点。

## （三）学以致用

小组思考讨论问题：如果夫妇一方是色盲或抗维生素 D 性佝偻病患者，另一方正常，如何选择才能生出一个健康的孩子？给予合理方案。

## （四）课堂小结

以"开火车"的形式请学生讲解本节课的收获，师生共同点评。

## （五）布置作业

让学生自行阅读教材的相应内容，了解伴性遗传在生产实践上的应用，有兴趣还可以查阅相关资料了解更多。

## 五、说板书设计

本节课主要采用提纲式板书的形式,辅以图示式板书,这样的板书不仅提纲挈领、层次分明,而且趣味性与可理解性很强,其中重点部分用不同颜色进行标记,清晰说明本节课的教学内容,帮助学生分清主次,抓住重点。

## 第六节
# 《DNA是主要的遗传物质》说课稿

本节说课的主题依托2019人教版高中生物学必修2第三章第一节"DNA是主要的遗传物质",说课的内容划分为五个部分:说教材、说学情、说教学法、说教学过程和说板书设计。

## 一、说教材

### (一)教材分析

本节通过联系前面所学的细胞学基础,阐明染色体在遗传中的重要作用,通过对染色体化学成分的分析,得出"DNA是主要的遗传物质"这一结论。在这个过程中,教材巧妙地设计了两个经典实验来证明这一结论,并列举一些少数生物只有RNA而没有DNA的事实。本节展示了人们对科学概念的认识过程和方法,是探究式教学的优秀素材。在教学中,教师可以发挥主导作用,优化课堂结构,运用科学史实例,使知识的传授变成一个科学的探究过程,让学生在探究中学习科学研究的方法,以此渗透科学方法教育。这种教学方式能够激发学生的探究兴趣,提高他们的科学素养和创造力,从而更好地理解和应用所学知识。

### (二)教学目标

根据素质教育的要求和新课改的精神,确定教学目标如下。
(1)生命观念:认同科学与技术的关系,二者相互促进,相辅相成;强调生命的物质性,有利于辩证唯物主义世界观的树立。
(2)科学思维:通过分析两个实验的研究过程,培养学生实事求是、严谨的科学态度;通过重温两大实验过程,理解从实验中得到"DNA是主要的遗传物质"这一科学结论的过程,从而培养分析问题的能力,训练由特殊到一般的思维归纳能力。

（3）科学探究：通过学习"DNA是主要的遗传物质"的探索历程，了解相关实验、分析实验的设计思路，并能从该实验中得出相应结论。

（4）社会责任：体验科学探索的艰辛过程；认同人类对遗传物质的认识是不断深化、不断完善的过程；认同科学与技术的关系。

### （三）教学重难点

（1）教学重点：肺炎链球菌转化实验的原理和过程；证明DNA是遗传物质的实验的关键设计思路；通过探究科学发现过程学习科学研究方法。

（2）教学难点：肺炎链球菌转化实验的原理和过程；证明DNA是遗传物质的实验的关键设计思路；通过探究科学发现过程学习科学研究方法。

## 二、说学情

学生在学习有丝分裂、减数分裂和受精作用等细胞学基础知识后，已经掌握生物的生殖过程、染色体的化学组成以及蛋白质和核酸的元素组成等相关知识，为新知识的学习奠定了认知基础。高中学生具备一定的认知能力，已经初步建立思维的目的性、连续性和逻辑性，但这些能力还不够完善，他们的心智还无法有效控制行为冲动，对事物的探究有激情，但通常缺乏理性的思考，在探究的目的性、过程以及结论的形成方面需要进一步加强。

## 三、说教学法

### （一）说教法

本节主要采用问答法、讲授与直观相结合法、启发诱导法、读书指导法等。

### （二）说学法

以任务驱动学习引导学生自主探究和合作。

## 四、说教学过程

### （一）导入新课

课件出示俗语："种瓜得瓜，种豆得豆"，"一母生九仔，连母十个样"，引出生物有遗传和变异现象，染色体的主要成分是DNA和蛋白质。教师设疑：究竟是谁在遗传中起决定性作用？由此导入新课。

### （二）讲授新课

**1. 探究活动**

教师强调：在实验科学研究中，选择合适的实验材料至关重要。不论是高等复杂的生物还是低等简单的生物，它们的物质基础都是蛋白质和核酸。教师提问：既然都含有蛋白质和核酸，你觉得选择什么样的生物做实验材料才合适？

学生基于这个问题，开始对真核生物、原核生物、病毒等生物类群进行对比分析，从中筛选最佳材料。在教师的引导下，学生认识到，生物体越简单、越低等，其含有的物质就越少，分析就更为简便快捷，干扰因素也会相应减少，更容易得出结论，且误差较小。经过讨论，学生认为病毒是较为理想的实验材料，因为其成分与染色体相似，且在生殖过程中两种主要成分（蛋白质和核酸）会分开，同时病毒生活史短，繁殖力强。

**2. 肺炎链球菌的转化实验**

教师利用多媒体展示艾弗里及其同事的实验，引导学生预测哪种情况能够促使 R 型细菌转化为 S 型细菌，并阐述原因。学生通过阅读教材相关内容，理解只有加入 DNA，R 型细菌才能转化为 S 型细菌，并且 DNA 的纯度越高，转化效率就越大。进而得出结论：转化因子即 DNA，因此 DNA 是遗传物质。

**3. 噬菌体侵染细菌的实验**

在课件展示 T2 噬菌体的相关背景知识后，教师让学生通过阅读教材内容并观察图示来学习该实验。学生以小组为单位，针对实验内容至少提出三个问题，提得越多越好，小组内进行讨论。在学生讨论的过程中，教师适时地介绍离心的原理，即依据密度的不同进行分离。学生通过观看两段动画，比较噬菌体侵染细菌的实验的设计思路和肺炎链球菌的转化实验的设计思路，进而发现：两者的思路相似，但采用的方法不同。在教师的指导下，学生总结出噬菌体侵染细菌实验过程中证明了 DNA 作为遗传物质所具备的特征：连续性和指导蛋白质合成的能力。进而得出结论：在噬菌体的复制过程中，DNA 具有连续性，是遗传物质。

**4. 烟草花叶病毒的侵染实验**

课件展示一道探究性试题：烟草花叶病毒 TMV 和车前草病毒 HRV 都能感染烟草叶，但两者引起的病斑不同。师生共同讨论原因，进而得出结论：少数生物的遗传物质是 RNA。

### （三）课堂小结

师生共同整理知识结构，构建知识网络；教师对本节课学生的探究活动予以评价，尤其是对学生在探究过程中善于假设、多向思维、收集材料进行探究学习的科学精神给予高度赞许，并教育学生要有一丝不苟的治学态度，掌握一定的科学研究方法。

### （四）布置作业

完成课后练习，查阅相关资料思考是否遗传物质是否都在染色体上。

## 五、说板书设计

本节课主要采用提纲式板书的形式，这样的板书不仅提纲挈领、层次分明，而且可理解性很强，其中重点部分用不同颜色进行标记，清晰说明本节课的教学内容，帮助学生分清主次，抓住重点。

# 第七节

# 《DNA 分子的结构》说课稿

本节说课的主题依托 2019 人教版高中生物学必修 2 第三章第二节"DNA 分子的结构"，说课的内容划分为五个部分：说教材、说学情、说教学法、说教学过程和说板书设计。

## 一、说教材

### （一）教材分析

本节是在必修 1 及前几章的基础上，从分子水平认识 DNA 的本质。具体来说，本节主要从 DNA 的物质基础、分子结构、复制功能以及在生物遗传中的作用等方面，深入探究 DNA 的结构和功能，进一步学习 DNA 分子双螺旋结构的主要特点及其构建过程。通过本节的学习，学生能够更全面、深入地理解 DNA 的结构和功能，为后续学习打下坚实的基础（贺俊，2018）。

### （二）教学目标

根据素质教育的要求和新课改的精神，确定教学目标如下。

（1）生命观念：通过掌握 DNA 分子的结构和功能，理解生命的延续和发展。

（2）科学思维：通过 DNA 分子中的碱基数量和 DNA 复制的计算规律，培养归纳与概括、逻辑分析和计算能力。

（3）科学探究：通过 DNA 复制方式的探究，培养实验设计及结果分析的能力。

（4）社会责任：通过了解沃森、克里克不断探索、团结合作、共同发现 DNA 双螺旋结构的经历，培养勇于探索、严谨论证的科学态度和钻研态度。

### （三）教学重难点

（1）教学重点：DNA 分子结构的主要特点和 DNA 双螺旋结构模型的制作；DNA 复制的过程；基因是有遗传效应的 DNA 片段；DNA 分子具有多样性和特异性。

（2）教学难点：DNA 分子结构的主要特点和 DNA 双螺旋结构模型的制作；DNA 复制的过程；脱氧核苷酸序列与遗传信息的多样性。

## 二、说学情

学生已经学习了核酸的元素组成、有丝分裂、减数分裂和受精作用等生物学基础知识，掌握生物的生殖过程、染色体的化学组成等相关知识，同时也知道 DNA 是主要的遗传物质，这为新知识的学习奠定了认知基础。此外，高中学生具备一定的认知能力，已经初步建立思维的目的性、连续性和逻辑性，但这些能力还不够完善。因此，在学生探究新的知识过程中，教师需要进行适当的启发引导，帮助学生更好地理解和掌握新的知识，提高他们的学习效果。

## 三、说教学法

### （一）说教法

在复习已有知识的基础上，教师可以引导学生探究 DNA 分子的结构，并使用多媒体和相关资料进行分析，让学生构建 DNA 分子结构的模型。

### （二）说学法

通过观察和分析 DNA 分子结构的模型，学生可以深入了解 DNA 分子结构的特点，并加深对 DNA 分子结构的理解。

## 四、说教学过程

### （一）导入新课

上课伊始，教师带领学生回忆上一节课的内容（DNA 是主要的遗传物质）并设疑：DNA 分子是如何携带遗传信息的？DNA 分子的遗传是如何实现的？要回答这些问题，首先要弄清 DNA 分子的结构，以此引入课题。

### （二）讲授新课

**1. 沃森和克里克的探究历程**

在教师的引导下，学生带着问题阅读教材，了解两位科学家构建 DNA 双螺旋结构模型的故事，并思考讨论：上述资料涉及哪些学科的知识和方法？这对理解生物科学的发展有什么启示？沃森和克里克默契配合，发现 DNA 双螺旋结构的过程，作为科学家合作研究的典范，在科学界传为佳话。他们的这种工作方式给予我们哪些启示？

**2. DNA 分子的平面和立体结构**

教师展示学生制作的 DNA 模型，并播放多媒体，展示 DNA 分子的平面和立体结构。学生参照展示内容，思考并验证自己制作的 DNA 双螺旋结构模型是否准确。

**3. DNA 分子结构的特点**

课件展示以下讨论题：（1）DNA 分子是由几条链组成的，具有怎样的立体结构？（2）DNA 分子的主链是由什么组成的？（3）排列在什么位置？DNA 分子中的碱基排列在哪里？有什么规律吗？

学生思考、讨论和归纳 DNA 分子结构的特点，参照自制的 DNA 模型得出结论：（1）DNA 分子由两条链组成，以反向平行方式盘旋成双螺旋结构。（2）DNA 分子的主链由脱氧核糖和磷酸交替连接而成,它们排列在外侧,构成基本骨架;碱基则排列在内侧。(3)两条链上的碱基通过氢键连接成碱基对,遵循碱基互补配对原则,即 A 和 T 配对,G 和 C 配对。

**4. 展示制作的 DNA 双螺旋结构模型**

师生共同总结出制作模型的原则和要求,学生再次参照这些要求,思考并验证自己制作的 DNA 双螺旋结构模型是否准确。

### (三)学以致用

教师引导学生思考讨论:怎样进行亲子鉴定及身份的确认,依据是什么?培养学生解决实践问题的能力。

### (四)课堂小结

在教师指导下,学生归纳总结 DNA 的化学组成、结构和特点,形成完整的知识体系。

### (五)布置作业

课后以小组为单位,集思广益,用富有创意的材料构建 DNA 分子的双螺旋结构模型,并探究 DNA 分子的特性。

## 五、说板书设计

本节课主要采用提纲式板书的形式,这样的板书不仅提纲挈领、层次分明,而且可理解性很强,其中重点部分用不同颜色进行标记,清晰说明本节课的教学内容,帮助学生分清主次,抓住重点。

# 第八节
# 《DNA 的复制》说课稿

本节说课的主题依托 2019 人教版高中生物学必修 2 第三章第三节 "DNA 的复制",说课的内容划分为五个部分:说教材、说学情、说教学法、说教学过程和说板书设计。

## 一、说教材

### (一)教材分析

本节是第三章的重点内容之一,也是遗传学的基础。这一部分的学习不仅可以深化对孟德尔遗传定律和减数分裂知识的理解,还能够更深入地了解遗传的基本过程和原理。

### （二）教学目标

根据素质教育的要求和新课改的精神，确定教学目标如下。

（1）生命观念：在较好地理解 DNA 复制概念的基础上，形成 DNA 分子结构与其功能相统一的生命观念，体会亲子代之间遗传物质的连续性。

（2）科学思维：应用"假说—演绎法"探究 DNA 的复制过程，并应用"模型建构法"探讨、归纳 DNA 复制的内在规律。

（3）科学探究：能够针对 DNA 复制方式的思考，提出自己的见解，分析比较，得出合理的结论；应用模型建构的方法将微观的生物现象形象化。

（4）社会责任：认同人类对遗传物质的认识是不断深化、不断完善的过程；认同科学技术的发展对科学研究的进步有积极的推动作用。

### （三）教学重难点

（1）教学重点：DNA 复制的条件、过程及特点。
（2）教学难点：DNA 复制的过程，特别是半保留复制。

## 二、说学情

学生在高中生物学必修 1 中学习了有丝分裂，在高中生物学必修 2 前两章中学习了遗传物质 DNA 的结构等相关知识，对遗传规律有了初步的认识，这为学习新知识奠定了很好的基础。此时学生具有很强的求知欲和思维活跃度，动手实践能力也比较强，具备较强的问题分析和解决能力。这些特点为本节课的探索精神的激发提供了良好的基础。

## 三、说教学法

### （一）说教法

教师可以充分利用多媒体的功能，将 DNA 复制过程制作成动态演示，使学生可以直观地了解这一过程。通过动态演示，可以将难点知识变得形象易懂，更容易被学生吸收。此外，教师还可以引导学生进行讨论和交流，提高他们的识图能力和思维能力，同时结合适当的练习，帮助学生更好地理解和掌握所学知识。

### （二）说学法

学生通过观察、分析、讨论与教师讲授相结合来学习本课内容。

## 四、说教学过程

### （一）导入新课

教师引导学生回顾以往学过的有丝分裂和减数分裂过程中 DNA 复制的时间点，思考问题：DNA是如何复制的？学生积极讨论。接着，教师播放有关细胞中的染色体复制，染色体中的DNA复制的视频，进而引出沃森和克里克对DNA复制过程的推测。以此引入本课主题。

### （二）讲授新课

**1. 对DNA分子复制的推测**

教师引导学生思考并提出DNA复制可能存在的两种方式：全保留复制和半保留复制。接着，学生分别进行模拟演示，亲身体验全保留复制和半保留复制两种方式，并理解它们之间的区别。

**2. DNA半保留复制的实验证据**

学生自行阅读教材该部分内容，以教师的讲解和视频为基础，理解该实验结果证明DNA的复制是以半保留的方式进行的。

**3. DNA复制的过程**

教师播放DNA复制过程的视频，学生观看结束后，教师在黑板上画图演示DNA复制过程并作详细讲解，由学生归纳出复制过程：（1）解旋提供准确模板；（2）合成互补子链；（3）子、母链相互盘绕，形成新DNA分子。进而总结出DNA复制的特点：（1）DNA分子是边解旋边复制的，属于半保留复制，即在子代双链中，其中一条直接来自亲代，另一条则是新合成的；（2）DNA复制严格遵守碱基互补配对原则准确复制，确保子代和亲代具有相同的遗传性状。

DNA复制后，两个子代DNA分子与亲代DNA分子是否完全一致？为什么？学生思考问题并进一步理解和巩固DNA复制的全过程。接下来教师引导学生总结DNA复制的四大基本条件：（1）模板：开始解旋的DNA分子的两条单链；（2）原料：游离在核液中的脱氧核苷酸；（3）能量：由ATP水解提供；（4）酶：参与该过程的多种酶，不仅仅是指一种解旋酶。

**4. DNA复制意义与应用**

通过前面的分析，学生能够总结出DNA复制的意义：它确保了遗传信息从亲代传递给子代，维持了物种的相对稳定性和遗传信息的连续性，使物种得以延续。同时，学生也了解DNA复制在现实生活中的应用，如DNA分子在刑事案件侦破中的广泛应用，以及作为亲子鉴定的主要证据之一。

### （三）课堂小结

在课件中将本节课的主要知识点以填空的形式展现给学生，学生举手回答。

### （四）布置作业

完成课后作业并预习下一节。

## 五、说板书设计

本节课主要采用提纲式板书的形式，这样的板书不仅提纲挈领、层次分明，而且可理解性很强，其中重点部分用不同颜色进行标记，清晰说明本节课的教学内容，帮助学生分清主次，抓住重点。

## 第九节
## 《基因是有遗传效应的DNA片段》说课稿

本节说课的主题依托2019人教版高中生物学必修2第三章第四节"基因是有遗传效应的DNA片段"，说课的内容划分为五个部分：说教材、说学情、说教学法、说教学过程和说板书设计。

## 一、说教材

### （一）教材分析

本节旨在对本章内容进行概括和提升，同时为第四章"基因的表达"作铺垫。本节的重点是介绍基因的概念和基因、DNA、染色体的关系，并通过数学方法表现DNA的多样性和特异性。通过四节资料分析，学生可以更好地理解基因的概念；通过一个探究活动，学生可以深入了解DNA的多样性和特异性，从分子水平上理解生物体的多样性和特异性的物质基础。

### （二）教学目标

根据素质教育的要求和新课改的精神，确定教学目标如下。
（1）生命观念：举例说明基因是有遗传效应的DNA片段；说明基因和遗传信息的关系。
（2）科学思维：掌握分析、归纳材料的方法；能在生物学研究中应用数学知识。
（3）科学探究：运用数学方法说明DNA分子的多样性和特异性；掌握分析材料的方法。
（4）社会责任：通过了解DNA技术，实现科学价值观的教育；通过了解人类基因组计划和DNA指纹技术的应用，培养热爱科学和爱国主义情感。

### （三）教学重难点

（1）教学重点：基因是有遗传效应的DNA片段；DNA分子具有多样性和特异性。
（2）教学难点：脱氧核苷酸序列与遗传信息的多样性。

## 二、说学情

在前三节课的学习中，学生初步掌握了DNA分子的结构和复制，但对基因的本质还没有真正理解，也没有弄清楚基因、DNA和染色体之间的关系。为了帮助学生深入理解这些概念，教师通过资料分析、读图理解等，适时地引导学生思考，并指导学生进行总结和评价。通过这样的学习方式，学生可以更加深入地理解基因、DNA 和染色体之间的关系，以及它们在遗传学中的作用和意义。

## 三、说教学法

### （一）说教法

本节主要采用讲授法、启发诱导法、读书指导法。

### （二）说学法

本节学生主要使用小组合作式学习方法、归纳法、知识迁移法、类比法等学法。

## 四、说教学过程

### （一）导入新课

教师通过课件展示教材上的讨论题，引导学生思考：为什么外源基因必须整合到受体细胞的 DNA 上才能发挥作用？科学家已证明 DNA 是遗传物质，那基因与 DNA 之间是什么关系呢？由此问题引出本节课的主题。

### （二）讲授新课

**1. 说明基因与 DNA 关系的实例**

学生自行阅读教材提供的资料，教师引导学生回答讨论题，并板书讲解基因与 DNA 的关系，询问学生能否举出其他实例来揭示基因的含义以及基因与 DNA 的关系。

**2. DNA 片段中的遗传信息**

教师设疑：DNA 仅包含四种脱氧核苷酸（分别对应 A、T、C、G 四种碱基），为什么能够储存大量的遗传信息呢？学生阅读思考讨论部分后，分组进行讨论。在讨论过程中，教师在教室内巡视，关注学生的讨论情况。最后由师生共同总结得出：遗传信息隐藏在四种碱基的排列顺序中；碱基排列顺序的千变万化赋予 DNA 多样性，而碱基特定的排列顺序则构成每个 DNA 分子的特异性；基因通常是有遗传效应的 DNA 片段。

**3. RNA 片段中的遗传信息**

教师介绍，有些病毒的遗传物质是 RNA，例如人类免疫缺陷病毒（艾滋病病毒）和流感病毒等。对于这类病毒来说，基因就是具有遗传效应的 RNA 片段。

### （三）课堂小结

在课件中将本节课的主要知识点以填空的形式展现给学生，学生举手回答。

### （四）布置作业

课后阅读教材生物科技进展部分的资料，查阅有关测序工程师这一职业的相关资料；

完成课后作业并预习下一节。

## 五、说板书设计

本节课主要采用提纲式板书的形式,这样的板书不仅提纲挈领、层次分明,而且可理解性很强,其中重点部分用不同颜色进行标记,清晰说明本节课的教学内容,帮助学生分清主次,抓住重点。

# 第十节

# 《基因指导蛋白质的合成》说课稿

本节说课的主题依托 2019 人教版高中生物学必修 2 第四章第一节"基因指导蛋白质的合成",说课的内容划分为五个部分:说教材、说学情、说教学法、说教学过程和说板书设计。

## 一、说教材

### (一)教材分析

本节是必修 2 中第四章"基因的表达"的开篇,包括遗传信息的转录和翻译两部分内容。在前三章的学习中,学生已经清楚了解了基因、DNA 和染色体之间的关系,通过本节内容,他们可以进一步理解基因是如何发挥作用的。这对于理解第二节"基因对性状的控制"也是非常重要的基础,能够从根本上帮助学生理解遗传与变异的本质。

### (二)教学目标

根据素质教育的要求和新课改的精神,确定教学目标如下。
(1)生命观念:理解结构与功能相适应的观点。
(2)科学思维:能够基于事实和证据采用适当的科学思维方法揭示遗传信息的转录过程以及 RNA 适于作 DNA 的信使的原因。
(3)科学探究:提高自主学习、合作探究以及动手的能力,激发积极探索生物学知识的热情。
(4)社会责任:形成关爱生命、敬畏生命和珍惜生命的情感。

### (三)教学重难点

(1)教学重点:了解基因控制蛋白质合成的中间物——RNA 的基本单位、化学组成和种类，以及它与 DNA 在组成、结构、功能和分布等方面的异同；理解基因表达的转录和翻译的概念及过程；比较转录和翻译的异同；认知和区分相关概念：遗传信息、遗传密码、密码子与反密码子；计算 DNA 碱基、RNA 碱基和氨基酸的对应关系。

（2）教学难点：理解基因表达的转录和翻译的概念和过程；认知和区分相关概念：遗传信息、遗传密码、密码子与反密码子；计算 DNA 碱基、RNA 碱基和氨基酸的对应关系，以图解方法解决。

## 二、说学情

学生在学习完第三章"基因的本质"后对基因产生了浓厚的兴趣，想进一步探究有关基因的各种问题。然而，由于年龄较小，学生的深度理解能力有限。在这个年龄段，学生具有较强的求知欲、好奇心和积极性，对新鲜事物有强烈的兴趣。因此，教师需要充分调动学生的学习主动性，切实可行地培养学生的能力，加深他们对教学内容的理解，帮助他们更好地掌握所学知识。

## 三、说教学法

### （一）说教法

本节内容抽象、难懂，教师需要通过设疑自探、解疑合探等环节引导学生自主探究和合作学习。基于教材的难度和学生的能力，在教学过程中应加强培养学生的读图、析图的能力和想象力。结合教材有关转录和翻译的图解，自制各种对比表格及动画演示，化抽象为具体，用图解法、表解法把知识建构在图表中。由于本节内容不仅抽象复杂，而且涉及的物质种类也比较多，因此学生往往会陷入"学习时都懂，学完了都不懂"的困惑之中。因此，教师要注意及时将知识归纳、比较和总结。

### （二）说学法

教学的目的不仅仅是使学生简单地掌握知识，更重要的是教会学生学习的方法，"授之以渔"。本节通过设疑自探和合探，引导学生自主探索 DNA 转录和翻译的过程，发现知识，培养学生发现问题、解决问题、相互协助、自主学习的能力。通过展示小组和评价小组的活动，培养学生参与意识和创新意识，让学生学会在学习中进行交流的基本方法，充分体现学生的主体地位。

## 四、说教学过程

### （一）导入新课

播放电影《侏罗纪公园》片段，利用恐龙的 DNA 使恐龙复活，激发学生兴趣。如果能利用恐龙的 DNA 使恐龙复活，你认为主要要解决什么问题？教师引导学生理解要解决这个问题需要研究基因的表达。教师设疑：基因是如何表达的？基因是如何指导蛋白质合成的？

### （二）讲授新课

**1. 蛋白质合成的场所**

课件展示资料：1955 年，扎美尼克做了一系列实验，将放射性同位素 $^{14}C$ 标记的氨基酸注射进老鼠体内，通过捣碎老鼠肝脏追踪标记氨基酸的去向，发现放射性碳原子首先出现在核糖体部位。教师引导学生思考问题：氨基酸是组成什么的基本单位？$^{14}C$ 标记的氨基酸的意义？学生已经学习过蛋白质的合成是在核糖体中完成。教师进一步提问：位于细胞核中的基因是如何指导细胞质中的蛋白质的合成呢？

**2. 信使 RNA 假说**

课件展示资料：1955 年，布拉舍用洋葱根尖进行了实验。该实验表明在洋葱根尖细胞中加入 RNA 酶会停止蛋白质的合成，而加入酵母 RNA 则可以恢复部分蛋白质的合成。根据这个资料，教师需要引导学生确定蛋白质的合成与 RNA 有关。

课件展示资料：拉斯特等人的变形虫放射性标记实验，根据这个资料，教师需要引导学生理解 RNA 在基因表达过程中是传递 DNA 信息的信使。

课件展示资料：已知几乎所有动植物细胞都发现具有核糖体，同时也发现核糖体是富含 RNA 的粒子，进而提出"信使 RNA 假说"。

**3. 验证信使 RNA 假说**

为了加深学生对信使 RNA 假说的理解，教师介绍布伦纳、雅各布及梅塞尔森的探究实验，帮助学生理解信使 RNA 假说。视频播放转录的过程，帮助学生深入了解。

**4. 碱基与氨基酸之间的对应关系**

教师讲解密码子的定义，并要求学生认真观察密码子表，分析密码子的特点。

**5. 翻译的过程**

课件再次展示资料：1955 年扎美尼克用 $^{14}C$ 标记的氨基酸与可溶性部分（无细胞系统，破碎细胞去除细胞和线粒体等较大的细胞器，去除内质网、微粒体），发现 $^{14}C$ 氨基酸标记了可溶性部分里的小分子 RNA。教师引导学生思考实验结论，总结得出氨基酸和模板 mRNA 之间还有一个衔接子——tRNA。教师设疑：翻译是怎样进行的？需要什么条件？学生观看翻译过程的视频，小组讨论后回答问题。

**6. 中心法则**

通过图片讲解中心法则的意义。

### （三）课堂小结

在课件中将本节课的主要知识点以填空的形式展现给学生，学生举手回答。

### （四）布置作业

课后阅读教材"生物科学史话"部分的资料；完成课后作业并预习下一节。

## 五、说板书设计

本节课主要采用提纲式板书的形式,这样的板书不仅提纲挈领、层次分明,而且可理解性很强,其中重点部分用不同颜色进行标记,清晰说明本节课的教学内容,帮助学生分清主次,抓住重点。

# 第十一节
# 《基因表达与性状的关系》说课稿

本节说课的主题依托 2019 人教版高中生物学必修 2 第四章第二节 "基因表达与性状的关系",说课的内容划分为五个部分:说教材、说学情、说教学法、说教学过程和说板书设计。

## 一、说教材

### (一)教材分析

必修 2 教材大部分内容属于分子水平的知识,其中各章节联系紧密,互作铺垫,基因的表达在其中起到中心的作用,其他内容都是围绕它进行的。本册教材概念、原理复杂且抽象,学好基因的表达是关键。"基因表达与性状的关系"主要是在学生了解基因的概念、基因控制蛋白质的合成的基础上,进一步讲述中心法则及其发展、基因对性状的控制等方面的知识,为下一章的基因突变及其他变异作铺垫。本节教学设计将从生物具体可见的遗传实例切入,通过分析其遗传特性与孟德尔经典遗传之间的不同之处,引发学生的认知冲突,以便引导学生深入基因这一微观角度对该概念进行深度剖析,从而帮助学生真正理解"表观遗传"这一重要概念。对表观遗传和孟德尔经典遗传的深刻理解,将有助于学生更全面地分析和掌握基因与性状之间的复杂关系。因此,本节内容需要教师精心设计教学环节,借助生物学事实和情境,巧妙利用假说—演绎法和物理模型构建法,引导学生通过自主探究,深刻理解表观遗传,并学会运用发展的眼光看待生物与性状之间的复杂关系,从而培养学生的生物学学科核心素养(陈娟 等,2022)。

### (二)教学目标

根据素质教育的要求和新课改的精神,确定教学目标如下。

(1)生命观念:依据结构决定功能的观点理解细胞分化的实质和表观遗传现象;通过设计模拟探究实验"DNA 分子甲基化及其对基因表达的影响"理解结构决定功能的观点。

（2）科学思维：认同生物学中因果关系的复杂性，同时提升多角度、多因素分析复杂事件的思维和能力；在合理的情境中，运用假说—演绎法学习表观遗传的实例，培养比较、归纳、分析、综合、抽象、概括等科学思维；通过了解基因与性状之间关系的复杂性，认同生物学中因果关系的复杂性，培养多因素思维。

（3）科学探究：锻炼根据实验证据得出实验结论的能力；加强分析材料、归纳总结的能力；以柳穿鱼花的形态结构遗传为载体，从科学家的角度，完成提出问题、作出假设、设计实验、实施实验、得出结论等科学探究步骤，培养科学探究能力。

（4）社会责任：通过了解中心法则的提出、修正过程以及表观遗传的发现等，认同科学是不断发展的，人类对自然界的探究永无止境；通过分析吸烟对人体健康和生殖能力产生的危害，认识禁止吸烟的科学道理，并向他人进行相关宣传，倡导健康的生活方式，培养社会责任。

**（三）教学重难点**

（1）教学重点：基因表达产物与性状的关系；细胞分化的本质是基因的选择性表达。
（2）教学难点：细胞分化的本质是基因的选择性表达。

## 二、说学情

学生在这个年龄段具有较强的求知欲和对新鲜事物的强烈兴趣，因此教师应该充分调动学生的学习主动性，切实可行地培养学生的能力，增强他们对教学内容的理解深度。从学生的知识水平来看，他们已经了解了 DNA、基因、蛋白质的概念，掌握了基因表达的过程，这为本节课的开展提供了良好的基础。在本节课中，教师要帮助学生形成"基因—蛋白质—性状"这三者关系的整体认识，同时帮助学生从分子水平理解为什么同一生物体的不同类型细胞会在形态、结构、功能上出现差异。通过本节课的学习，学生可以整合已有知识，达到更深层次的整体认识。通过前面的章节，学生学习了孟德尔的遗传规律、基因的本质以及基因指导蛋白质的合成等重要概念，同时对假说—演绎法的应用也较为熟练，具备学习本节内容相应的科学思维和科学探究能力；但由于表观遗传内容抽象，与经典的孟德尔遗传之间形成了认知冲突，导致学生理解起来有一定的困难，并且理解"基因与性状之间的复杂关系"这一概念需要具备较强的科学思维，而学生这方面的能力还有待提高。

## 三、说教学法

**（一）说教法**

本节主要采用讲授法、讨论法和举例法。

**（二）说学法**

学生主要使用合作学习、探究讨论。

## 四、说教学过程

### （一）导入新课

课件展示教材问题探讨部分的内容，同一株水毛茛的裸露在空气中的叶和浸在水中的叶，表现出了两种不同的形态。教师提出问题：这两种叶形有何区别？它们的细胞基因组成是否相同？又是什么因素导致了这种形态的改变？学生小组讨论，完成以上问题，由此引出本课主题。

### （二）讲授新课

**1. 基因、蛋白质与性状的关系**

课件展示基因、蛋白质与性状的关系，教师讲解基因通过控制蛋白质的合成来实现对性状的控制。基因主要存在于细胞核的染色体上（即细胞核基因），而蛋白质的合成则在细胞质中进行；性状则是生物所表现出来的形态结构特征、生理特征以及行为活动的总称。接着，教师分别举例说明了基因对性状的控制方式，包括间接控制和直接控制。

**2. 基因的选择性表达和细胞分化**

课件展示科学家的研究成果：细胞中的基因有些会表达，有些则不会。教师解释，细胞分化的实质就是基因的选择性表达。

**3. 表观遗传**

学生自行阅读思考讨论部分的内容，小组讨论教材中的三个问题并派代表回答，教师对答案加以点评，帮助学生深入理解表观遗传的概念。

教师引导学生了解"提出假说"这一概念，并训练学生的思维能力。

### （三）课堂小结

在课件中将本节课的主要知识点以填空的形式展现给学生，学生举手回答。

### （四）布置作业

查找有关表观遗传的实例，课下交流分享；阅读教材"科学·技术·社会"部分的内容，了解基因工程的应用，并完成课后练习。

## 五、说板书设计

本节课主要采用提纲式板书的形式，这样的板书不仅提纲挈领、层次分明，而且可理解性很强，其中重点部分用不同颜色进行标记，清晰说明本节课的教学内容，帮助学生分清主次，抓住重点。

# 第十二节

# 《基因突变与基因重组》说课稿

本节说课的主题依托 2019 人教版高中生物学必修 2 第五章第一节"基因突变与基因重组",说课的内容划分为五个部分:说教材、说学情、说教学法、说教学过程和说板书设计。

## 一、说教材

### (一)教材分析

本节主要介绍可遗传变异的两种类型:基因突变和基因重组。在基因突变部分,教材通过实例对镰状细胞贫血的分析,引入基因突变的概念,并详细阐述基因突变的原因、特点和意义。在基因重组部分,教材利用猫毛色变异的例子,设计"思考与讨论"环节,让学生能够理解基因重组的概念、类型和意义。同时,学生还可以通过数学方法进行计算,体会基因重组机制提供的极其多样的基因组合方式。通过本节课的学习,教师可以引导学生从分子水平上理解遗传物质如何引起生物变异,从而更深入地理解基因突变和基因重组的意义和作用(程佳佳,2022)。

### (二)教学目标

根据素质教育的要求和新课改的精神,确定教学目标如下。
(1)生命观念:通过基因突变和基因重组的基本原理,建立起进化与适应的观点。
(2)科学思维:通过基因突变与生物性状的关系、基因突变和基因重组的比较,提高归纳与概括能力。
(3)科学探究:通过对教材中实例的分析,培养分析归纳总结和逻辑推理的能力。
(4)社会责任:通过生物变异的事例,增强对生物世界探究的好奇心及保护意识,培养严谨的科学态度和对科学的兴趣。

### (三)教学重难点

(1)教学重点:基因突变的概念、特点及原因。
(2)教学难点:基因突变和基因重组的意义。

## 二、说学情

学生在之前的学习中已经初步了解生物的变异与遗传物质和环境有关。本节将进一步探讨遗传物质如何导致生物的变异。此外，孟德尔的豌豆杂交实验和基因自由组合定律的实质，也可以帮助学生理解基因重组的概念、时期和意义。

## 三、说教学法

### （一）说教法

本节主要以直观演示法、讲授法、活动探究法和集体讨论法为主。

### （二）说学法

本节学生主要使用探究学习法，小组合作学习法和自主学习法。

## 四、说教学过程

### （一）导入新课

课件展示问题探讨部分的内容，引导学生思考航天育种的生物学原理，并让学生说出自己对于基因突变所带来结果的看法。以此话题活跃课堂氛围，引出本节课话题。

### （二）讲授新课

**1. 基因突变的实例**

教师呈现资料：1910年，一黑人青年因发烧和肌肉酸痛到医院就诊，经检查发现他的红细胞呈弯曲的镰刀状（同时展示相关图片）。引出镰状细胞贫血，引导学生分析病因。

教师展示正常血红蛋白与镰状细胞贫血病人的血红蛋白的碱基序列对比图，请学生分析理解镰状细胞贫血的原因——谷氨酸被缬氨酸替换。随后，教师提出问题：基因突变一定会遗传吗？一定会引起性状改变吗？通过镰状细胞的例子，教师进一步解释，当碱基发生改变但并未引起氨基酸变化时，生物的性状不会发生改变。教师补充，由于一种氨基酸可能有几种密码子（即密码子具有简并性），因此DNA分子碱基对的替换不一定导致生物性状的改变。

接着教师用果蝇的例子引出基因突变的原因与特点，说明基因突变在配子中会遗传给后代，但发生在体细胞中的基因突变一般不能遗传（特别指出，植物体细胞中的基因突变可以通过无性繁殖或营养繁殖遗传）。教师强调，基因突变具有普遍性、随机性（不定向性）、低频性、多害少利性等特点，是生物进化的原始材料。

**2. 基因重组**

教师以子代猫的毛色差异、兄弟长相的区别等图片为引子，引导学生讨论亲子代之间、子代个体之间性状不同的原因。在此基础上，教师带领学生梳理知识，找出基因重组的概念、类型，学生深刻体会基因重组对生物进化的重要意义，并理解基因重组的概念：生物体在进行有性生殖的过程中，控制不同性状的基因会重新组合。教师补充，基因重组为变异提供了极其丰富的来源，是生物多样性的原因之一。

## （三）课堂小结

在课件中将本节课的主要知识点以填空的形式展现给学生，学生举手回答。

## （四）布置作业

阅读教材并完成课后练习。

# 五、说板书设计

本节课主要采用提纲式板书的形式，这样的板书不仅提纲挈领、层次分明，而且可理解性很强，其中重点部分用不同颜色进行标记，清晰说明本节课的教学内容，帮助学生分清主次，抓住重点。

# 第十三节

# 《染色体变异》说课稿

本节说课的主题依托 2019 人教版高中生物学必修 2 第五章第二节"染色体变异"，说课的内容划分为五个部分：说教材、说学情、说教学法、说教学过程和说板书设计。

# 一、说教材

## （一）教材分析

本节是在学生已经了解基因重组和基因突变的基础上，进一步深入学习其他类型的生物变异——染色体变异。本节不仅是对前面学习内容的延伸和拓展，也为后续学习内容的展开奠定了基础（陈英，2018）。

## （二）教学目标

根据素质教育的要求和新课改的精神，确定教学目标如下。

（1）生命观念：通过染色体变异的基本原理，建立起进化与适应的观点。

（2）科学思维：通过单倍体、二倍体及多倍体的比较，提高归纳与概括能力。

（3）科学探究：通过学习染色体结构、数目变异以及染色体组、二倍体、多倍体及单倍体的概念，提高观察分析问题、总结归纳的能力。

（4）社会责任：通过对染色体结构和数目变异的理解以及对单倍体、多倍体特点的应用，理解生物的可遗传的变异类型，感受生命的奥妙。

## （三）教学重难点

（1）教学重点：染色体结构变异的四种类型；染色体组、单倍体、二倍体和多倍体的概念；多倍体育种原理及应用。

（2）教学难点：正确辨认缺失、重复、倒位、易位以及姐妹染色单体交叉互换的染色体示意图；正确区分单倍体、二倍体以及多倍体划分的依据；解释多倍体形成的原因。

# 二、说学情

在上一节中，学生学习了基因重组和基因突变的知识，对于生物的遗传和变异有了初步认识，为本节内容的学习打下了坚实的基础。此外，他们已经具备初中阶段的生物学基础和一定的学习方法，搜集、观察、归纳等能力也有一定水平。

# 三、说教学法

## （一）说教法

本节主要采用讲授法、直观演示法。

## （二）说学法

本节学生主要使用任务驱动法、练习法。

# 四、说教学过程

## （一）导入新课

课件展示"无籽西瓜"图片，让学生推测它形成的原因。学生踊跃发言，有的认为由于是卵细胞没有受精，有的则认为是因为受精卵没有正常发育。由这一实例引出本节课内容——染色体变异，这是一种可遗传的变异类型。

## （二）讲授新课

**1. 染色体结构的变异**

教师让学生观看猫叫综合征患儿的录像和资料，并引导他们总结患儿的特征。学生们通过小组讨论，总结出患儿哭声轻、音调高、像猫叫；两眼较低，伴有严重的智力障碍。

教师继续展示染色体缺失的动画图，讲解猫叫综合征的病因：患儿第5号染色体部分缺失。教师进一步讲解，这种由染色体部分缺失造成的变异属于染色体结构变异的一种。

接着，教师在多媒体上展示染色体结构变异的其他三种类型——重复、倒位、异位的动态变化图，让学生仔细观察并总结染色体的变化情况，此后，让学生再一次观察易位和减数第一次分裂前期姐妹染色单体交叉互换的染色体变化示意图，加以区分。在教师讲解下，学生理解三种染色体变异的概念。

### 2. 染色体数目的变异

教师出示 21 三体综合征遗传病的资料，引出染色体数目变异的一种类型——个别染色体的增加或减少。接着，教师又通过二倍体加倍变成四倍体西瓜的实例，引出染色体数目变异的另一种类型——染色体数目以染色体组为单位成倍增加或减少，并强调后者类型的变异在实践中的应用较普遍。这为后面重点介绍多倍体育种奠定基础。通过学习，学生能够深刻理解染色体数目变异可分成两类：细胞内个别染色体的增减和细胞内染色体组的形式成倍增减。

### 3. 染色体组、二倍体、多倍体、单倍体

教师展示果蝇的染色体图，让学生阅读教材并思考以下问题：（1）果蝇体细胞内有几条染色体？几对同源染色体？其中有几对常染色体，几对性染色体？（2）雄果蝇体内进行减数分裂时，精子中有哪几条染色体？有同源染色体吗？有几种精子？

教师讲解：在果蝇的精子形成过程中，精细胞经过减数分裂，染色体的数目减半，雄果蝇的精子中只含有一组非同源染色体。这些染色体在形态和功能上各不相同，但又互相协调，共同控制生物的生长、发育、遗传和变异。这样的一组染色体，被称为一个染色体组。由受精卵发育而成的个体，如果体细胞中含有两个染色体组，那么它就被称为二倍体，如人、果蝇、玉米等都是二倍体，几乎全部动物和过半数的高等植物也都是二倍体；而如果由受精卵发育而来的个体，其体细胞中含有 3 个或 3 个以上染色体组，那么它就被称为多倍体，如香蕉就是三倍体，马铃薯是四倍体，普通小麦则是六倍体。

### 4. 多倍体育种、单倍体育种及应用

教师引导学生阅读教材，并根据教材内容画出两种育种方式的流程图，再列表比较两种育种方式的原理、操作方法和优缺点。

### （三）课堂小结

师生共同回顾本节课所学的知识点，对重难点复习巩固。

### （四）布置作业

完成课后练习，向家长汇报本节课所学知识。

## 五、说板书设计

本节课主要采用提纲式板书的形式，这样的板书不仅提纲挈领、层次分明，而且可理解性很强，其中重点部分用不同颜色进行标记，清晰说明本节课的教学内容，帮助学生分清主次，抓住重点。

# 第十四节

## 《人类遗传病》说课稿

本节说课的主题依托 2019 人教版高中生物学必修 2 第五章第三节 "人类遗传病"，说课的内容划分为五个部分：说教材、说学情、说教学法、说教学过程和说板书设计。

## 一、说教材

### （一）教材分析

人类遗传病通常是指由遗传物质改变而引起的人类疾病，而遗传物质改变主要是指基因突变和染色体变异。因此，本节内容是第五章前两节知识的自然延伸，从自然界普遍存在的基因突变和染色体变异现象，延伸到与人类自身关系更密切的遗传病的产生和类型。课程标准明确要求"举例说明人类遗传病是可以检测和预防的"。鉴于本节内容中提到的很多遗传病类型在前两节已有所涉及，学生对常见的人类遗传病并不陌生，但对遗传病的预防和检测及国家相关政策规定等没有深刻的认识，因此本节弱化"人类常见遗传病的类型"部分的学习，而将重点落在"人类遗传病的检测和预防"上。在设计本节课时，以教材资料"地中海贫血 84+ 项基因突变检测报告单"作为切入点，创设真实问题情境，以地中海贫血症的遗传咨询为主线，引导学生分析其病因，了解医学检测技术在遗传病检测中的作用，向咨询者提出防治对策和建议等，从中体验遗传咨询师的工作。最后，再由地中海贫血症个例延伸至人类的其他遗传病，简要梳理人类常见遗传病的类型及特点（陈世琴等，2022）。

### （二）教学目标

根据素质教育的要求和新课改的精神，确定教学目标如下。

（1）生命观念：通过资料分析，对常见遗传病进行合理分类和比较；认识遗传病的发病风险和相关危害，培养归纳与概括、推理和逻辑分析能力。

（2）科学思维：通过小组合作，对单基因遗传病进行家系分析，并提出合理的建议，培养实验设计及结果分析的能力。

（3）科学探究：通过案例分析，总结出遗传咨询的一般过程和主要的优生措施。

（4）社会责任：通过学习，认同我国的人口政策及"近亲结婚"的危害，能够为身边的人在优生方面提供有价值的建议；辩证地看待人类基因组计划的研究成果，培养现代公民的社会责任感，关注人体健康。

## （三）教学重难点

（1）教学重点：常见遗传病的类型及危害；近亲结婚及其危害；优生的措施。
（2）教学难点：各种遗传病的遗传特点。

## 二、说学情

尽管高中学生对于"人类遗传病"的相关知识很感兴趣，但是他们尚未形成系统的知识链。在教学中，我们可以先启发学生自学，再使用概念图的方法来分类和概括遗传病的知识；同时，我们也要鼓励学生深入生活，发现问题，并通过主动探究、主动思考和解决问题的方式来加深对于遗传病的理解。

## 三、说教学方法

### （一）说教法

本节主要采用讲授法、直观演示法。

### （二）说学法

学生通过阅读讨论、观察思考以及联系生活实际学习本节。

## 四、说教学过程

### （一）导入新课

复习上节课学习的可遗传变异内容，教师引导学生回忆上节课的知识点，从问题探讨引出人类疾病的两大类型，从而导入新课。

### （二）讲授新课

**1. 人类遗传病的常见类型**

教师通过图片展示几种常见的遗传病，组织学生交流并汇报自己观察到或了解的身边遗传病案例。随后，教师引导学生根据定义对遗传病进行分类，包括单基因遗传病、多基因遗传病和染色体异常遗传病，并给出了每种类型的常见例子，用表格的形式汇总。

**2. 遗传病的检测和预防**

教师展示案例并引导学生思考：造成血友病在欧洲皇室贵族中流行的原因是什么？什么是近亲？为什么近亲结婚后代患隐性遗传病的概率高？你可以给皇后什么建议？学生开展小组讨论，分析案例后得出结论。在讨论过程中，学生逐渐理解遗传咨询和产前诊断是检测和预防遗传病的重要手段。最后，教师向学生介绍人类基因组计划的相关知识。

### （三）课堂小结

对本节课的重点遗传病的类型进行回顾，同时进一步升华课堂，让学生感受到每个人的责任，鼓励他们向亲戚朋友宣传普及有关优生优育方面的内容。

### （四）布置作业

完成课后练习，向家长说明将本节课所学知识。

## 五、说板书设计

本节课主要采用提纲式板书的形式，这样的板书不仅提纲挈领、层次分明，而且可理解性很强，其中重点部分用不同颜色进行标记，清晰说明本节课的教学内容，帮助学生分清主次，抓住重点。

## 第十五节

## 《生物有共同祖先的证据》说课稿

本节说课的主题依托 2019 人教版高中生物学必修 2 第六章第一节"生物有共同祖先的证据"，说课的内容划分为五个部分：说教材、说学情、说教学法、说教学过程和说板书设计。

## 一、说教材

### （一）教材分析

本节为新版教材新加入的内容，涉及各种生物科学与进化相关的内容，能提高学生的生物学核心素养和学习兴趣，同时也为学生提供不同的生物学学习发展方向。

### （二）教学目标

根据素质教育的要求和新课改的精神，确定教学目标如下。

（1）生命观念：认同生物有共同的祖先。

（2）科学思维：理解化石能证明生物有共同祖先的原因。

（3）科学探究：探究生物有共同祖先的其他证据是如何发现的。

（4）社会责任：爱护环境，保护现存物种。

## （三）教学重难点

（1）教学重点：生物共同由来学说的证据；化石证明生物进化的原因。
（2）教学难点：化石证明生物进化的原因。

## 二、说学情

高中学生对生物进化和物种起源的相关知识很感兴趣，教师要鼓励学生深入学习，发现问题，主动探究主动思考并解决问题。学生在初中接触过一些生物进化的证据，也已学习了必修1和必修2的大部分内容，理解课堂上提供的资料并不困难。大多数学生也是认同生物进化论的，但这种认同可能源于对教材被动的接受。通过对本节内容的思考与论证，学生可从证据出发进行理性分析，真正地认同"共同由来"学说，并培养"言必有据"的科学精神（朱婧涵 等，2022）。

## 三、说教学法

### （一）说教法

教师采取论证式教学策略，通过分析、比较、归纳、质疑等过程，归纳概括形成生物有共同祖先的观点。

### （二）说学法

学生通过阅读讨论、观察思考以及联系生活实际学习本节。

## 四、说教学过程

### （一）导入新课

教师以达尔文在《物种起源》中提出的理论为引子，激发学生的学习兴趣，由此引出本课的主题。

### （二）讲授新课

**1. 地层中陈列的证据——化石**

教师首先介绍化石的概念，即指通过自然作用保存在地层中的古代生物的遗体、遗物或生活痕迹等。随后，教师阐述化石的意义：化石可以确定地球上曾经生活过的生物的种类及其形态、结构、行为等特征，是研究生物进化最直接、最重要的证据。大部分化石发现于沉积岩的地层中，如果把地层比作一本书，化石则是书中的字，记录着地球和生物进化的历史。

教师使用课件展示教材图片，并提问：图中所示资料是否支持达尔文的共同由来学说？接着，教师展示以下资料。

资料1：2009年，我国科学家在辽宁省建昌县发现了完整的赫氏近鸟龙化石，其身体骨架与恐龙非常接近，但其骨架周围有清晰的羽毛印痕，显示其后肢和尾部都有飞羽；后肢发达，显示其善跑不善飞。科学家认为这一化石为鸟类起源于恐龙的假说提供了有力证据。这是为什么？

资料2：在东非大裂谷地带，科学家发现许多早期古人类化石，其中有318万年前的少女露西的骨骼化石，其上肢骨的结构与黑猩猩的相似，适于攀缘；下肢骨与现代人类接近，适于直立行走。这一证据支持人猿共祖说吗？

看完两个资料后，教师组织学生四人为一组开展讨论，请学生代表发言，教师总结。

**2. 当今生物体上进化的印迹——其他方面的证据**

教师利用思考讨论部分的内容，引导学生从比较解剖学、胚胎学、细胞和分子水平等方面来证明当今生物体上进化的印迹。

### （三）课堂小结

师生共同回顾本节课所学到的知识。

### （四）布置作业

阅读教材"科学·技术·社会"及与生物学有关的职业部分的内容，有条件的查阅相关资料课下交流。

## 五、说板书设计

本节课主要采用提纲式板书的形式，这样的板书提纲挈领、层次分明，易于理解。

# 第十六节
# 《自然选择与适应的形成》说课稿

本节说课的主题依托2019人教版生物学教材高中必修2第六章第二节"自然选择与适应的形成"，说课的内容划分为五个部分：说教材、说学情、说教学法、说教学过程和说板书设计。

## 一、说教材

### （一）教材分析

第一节"生物有共同祖先的证据"让学生深入认识进化论，本节则进一步探讨达尔文进化理论，为后续第三节学习现代生物进化理论的主要内容提供基础和铺垫，具有承上启下的作用（何嘉媛，2021）。

### （二）教学目标

根据素质教育的要求和新课改的精神，确定教学目标如下。

（1）生命观念：理解结构与功能相适应的观点，理解生物适应的普遍性和相对性。

（2）科学思维：运用生物进化观点解释生物界的现象，传播科学的自然观。

（3）科学探究：基于大量事实，通过归纳、推理构建自然选择学说的解释模型，体会核心内容，说明适应是自然选择的结果。

（4）社会责任：在生物进化理论的发展史中，分析进化观点对人们思想观念的影响；认同人类同其他生物一样，都是进化的产物，培养学生与其他生物和谐共处、尊重保护自然的态度。

### （三）教学重难点

（1）教学重点：达尔文的自然选择学说的主要内容。

（2）教学难点：生物进化观点对人们思想观念的影响。

## 二、说学情

目前的学生已经基本认同生物进化的观点，并且通过必修2的遗传模块学习，已经掌握了一定的知识基础，可以解释变异的可遗传性问题，并评价自然选择学说的局限性，并反驳"获得性遗传"的观点。

## 三、说教学法

### （一）说教法

本节主要采用讲授法、直观演示法。

### （二）说学法

学生通过自主探究法、讨论法以及联系生活实际学习本节。

## 四、说教学过程

### （一）导入新课

课件展示问题探讨部分的内容，用枯叶蝶的例子导入课题，吸引学生学习兴趣，引出本课的主题。

## （二）讲授新课

**1. 适应的普遍性和相对性**

教师首先讲解适应的概念，即生物体通过遗传变异和自然选择，逐渐形成的与其生活环境相适应的形态结构和生理功能。

课件展示教材中思考讨论部分的问题：雷鸟在冬季来临前将羽毛换成白色的，这有什么好处？适应了什么环境？这种适应有没有局限性？请学生小组讨论后概括适应相对性的原因。讨论结束后，学生代表发言，教师进行总结。

**2. 适应是自然选择的结果**

（1）拉马克的进化学说

教师展示拉马克的人物及介绍，并引导学生阅读教材内容，思考以下问题：拉马克进化学说的主要内容是什么？生物进化的主要原因是什么？学生通过阅读总结出答案：生物不是神造的，而是由古老生物进化来的；生物是由低等到高等逐渐进化的；生物各种适应性特征的形成都是由于用进废退和获得性遗传。

教师重点讲解"用进废退"和"获得性遗传"的概念，让学生知道拉马克的进化论提出后，并没有引起社会的重视。

（2）达尔文的自然选择学说

教师展示达尔文的图像、航海途径及相关内容，并播放四张关于自然选择学说的图片。通过图片引导学生思考观察，并提出相关问题：每一张图片各说明了自然选择学说的什么内容？哪项内容是生物生存的条件？哪项内容是生物生存的手段、动力？哪项内容是生物生存的基础、内因？哪项内容是生物生存的结果？

学生进行小组讨论，结合图片和教材内容，概括出达尔文自然选择学说的内容：过度繁殖、生存斗争、遗传变异、适者生存；其中，过度繁殖是生物生存的条件，生存斗争是生物生存的手段、动力，遗传和变异是基础，适者生存是结果。

教师展示长颈鹿的照片，引导学生分别利用拉马克与达尔文的自然选择学说的观点解释长颈鹿脖子长的原因。学生通过讨论和思考，尝试给出答案。教师最后通过课件形象展现出长颈鹿的进化过程，展示正确的答案，并通过解释教材中图示的达尔文自然选择学说的模型，引导学生利用自然选择学说解释一生物现象，使教材的知识得以迁移运用。

接着教师设置思考讨论题：达尔文的自然选择学说是否否定了拉马克的观念呢？如何评价达尔文的自然选择学说？引导学生阅读教材并分组讨论得出答案。

最后，教师展示教材思考讨论部分，引导学生分析生物进化观点对人们思想观念的影响。

## （三）课堂小结

师生共同回顾本节课所学到的知识。

## （四）布置作业

完成课后练习，课下查询关于达尔文进化理论的现代进展，相互交流。

## 五、说板书设计

本节课主要采用提纲式板书的形式,这样的板书提纲挈领、层次分明,易于理解。

## 第十七节
## 《种群基因组成的变化与物种的形成》说课稿

本节说课的主题依托 2019 人教版高中生物学必修 2 第六章第三节 "种群基因组成的变化与物种的形成",说课的内容划分为五个部分:说教材、说学情、说教学法、说教学过程和说板书设计。

## 一、说教材

### (一)教材分析

本节从基因角度看待生物进化问题,是对达尔文自然选择学说的丰富与完善。达尔文的自然选择学说可以解释生物进化现象。但该学说也存在局限性,如,将个体视为进化的单位,缺乏对遗传与变异本质的解释等。"生物进化的本质是种群的基因频率遵循自然选择的方向发生的定向改变"是本节课要构建的概念,它很抽象,不易理解,需要教师引导学生从种群、基因的角度看待进化现象。

### (二)教学目标

根据素质教育的要求和新课改的精神,确定教学目标如下。
(1)生命观念:说明物种、种群的概念;区分基因库基因频率的概念;阐明以达尔文自然选择学说为中心的现代生物进化理论主要观点。
(2)科学思维:用数学方式说明基因频率的变化。
(3)科学探究:用数学方法分析种群基因频率的变化与进化的关系。
(4)社会责任:认同生物进化观点对人类思想观念的影响,认同进化论的观点。

### (三)教学重难点

(1)教学重点:种群、种群基因库、基因频率等概念。
(2)教学难点:隔离在物种形成中的作用。

## 二、说学情

学生在生命系统结构层次接触过种群概念，有遗传定律基础，并初步形成"自然选择"进化观点。但是学生对现代进化理论的发展认识不足，不能从本质分析进化，对生物进化原因有错误认识；初步具备归纳、演绎的能力，但运用数学统计概率方法解决生物问题的能力有待训练提高（潘怡辰 等，2020）。

## 三、说教学法

### （一）说教法

本节主要采用讲授法、直观演示法。

### （二）说学法

学生通过自主探究法、讨论法以及联系生活实际学习本节。

## 四、说教学过程

### （一）导入新课

课件展示问题探讨部分的内容，引导学生思考"先有鸡还是先有蛋"这个历史悠久的问题。教师讲解：这两种观点都有一定的道理，但都不全面，因为它们忽略了鸡与蛋在基因层面的一致性，同时也未考虑生物进化是以种群为单位而非个体的核心观点。生物进化的过程是种群基因库在环境的选择作用下定向改变的过程，其标志是新种群与祖先种群之间形成生殖隔离，而非某一时刻某个个体或生殖细胞突然转变为新物种。因此，研究生物的进化，仅仅研究个体的表型是否与环境相适应是不够的，还需要研究群体的基因组成变化。这个群体就是种群。由此引入本课主题。

### （二）讲授新课

本节课分为两个课时，第一课时为种群基因组成的变化，第二课时为隔离在物种形成中的作用。

#### 第一课时　种群基因组成的变化

**1. 种群和种群基因库**

教师展示相关图片，激发学生兴趣引入种群的概念，并引导学生总结种群的三要素及特点。随后，教师设疑：种群可能在任意时刻都有出生和死亡，那么种群的基因会随之改变吗？接着，教师引入基因库的概念，解释种群中全部个体所含有的全部基因构成了基因库。学生阅读教材，理解基因库的概念及基因频率的计算，并通过表格对比了基因型频率、基因频率和基因库的区别。教师利用课件展示遗传平衡定律的计算公式，并讲解相关计算方法和遗传平衡的条件。

教师引导学生思考教材中的问题，小组讨论后，师生一起解决回答。

**2. 种群基因频率的变化**

教师讲解基因突变能产生新的基因，从而导致基因频率的变化。同时，介绍突变的概念，即可遗传的变异源于基因突变、基因重组和染色体变异，其中基因突变和染色体变异统称为突变。教师设疑：生物自发突变的频率很低，且大多数突变对生物体是有害的，它为何还能作为生物进化的原材料呢？通过展示教材相关资料并进行计算，阐述基因突变对种群的利弊。

**3. 自然选择对种群基因频率变化的影响**

教师引导学生阅读教材探究实践的内容，思考并回答问题。教师在学生回答的基础上总结如下：

（1）树干变黑之所以会影响桦尺蛾种群中浅色个体的出生率，是因为树干变黑后，浅色个体容易被发现，被捕食的概率增加，许多浅色个体可能在没有交配、产卵前就已被天敌捕食，个体数减少，影响出生率。

（2）直接受选择的是表型（体色），而不是基因型。基因型并不能在自然选择中起直接作用，因为天敌在捕食桦尺蛾时，看到的是桦尺蛾的体色而不是控制体色的基因。

教师总结：自然选择导致基因频率定向改变，而变异是不定向的。定向的自然选择使种群中的不利变异被淘汰，有利变异逐渐积累，进而使种群基因频率发生定向改变，推动生物朝一定方向缓慢进化。

教师通过课件展示教材思考讨论中的相关资料，播放实验视频或组织学生进行实验，引导学生思考问题并进行讲解。

### 第二课时　隔离在物种形成中的作用

**1. 物种的概念**

通过图片对比，引导学生得出物种的概念、不同物种的特点以及生殖隔离与地理隔离的概念。

**2. 隔离在物种形成中的作用**

利用教材的思考讨论，帮助学生理解隔离、物种形成及其基本环节。

### （三）课堂小结

师生共同回顾本节课所学到的知识。

### （四）布置作业

完成课后练习，将所学知识以思维导图的形式展示出来。

## 五、说板书设计

本节课主要采用提纲式板书的形式，这样的板书提纲挈领、层次分明，易于理解。

# 第十八节

## 《协同进化与生物多样性的形成》说课稿

本节说课的主题依托 2019 人教版高中生物学必修 2 第六章第四节 "协同进化与生物多样性的形成"，说课的内容划分为五个部分：说教材、说学情、说教学法、说教学过程和说板书设计。

## 一、说教材

### （一）教材分析

本节介绍协同进化，解释生物多样性的形成，并对生物进化的基本历程进行说明。学生对这一部分内容较为感兴趣，学习热情较高；且本节知识相对简单，因此可以进一步拓展，以培养学生对生物学学习的兴趣。

### （二）教学目标

根据素质教育的要求和新课改的精神，确定教学目标如下。

（1）生命观念：阐明协同进化的概念，概述生物多样性及其形成过程，认同进化与适应的生命观念。

（2）科学思维：基于事实和证据，采用归纳与概括、演绎与推理、模型与建模等方法形成协同进化、生物多样性的概念以及分析协同进化与生物多样性的关系。

（3）科学探究：与他人合作探究，共同完成概念模型图。

（4）社会责任：认同保护环境和保护生物多样性就是保护人类自己。

### （三）教学重难点

（1）教学重点：达尔文的自然选择学说的主要内容。
（2）教学难点：生物进化观点对人们思想观念的影响。

## 二、说学情

学生对本节的了解相对较少，需要教师提供大量的素材作为证据，便于学生了解生物多样性形成的原因。学生对本章内容都较为感兴趣，而且在前三节课程中已经有了一定的知识基础，因此相对容易理解本节课程的内容。

## 三、说教学法

### （一）说教法

本节主要采用讲授法、直观演示法。

### （二）说学法

学生通过自主探究法、讨论法以及联系生活实际学习本节。

## 四、说教学过程

### （一）导入新课

教师利用课件展示教材问题探讨部分的内容，以一种特殊兰花与其对应的传粉兰花蛾为引子，吸引学生学习兴趣。由此导入新课。

### （二）讲授新课

**1. 协同进化**

（1）不同物种间的协同进化

教师设疑：捕食者的存在是否仅仅对被捕食者有害而无一益？学生思考后逐渐理解：实际上，捕食者所吃掉的大多是被捕食者中年老、病弱或年幼的个体，客观上起到了促进作用。

教师讲解"收割理论"：捕食者往往倾向于捕食个体数量较多的物种，这有助于防止某一或某几种生物在生态系统中占据绝对优势地位，从而为其他物种的繁衍生息腾出空间，有利于增加物种的多样性。

（2）生物和无机环境间也存在协同进化

教师通过课件展示资料并讲解：地球上的原始大气中是没有氧气的，因此，最早出现的生物都是厌氧型的，即进行无氧呼吸的生物。然而，随着最早的光合生物的出现，它们通过光合作用产生了氧气，逐渐改变了原始大气的成分，为好氧生物的出现创造了有利条件。

教师总结：不同物种之间以及生物与无机环境之间在相互影响中不断进化和发展，这种相互适应、共同进化的过程就是协同进化。

**2. 生物进化理论在发展**

教师引用现代生物进化理论对自然界生命史的解释：适应是自然选择的结果；种群作为生物进化的基本单位，在进化过程中起着至关重要的作用；突变和基因重组为生物进化提供了丰富的原材料，自然选择则导致种群基因频率发生定向改变，进而通过隔离形成新的物种；生物进化的过程实际上是一个生物与生物、生物与无机环境协同进化的复杂过程；而生物多样性的形成和维持则是协同进化的必然结果。

### （三）课堂小结

课件展示几道有代表性的例题作为随堂检测，检验学生对知识点的掌握情况。

### （四）布置作业

完成课后练习，课下查询关于达尔文进化理论的现代进展，相互交流。

## 五、说板书设计

本节课主要采用提纲式板书的形式，这样的板书提纲挈领、层次分明，易于理解。

# 参 考 文 献

蔡慧敏 . 2018.《免疫与计划免疫》教学设计 [J]. 考试周刊，(55)：161，163.

陈静雯，吕向阳 . 2023. 基于社会责任培养的"分析人类活动对生态环境的影响"教学设计 [J]. 中学生物学，39(1)：43-44.

陈娟，张洋林 . 2022. 优化概念教学 提升核心素养——以"基因表达与性状的关系（第 2 课时）"的教学设计为例 [J]. 中学生物教学，(5)：56-59.

陈世琴，董卅姝 . 2022. 基于真实情境问题解决的教学探索——以"人类遗传病"的教学为例 [J]. 生物学通报，57(3)：14-18.

陈小菊 . 2023. 思维导图在初中生物学教学中的应用 [J]. 文理导航，(1)：61-63.

陈勇鹏，陈建有 . 2022. 核心素养视域下的复习课教学——以"哺乳动物的运动依赖于多个系统的配合"为例 [J]. 中学生物教学，(3)：36-38.

陈英 . 2018."染色体变异"教学设计 [J]. 中学生物教学，(16)：51-52.

程佳佳 . 2022. 指向科学思维培养的"基因突变和基因重组"教学设计 [J]. 生物学教学，(10)：41-43.

陈涯 . 2017."流动的组织——血液"一节的教学设计 [J]. 生物学教学，42(11)：41-42.

段文慧 . 2021."动物的运动"一节教学设计 [J]. 生物学通报，(9)：17-19.

冯明新 . 2022."细胞呼吸的原理和应用"教学设计策略 [J]. 中学生物教学，(33)：50-52.

冯卫华，朱淑芳 . 2023. 指向社会责任培养的情境化教学初探——以"细胞的多样性和统一性"一节为例 [J]. 华夏教师，(2)：26-28.

高品，胡莹 . 2023."人体的激素调节"一节教学设计 [J]. 生物学通报，58(11)：37-40.

李燕 . 2022."细胞的分化"一节的教学设计 [J]. 生物学教学，47(8)：47-49.

何嘉媛 . 2021."自然选择与适应的形成"教学设计 [J]. 生物学通报，56(4)：28-31.

贺俊 . 2018."DNA 分子的结构"教学设计 [J]. 中学生物教学，(20)：47-49.

何书凯 . 2019."神经系统的组成"一节的教学设计 [J]. 中学生物学，35(8)：18-20.

何扬建 . 2021. 指向核心素养的"被动运输"（第 1 课时）教学设计 [J]. 中学生物教学，(35)：57-59.

寇小永，王飞，窦继红，等 . 2021. 生物学学科核心素养指引下的初中生物学教学设计——以"动物在生物圈中的作用"一节为例 [J]. 甘肃教育研究，(1)：56-58，100.

胡丽君 . 2022."伴性遗传"一节的情境教学设计 [J]. 生物学教学，47(4)：45-48.

黄嘉雯 . 2023."食物中的营养物质"一节的教学设计 [J]. 中学生物学，39(7)：36-38.

惠明 . 2023. 探索生命修复繁殖的奥秘——"细胞通过分裂产生新细胞"教学案例 [J]. 新课程，(22)：106-108.

蒋秋平 . 2020. 细化教学任务设计 深入科学实验探究——以《练习使用显微镜》为例 [J]. 试题与研究,(29): 3-5.

黎娇华，胡要文 . 2023. 大单元模式下"孟德尔的豌豆杂交实验（二）"教学设计 [J]. 中学生物学，(2): 47-50.

李文博，张照，荣婉婷 . 2024. 基于新课程改革的初中生物学创新教学实践——以"输送血液的泵——心脏"第 1 课时为例 [J]. 生物学通报，59(1): 72-75.

李智辰，张颖之，倪佳，等 . 2023. 学科核心素养视角下的情境教学——以"神经调节的基本方式"一节为例 [J]. 中学生物学，39(10): 14-16, 60.

刘欣彤，杜超，阴环 . 2022. 核心素养导向下的"光合作用"教学设计 [J]. 中学生物教学，(5): 44-47.

刘燕，胡凡刚 . 2020. 初中生物信息化教学设计探究——以"植物细胞"为例 [J]. 中国教育信息化，(12): 43-46.

龙富波 . 2019. "发生在肺内的气体交换"教学设计 [J]. 中学生物教学，(20): 68-69.

吕红梅 . 2019.《人的生殖》教学设计 [J]. 课程教材教学研究：中教研究，(z5): 65-71.

路晶晶，徐文斌，刘彤 . 2020. "输血与血型"教学设计 [J]. 中学生物教学，(18): 49-50.

牛凤芝，孟新廷 . 2023. "蛋白质是生命活动的主要承担者"教学设计 [J]. 生物学教学，(3)：40-42.

潘怡辰，王坤 . 2020. "种群基因组成的变化"教学设计 [J]. 第二课堂 (D),（12): 48-49.

孙明月，陈振刚，宋廷军，等 . 2024. 以核心素养为准绳设计课堂学习活动——以"合理营养与食品安全"为例 [J]. 中学课程资源，20(4): 44-46.

王成海 . 2019. "青春期"教学设计——树立正确的生命观 [J]. 中学生物教学，(18): 66-67.

王静，唐赟 . 2018. 基于生物学核心素养的教学设计——以《伴性遗传》为例 [J]. 高考，(17): 147-148.

王菊莲 . 2017. 浅谈初中生物的说课技巧 [J]. 新课程・中旬，(11)：64.

王娟，毛芸 . 2024. 围绕真实情境的探究实践——以"细菌和真菌的分布"为例 [J]. 生物学通报，59(2): 41-44.

王妙 . 2019.《绿色植物与生物圈中的水循环》教学设计 [J]. 湖南教育：D 版，(1): 29-31.

王茜，李建苹 . 2022. 浅议跨学科教学实践——以"发生在肺内的气体交换"为例 [J]. 中学生物学，38(12): 76-77.

吴林余，李淑彬 . 2021. 基于生活化教学情境的"呼吸道对空气的处理"教学设计 [J]. 中学生物学，37(11)：37-39.

伍文聪，赵秦，陈平云，等 . 2023. 以情境创设为驱动渗透核心素养——以"动物体的结构层次"为例 [J]. 中学生物学，39(6): 75-76.

严秋萍，胡位荣 . 2023. 凸显物质与能量观的生物学概念教学设计——以"细胞的生活"为例 [J]. 教学月刊：中学版（教学参考），(6): 60-63.

姚南南 . 2022. "蛋白质是生命活动的主要承担者"一节的教学设计 [J]. 生物学教学，47(7)：45-48.

阳德忠 . 2018.《基因的显性和隐性》教学设计 [J]. 新课程（中学），(6)：95.

杨永亮 . 2023. 如何在教学实践中落实高中生物学核心素养 [J]. 试题与研究，(3): 7-9.

于丰铭，徐扬 . 2020. 生物学教学方法存在的问题及改进策略 [J]. 中学生物教学，(23): 46-48.

岳静 . 2023. 指向科学思维培养的"开花和结果"教学设计 [J]. 中学生物学，39(10): 87-90.

张述秋，张雪梅 . 2020. 基于 5E 教学模式的高中生物教学设计——以《细胞中的元素和化合物》教学为例 [J]. 新智慧，(19): 1, 3.

张园园. 2023. 概念教学在初中生物学单元教学设计中的应用——以"人体内废物的排出"单元为例 [J]. 中学生物学，39(11)：82-85.

赵占良. 2019a. 对生物学学科核心素养的理解（一）——生命观念的内涵和意义 [J]. 中学生物教学，(11)：4-8.

赵占良. 2019b. 对生物学学科核心素养的理解（二）——科学思维及其教学 [J]. 中学生物教学，(19)：4-7.

赵占良. 2020. 对生物学学科核心素养的理解（三）——科学探究与实践 [J]. 中学生物教学，(5)：4-7.

周潜英，马会放. 2022. 基于实践活动发展学生的学科核心素养——"基因在染色体上"教学设计 [J]. 中学生物教学，(36)：52-53.

朱金静，孟海洋，闫家琳. 2022. 基于生物学核心素养的"单细胞生物"教学设计 [J]. 实验教学与仪器，(9)：25-27.

朱婧涵，曹志江. 2022. "生物有共同祖先的证据"一节的论证式教学设计 [J]. 生物学通报，57(4)：18-21.

庄国郑，沈甜甜. 2019. 基于知识层级体系构建的初中生物教学——以"生物与环境的关系"为例 [J]. 中学生物学，35(3)：15-17.

邹传龙，乔宁宁，韩章清. 2021. "绿色植物的呼吸作用"实验教学设计 [J]. 生物学教学，46(5)：44-46.

左博，庄晋. 2020. 基于情境的"昆虫的生殖和发育"教学设计 [J]. 生物学教学，45(7)：36-38.